中國學術思想 研究輯刊

十 二 編

林 慶 彰 主編

第 25 冊

戰國時期道家與法家之「道—法」思想研究

伍 振 勳 著

荀子的人性論與理想社會研究

鍾 曉 彤 著

花木蘭文化出版社

國家圖書館出版品預行編目資料

戰國時期道家與法家之「道—法」思想研究　伍振勳　著／荀
子的人性論與理想社會研究　鍾曉彤　著 — 初版 — 新北市：
花木蘭文化出版社，2011〔民 100〕
目 2+122 面 + 目 2+92 面；19×26 公分
（中國學術思想研究輯刊 十二編；第 25 冊）
ISBN：978-986-254-666-6（精裝）
1.（周）荀況　2.學術思想　3.人性論　4.道家　5.法家
030.8　　　　　　　　　　　　　　　　　100015933

ISBN-978-986-254-666-6

9 789862 546666

中國學術思想研究輯刊
十二編　第二五冊　　　　　　　　ISBN：978-986-254-666-6

戰國時期道家與法家之「道—法」思想研究
荀子的人性論與理想社會研究

作　　　者　伍振勳／鍾曉彤
主　　　編　林慶彰
總　編　輯　杜潔祥
出　　　版　花木蘭文化出版社
發　行　所　花木蘭文化出版社
發　行　人　高小娟
聯　絡　地　址　新北市永和區中正路五九五號七樓
　　　　　　　電話：02-2923-1455／傳眞：02-2923-1452
網　　　址　http://www.huamulan.tw 信箱 sut81518@gmail.com
印　　　刷　普羅文化出版廣告事業
封面設計　劉開工作室
初　　　版　2011 年 9 月
定　　　價　十二編 55 冊（精裝）新台幣 90,000 元

戰國時期道家與法家之「道—法」思想研究

伍振勳　著

作者簡介

伍振勳，一九六五年生，國立臺灣大學中國文學研究所碩士，國立清華大學中國文學研究所博士。現任國立臺灣大學中國文學系助理教授。研究領域：先秦諸子、儒家思想。專著有：《戰國時期道家與法家之「道—法」思想研究》（國立臺灣大學碩士論文）、《語言、社會與歷史意識——荀子思想探義》（原題《荀子「天生人成」思想的意義新探》，國立清華大學博士論文）；期刊論文，〈荀子的「身、禮一體」觀——從「自然的身體」到「禮義的身體」〉、〈兩種「通明意識」——莊子、荀子的比較〉、〈從語言、社會面向解讀荀子的「化性起偽」說〉、〈聖人敘事與神聖典範：《史記・孔子世家》析論〉、〈《荀子・正名》釋義——語意學的詮釋取徑〉等篇。

提　　要

　　本書的主要內容乃是針對戰國時期「黃老」道家和法家的文獻，包括《老子》、《經法》等四篇佚書（黃老帛書）、「《管子》四篇」、《慎子》、《商君書》、《韓非子》等書當中有關「道 法」聯繫的論點加以探析考察，一方面凸顯道家與法家學術的關連性，著重揭出兩家思想的發展脈絡；一方面則強調道家與法家所提「道 法」聯繫之論點有其共通性，並嘗試詮釋這一論點在道論、法理、支配理論三個方面的理論意義。

第一章　緒　論

一、《史記》刑名法術原於道德說述論

　　本文以「戰國時期道家與法家之『道—法』思想研究」爲題〔註1〕。研究的主軸集中在檢視道家和法家的典籍中曾出現諸如「道生法」（《經法・道法》）、或「法出乎權，權出乎道」（《管子・心術上》）、或「以道變法」（《慎子・逸文》）、或「因道全法」（《韓非子・大體》）等，著重聯結道與法的本末關係，以道作爲制度法令之成立依據的說法上面，闡述這些聯結「道」「法」說法所涵蘊的意義。這些聯結「道」「法」的說法，爲道家與法家典籍所共有，正是學術史上有關道家和法家之關連性現象的印證，因此本文的目的是藉此從學理方面省察學術史上有關道家和法家之關連性的看法。

　　道家、法家關連性課題之提出可以追溯到《史記・老子韓非列傳》，司馬遷認爲：申、韓「刑名法術」之學其旨歸乃是根原於「黃老」的「道德」之學。被後世視爲法家人物的慎到，〈孟子荀卿列傳〉亦謂其「學黃老道德之術」。須要說明的是：司馬遷明言「刑名法術」之學所原的「道德」，其內涵乃是指「黃老」並稱的道德內涵，並非單指「老子」或後世習見「老莊」連言的道德內涵。漢初所謂「道家」習見「黃老」並稱〔註2〕。漢人所言「黃老」的基本定義：「黃」

〔註1〕筆者早先提出本文作爲碩士學位論文時，所訂題目爲「戰國時期道家與法家『道—法』命題之義涵研究」夏長樸老師在審查論文時指出：「命題」一詞用作哲學術語有其嚴格的定義，題目中用「命題」一詞似有不妥。筆者因此重訂題目如此。附帶一提，審查筆者論文除夏老師外，另有清華大學教授林聰舜老師及筆者論文指導教授林麗眞老師，都曾對本論文內容之錯誤及不足處提出指正的意見，對於筆者修訂本論文極有助益，在此致上最深的謝意。

〔註2〕如《史記・魏其武安侯列傳》云：「太后好黃老之言，而魏其武安……等務隆推儒術，貶道家言。」可爲印證。

爲黃帝之書,「老」爲老子之書。《史記‧外戚世家》曰:「竇太后好黃帝、老子言,帝及太子諸竇不得不讀《黃帝》、《老子》,尊其術。」〔註3〕漢初實行「黃老」之治,以《黃帝》《老子》書爲治國範本,然而「黃老」並稱大抵取其「清靜無爲」的大原則〔註4〕,以作爲「漢承秦敝」之後的施政原則,並不代表「黃」與「老」的思想內涵毫無二致。我們若從道家思想發展的角度著眼,從黃帝傳說與《黃帝書》大量出現的時間推測,「黃老」並稱的道家之學的確立應該晚至戰國晚期,甚至秦漢之際〔註5〕,其思想內涵相較較早的《老子》〔註6〕思想內涵有所轉化也是極有可能的事。然而由於《黃帝》書如今已堙滅殆盡,所謂「黃老」之學的實質內容已經無法具體還原。現存《老子》的「道德」內涵非但不能說明「道德」與「刑名法術」的聯繫,且存在反證的材料,因而道家、法家關連性的課題遂成爲一懸而未決的學術公案。雖說如此,透過對《史記》相關內容的探討,這個問題仍可以得到部分的說明。

《史記‧老子韓非列傳》曰:

> 申不害……學術以干韓昭侯……申子之學,本於黃老而主刑名。

> 韓非……喜刑名法術之學,而其歸本於黃老。

> 太史公曰:……申子卑卑,施之於名實;韓子引繩墨,切事情,明
> 是非,其極慘礉少恩,皆原於道德之意,而老子深遠矣。

這裏提到「刑名法術」之學是構成申不害、韓非學術思想的主體。申不害的「刑名」之學,按太史公所說:「申子卑卑,施之於名實」,即是「名實」之學〔註7〕,乃是作爲君王考核臣下之功過是非的方法,《韓非子‧定法篇》稱之爲「術」,並概括地界定其義:「術者,因任而授官,循名而責實,操殺生之柄,課群臣之能者也。此人主之所執也。」韓非之學的內容除了「刑名」

〔註3〕 《漢書‧藝文志》「道家」著錄《黃帝》書四種:《黃帝四經》《黃帝銘》《黃帝君臣》《雜黃帝》。另外,《力牧》一書和《黃帝》書亦有關。

〔註4〕 參王叔岷先生:〈黃老考〉一文,收於《先秦道法思想講稿》(台北:中央研究院中國文哲研究所,民81年5月)

〔註5〕 詳細論證參見吳光:《黃老之學通論》(浙江:人民出版社,1985年6月)果然如此,則《史記》所說申、韓本於「黃老」,從學術思想的本末關係看可以說得通,但如從時間先後看則有錯置的疑慮了。詳見林聰舜:《西漢前期思想與法家的關係》(台北:大安出版社,1991年4月),頁35~38。

〔註6〕 本文傾向認爲《老子》的主體內容成形於戰國之初。詳見陳榮捷〈戰國道家〉一文的討論,《中央研究院歷史語言研究所集刊》第44本第3分。

〔註7〕 清‧王鳴盛:《十七史商榷》卷五「刑名」條云:「"刑"非刑罰之刑,與"形"同,古字通用,刑名猶言名實。」

之學外，另有「法術」之學（「法術」的「術」是泛稱的用法，不同於韓非界定而有特定意義的「術」），所謂「引繩墨，切事情，明是非」，即是說明了「法術」之學著眼於以法度作爲處理政治事務的是非標準。韓非認爲「循名責實」之「術」是帝王個人所執用，而「法者，憲令著於官府，刑罰必於民心，賞存乎愼法，罰加乎姦令者也。此臣之所師。」（《韓非子・定法》）是臣民行事的準據，兩者「不可一無」。而無論是「循名責實」，或是「一斷於法」，後一步事則不免用其「殺生之柄」、「賞存乎愼法，罰加乎姦令」，終致流於「慘礉少恩」。司馬遷以上所論申、韓之學平實有據，亦眾所易知，然而其進而謂流於「慘礉少恩」的「刑名法術」之學乃是「本於黃老」、「原於道德之意」，則不能不說是由於其崇尚黃老的家學淵源因而具有的「特識」〔註8〕。推究司馬遷此說的含意顯然說明了「刑名」「法術」和「道德」是相關連的，但是雖相關連，卻仍有本末之分，既說「本於黃老」「原於道德」，則意謂：「道德」是本原，而「刑名」「法術」轉爲末流；「道德」爲體，「刑名」「法術」爲用。傅斯年先生說：「申韓刑名之學，本與老氏無衝突處，一談其節，一振其綱，固可以刑名爲用，以黃老爲體矣。」〔註9〕即是有見於此。再以「老子深遠」一語加以印證，可知司馬遷固有崇道抑法之意。

我們進一步追問：「黃老」所謂「道德」之內涵爲何，乃可以作爲「刑名」「法術」之本原？及何以「黃老」較之申、韓爲深遠？試以《史記》自證。《史記・老子韓非列傳》曰：

> 老子脩道德，其學以自隱無名爲務。……太史公曰：老子所貴道，虛無因應，變化於無爲。

《史記・太史公自序》所引司馬談〈論六家要指〉亦曰：

> 道家無爲，又曰無不爲。……其術以虛無爲本，以因循爲用。無成勢，無常形，故能究萬物之情；不爲物先，不爲物後，故能爲萬物主。有法無法，因時爲業；有度無度，因物與合。故曰：聖人不巧〔註10〕，時變是守。虛者，道之常也；因者，君之綱也。群臣並至，使各自明也，其實中其聲者謂之端，實不中其聲者謂之窾。窾言不

〔註 8〕王叔岷先生：〈論司馬遷述愼到、申不害及韓非之學〉，《中央研究院歷史語言研究所集刊》第54本第1分，民72年3月。
〔註 9〕《戰國子家敘論》，「傅孟眞先生集」（國立臺灣大學傅孟眞先生遺著編輯委員會，民41年12月）中編丙，頁40。
〔註10〕原作「朽」，據王念孫說校改。

　　聽，姦乃不生；賢不肖自分，白黑乃形，在所欲用耳，何事不成！

　　乃合大道，混混冥冥；光燿天下，復反無名。

這裏說明了道家所謂「道德」的義理內涵在於「以虛無爲本，以因循爲用」。「以虛無爲本，以因循爲用」指明了道術有體、用兩端，以「虛無」爲本體，以「因循」爲應用。「虛無」或「無名」「無爲」「無成勢，無常形」等相關概念，乃是對道德本體的表述，然而「虛無」道體並非孤懸、抽象的本體，用「虛無」表述道體在於強調道體虛廓大通、無所拘執的特質，因而乃有因應事變的無限妙用，此即所謂的「虛無因應，變化於無爲」。道家即以此道之全體大用作爲「君人南面之術」的要領，故曰「虛者道之常也，因者君之綱也。」君王本著「虛無」「因循」的心境態度，面對複雜的具體政治情境，才得以有效地運用「刑名」「法術」等統治利器。如所謂「群臣並至，使各自明也，其實中其聲者謂之端，實不中其聲者謂之窾。」此即「因循」於「形名」（「循名責實」）的作爲。在這裏我們看到了「道德」是「刑名法術」之運作的本原，確切地說，「虛無」道體透過「因循」這個概念的中介而下貫到「刑名」「法術」之運用。關於第二個問題，老子「以自隱無名爲務」，回歸「道德」本原，相較於申、韓以「刑名」「法術」爲用，何以司馬遷贊之「深遠」呢？謂「老子深遠」，固然可能涉及司馬遷崇道抑法的主觀立場，但亦可以有合理的說明。首先，我們可以從司馬遷謂老子思想「變化於無爲」，亦即「黃老」的無爲乃是具有無限妙用的面向來理解。《史記・太史公自序》曰：

　　道家使人精神專一，動合無形，贍足萬物。其爲術也，因陰陽之大
　　順，采儒、墨之善，撮名、法之要。與時遷移，應物變化，立俗施
　　事，無所不宜。指約而易操，事少而功多。……大道之要，去健羨，
　　絀聰明，釋此而任術。

道家學說特點在於「以簡御繁」，以「動合無形」爲體，以獲致「贍足萬物」之用。經由「去健羨，絀聰明」的必要修爲，進而「因任」道術，乃能隨時應物而無所不宜，融鑄陰陽、儒、墨、名、法各家學說的長處盡爲我用。可知道家之有取於名、法之要，乃是「應物變化」之所宜，亦不只以名、法自限，其思想體系顯然較申、韓博通精深。其次，申不害、韓非雖有取於道家之說，如《韓非子》中除了有〈解老〉〈喻老〉分從理論與事例闡釋道術外，〈主道〉〈揚權〉兩篇亦多虛靜、無爲、因循之說。如〈揚權〉云：

　　用一之道，以名爲首。名正物定，名倚物徙。故聖人執一以靜，使

名自命，令事自定。不見其采，下故素正。因而任之，使自事之；
因而予之，彼將自舉之；正與處之，使皆自定之。……聖人之道，
去智與巧，智巧不去，難以爲常。……因天之道，反形之理，督參
鞠之，終則有始。虛以靜後，未嘗用己。

〈主道〉云：

虛靜以待，令名自命也，令事自定也。虛則知實之情，靜則知動者
正。有言者自爲名，有事者自爲形，形名參同，君乃無事焉，歸之
其情。……寂乎其無位而處，漻乎莫得其所，明君無爲其上，群臣
竦懼乎下。……言已應則執其契，事已增則操其符。符契之所合，
賞罰之所生也。……是故明君之行賞也，曖乎如時雨，百姓利其澤；
其行罰也，畏乎如雷霆，神聖不能解也。

雖能「本於黃老」、上通「道德」而有虛無、因循之說，但如所言「明君無爲
於上，群臣竦懼乎下」「其行罰也，畏乎如雷霆」，則顯露出道的權謀術數氣
味，甚且流於刻薄寡恩了。《淮南子‧覽冥》即說道：「伏戲女媧，不設法度，
而以至德遺於後世。何則？至虛無純一，而不喋喋苛事也。……今若夫申、
韓、商鞅之爲治也，挬拔其根，蕪棄其本，而不窮究其所由生何以至此也。
鑿五刑，爲刻削，乃背道德之本，而爭於錐刀之末。……」批評申、韓捨道
德之本，逐刑罰之末，過於「刻削」。謂其「背道德之本」看似與司馬遷的觀
點相反，然而深究之後乃知兩者命意不同：司馬遷係追討其學術本原，而劉
安則是針對其末流之弊而發。亟於懲其末弊，故乃割裂「道德」與「法度」「刑
罰」之間本末的連繫。不過兩者互補以觀，更能映襯出「黃老」道家較之申、
韓法家爲得其本原。而司馬遷所以謂「老子深遠」，或亦在此。〔註11〕

　　由上所論，司馬遷所謂「形名法術」之學原於「道德」之說誠能自圓其
說。然而由於《黃帝》書的散佚，後人無法具體證驗司馬遷對所謂「黃老」「道
德」之義理內涵的詮釋，只得依據《老子》一書作爲理解基礎，因而對司馬
遷這個說法無法清晰明確地解讀，甚而形成誤解。主要原因即在於今本《老
子》的內容並無直接材料可以將「道德」和「刑名」「法術」連繫起來；甚且
〈五十七章〉云「法令滋章，盜賊多有」明言對法令功能的不信任。如江瑔
《讀子厄言》有〈論黃老老莊申韓之遞變〉一章，說到：

自太史公以老莊申韓合傳，言申韓慘礉少恩皆原於道德之意，世之

〔註11〕參王叔岷先生前引論文。

　　　　學者乃知道德之後流爲刑名，而恍然於學派變遷之故。……然道家
　　　　貴慈儉，法家則慘刻；道家棄禮法，法家則以法相繩，自其學言之，
　　　　宜若枘鑿之不相入。故錢大昕疑之以爲後人誤會《史記》，而史公之
　　　　言實非此意。(按錢氏《老子新解序》云：太史公言申韓慘礉少恩皆
　　　　原於道德之意，而老子深遠矣。此因韓非書中有〈解老〉之篇而辨
　　　　之，言其託於老氏而實失老氏之旨。後人誤會《史記》，乃謂道德流
　　　　爲申韓，豈其然乎！)此則未深知其變遷之故，而強爲之辭耳。史
　　　　公之言，非云道德即申韓也，概言申韓之學原於道家，道家之學流
　　　　爲申韓耳！〔註12〕

江瑔引述的錢大昕說法，其誤解在於司馬遷並非只是因《韓非子》書中有〈解
老〉、〈喻老〉之篇，更非爲了辨明《老子》和《韓非子‧解老》思想的差異，
反而是強調申韓「刑名法術」和「黃老」「道德」之間義理內涵的相通。其致
誤之由，可能如江瑔所說今本《老子》和「刑名法術」實有衝突。而江瑔則
認爲雖有衝突，但仍存在變遷的可能，因而認爲司馬遷是在說明學派的變遷。
不過這個判斷實嫌主觀，既是「枘鑿不相入」的學說，其遞變的理據爲何？
而且司馬遷所著眼「道德」和「刑名法術」義理內涵相通的課題，江氏並未
加以觀照。又如蕭公權亦認爲道家、法家貌雖似而實不同，「道法之異，顯而
易見者至少三大端。一曰無爲而治之理想相似，而致此之途徑相殊。……二
曰無爲之操術既殊，其所懸之鵠的尤異。……三曰無爲之目的既殊，行術者
之地位亦異。」因而批評說：「史記謂申韓原於老莊，漢書以管子列於道家，
就現存之文獻以論，此皆不揣本而齊末，取形貌而略大體，未足爲定論也。」
〔註13〕蕭公權此說無疑是受限於現存文獻之不足，僅就今本《老子》以觀，
因而即以「黃老」等同「老莊」，實未能直契「黃老」之內涵。就申、韓「刑
名法術」和《老子》「道德」的義理關連性加以討論，傅斯年先生的說法頗有
參考價值，他說：

　　　　五千言所談者，大略兩端：一，道術；二，權謀。此兩端實亦一事，
　　　　道術即是權謀之擴充，權謀亦即道術之實用。……故韓非子書中〈解
　　　　老〉〈喻老〉兩篇所釋者，誠老子之本旨，談道術乃其作用之背景，

〔註12〕江瑔《讀子巵言》(台北：泰順書局，民60年10月) 頁93～103。
〔註13〕蕭公權：《中國政治思想史》(台北：聯經出版公司，民71年3月全集增訂本)，
　　　　頁263～264。

陰謀術數乃其處世之路也。……申韓形名之學，本與老氏無衝突處。
〔註14〕

傅先生觀照到道術可以發揮「權謀」之實用，和「形名」連繫起來。錢穆先生也有類似的看法，他認爲：「黃老」講內聖外王，老子論政完全以在上之聖人爲主體，開啓此下之法家。又說：「所謂施之於名實，切事情，慘礉而少恩者，其意趣指歸，皆已見於老子書。……至老子所以較韓非深遠者，只在老子之猶知有所畏、有所不敢……駕御之以一套權謀與術數。下至韓非……此王者放意肆志，更不懂得無爲之旨。於是乃只讓此一王者立法創制，以爲其所欲爲。」「憑其高位大權，刑賞在握，若一切群眾，盡可以宰割管制以惟我之所欲焉。」〔註15〕錢先生也是從「權謀術數」的作用說明《老子》與法家的聯繫，並說明兩者的差別，強調韓非學說由「權謀術數」導向「極權肆志」，以刑賞宰制百姓的末流之弊，而彰顯「老子深遠」的一面。傅斯年、錢穆先生的說法各有見地，然而至少仍有兩個問題呼之欲出：第一個問題，將今本《老子》的思想作「權謀化」的詮釋，雖然可以在《老子》的部分篇章找到見證，但卻無法滿足《老子》全書的整體精神，主要可能在於道家的「道德」一詞具有某種程度的「中性」化、虛義化的傾向（韓愈〈原道〉一文所謂「道與德爲虛位」），「權謀化」則多少已經賦予一些意義——被實際運用的「道術」，因而只能算是道德的一個面向。因此，我們仍須要有《老子》往權謀化發展的更明確線索，亦即明確將「道德」和「刑名法術」加以連結的線索。第二個問題，「刑名」和「法術」雖然在「君人南面之術」的運用上是互補的，但兩者性質仍有差異，《韓非子・難二》即曰：「人主之大物，非法則術也。法者，編著之圖籍，設之於官府，而布之於百姓者也；術者，藏之於胸中，以偶眾端而潛御群臣者也。故法莫如顯，而術不欲見。」「法」是「臣之所師」，唯有公開地運作才能發揮效能；反之，「刑名」則是「人主所執」，爲了不讓旁人窺視，因而強調君王私密、潛藏運用的「權謀」手段。將「道德」作權謀化的詮釋，通常即認爲道德是「君人南面之術」，因而一般說來偏向解釋「道德」和「形名」的連繫（司馬談〈論六家要指〉對道德的闡述即是如此），相對即忽略「道德」和「法術」的關連，而在司馬遷對道家、法家關連性的說

〔註14〕傅斯年前引書，頁38～40。
〔註15〕〈道家政治思想〉，《莊老通辨》（台北：東大圖書公司，民80年12月），頁131～142。

明中，確實涉及「道德」和「法術」的聯繫。當然，這些問題的提出及解決，其責任不在前面稱引的諸位學者，實因「文獻不足」故也，如今在此重述回顧，主要是爲了說明這篇論文研究的因緣及旨趣罷了。

二、《經法》等四篇佚書「道生法」說之研究概況

上節最末指出當代以《老子》的「道德」內涵理解《史記》所提「刑名法術」原於「道德」的說法，仍有未盡周延之處，並說明主要癥結在於文獻不足的緣故。直到近來《經法》等四篇佚書的面世，初步補充了「黃老」之學當中「黃」的部分，因而有助於我們對「刑名法術」原於「道德」說法之實質內容的了解。以下略述學術界對這份新材料的研究情形，藉此說明本文的研究重點。

1973 年底，長沙馬王堆三號漢墓出土一批帛書，其中有兩種《老子》寫本，在乙本帛書《老子》卷前，抄有《經法》《十大經》〔註16〕《稱》《道原》四篇古代佚書。《經法》等四篇帛書，經唐蘭考訂即是《漢書‧藝文志》「道家」所著錄的《黃帝四經》一書〔註17〕。此一書名的考訂獲得不少的支持，但尚未形成定論。不過，由於《經法》等四篇的部分內容確爲一本有關黃帝的書，且其面世是以「黃」在前、「老」在後的「黃老合卷」形式呈現，學界乃認定《經法》等四篇及《老子》的帛書即是漢初流行的「黃帝老子言」，因而有人姑且「從質命名」，稱爲《黃老帛書》〔註18〕，也獲得不少共鳴。然而如果將帛書《老子》排除而單指《經法》等四篇「黃帝書」，用「黃老帛書」的名稱還是不夠貼切。爲了避免名稱的困擾，本文暫且稱之：「《經法》等四篇佚書」，但如有必要，偶而亦使用「黃老帛書」一名。

《經法》等四篇佚書出土之後，關於四篇是否爲一個整體？學派思想屬性爲何？以及書名、成書年代、地域、著者等問題之考訂都成爲學術界研究的重點。其中「四篇是否爲一個整體及學派思想屬性爲何？」的問題，是進

〔註16〕《十大經》的篇題，或釋爲《十六經》。帛書整理小組最先釋爲《十大經》，後來改爲《十六經》，但並未成爲定論。裘錫圭認爲仍當釋爲《十大經》，李學勤則另有新說，謂〈十大〉爲末章章名，《經》爲篇名。參見陳鼓應：《黃帝四經今註今譯》（台北：臺灣商務印書館，1995 年 6 月），頁 401～402。

〔註17〕唐蘭：〈黃帝四經初探〉，《文物》1974 年第 10 期。及〈馬王堆出土老子乙本卷前古佚書的研究——兼論其與漢初儒法鬥爭的關係〉，《考古學報》1975 年第 1 期。

〔註18〕見鍾肇鵬：〈黃老帛書的哲學思想〉，《文物》1978 年第 2 期。

行思想研究前必先確立的基本問題。唐蘭從四篇之思想體系及用語的連繫認為四篇是一個整體，且是屬於道家類的「黃帝書」〔註19〕，這個說法大抵沒有太多的爭議。但筆者認為雖然四篇的思想內容確有內在聯繫，但彼此仍有差異：如〈十大經〉是唯一大量記述「黃帝」言行，具有「黃帝學」鮮明特徵的一篇，其內容著重闡述陰陽、刑德思想，另外在文體、文風、用語方面也有獨特風格，在四篇當中顯得相當特殊；〈稱〉則類似格言的集要，並非論述的體裁。相對而言，〈經法〉與〈道原〉兩篇在思想和文體方面的聯繫最為緊密，體現「道德」與「刑名法術」關連性的材料也多集中在這兩篇〔註20〕。這種差異情形顯示四篇的著成可能並非出自一人一時之作。《經法》和《道原》在四篇當中應是較早的作品，而〈十大經〉屬於「黃帝言」則相對較晚，就一般託於黃帝之書的出現及先秦古籍引用黃帝言的情況推測，可能是戰國晚期以後的作品〔註21〕。附帶一提，關於《經法》等四篇佚書的成書年代，學界的說法相當分歧，迄今未有定論。主要的兩種看法：一認為其書當作於戰國前期之末到中期之初，即公元前 400 年前後〔註22〕，一認為其書當作於戰國末期至秦漢之際〔註23〕。《經法》等四篇佚書的文句、內容和其他古籍如《國語・越語》《申子》《慎子》《管子》《鶡冠子》等有類似、重出之處〔註24〕。早出說者認為《經法》等四篇佚書是這些古籍的源頭，則《史記》所說「申子之學本於黃老」「（慎到）學黃老道德之術」不但是思想的關連，文獻上的接續關係也是信而有徵；反之，晚出說者則認為是《經法》等四篇佚書取自這些古籍，《史記》的說法是將時間錯置了。

　　《經法》等四篇佚書思想性質歸屬「黃老」道家，而《經法》篇開宗明義即說「道生法」，《道原》篇亦闡述道與「形名」的關係，顯示道與形名法術的聯繫確為「黃老」道家思想的核心命題。由於《經法》等四篇佚書的出

〔註19〕同註 17。另參見鍾肇鵬：〈論黃老之學〉，《世界宗教研究》1981 年第 2 集。
〔註20〕對筆者所研究的課題而言，論述的取材便是以這兩篇為主。
〔註21〕詳見王叔岷先生：〈黃老考〉，收於《莊學管闚》（台北：藝文印書館，民 67
　　　　年 3 月）先秦古籍引用黃帝言較多的著作，首推《呂氏春秋》，見於〈去私〉
　　　　〈圜道〉〈序意〉〈應同〉〈遇合〉〈審時〉等篇。
〔註22〕唐蘭註 17 所引論文。贊成此說者包括：金春峰（《漢代思想史》）、余明光（《黃
　　　　帝四經與黃老思想》）、陳鼓應（《黃帝四經今註今譯》）等。
〔註23〕鍾肇鵬前引論文。吳光：《黃老之學通論》（浙江：人民出版社，1985 年 6 月）
　　　　等。
〔註24〕詳見唐蘭前引文附錄。

土，落實了「黃老」思想內涵的材料，我們看到《黃帝書》所謂「道德」的原貌及「道德」和「刑名法術」直接連繫的材料，提供可以解釋《史記》所提出「刑名法術原於道德」之說的契機。

在《經法》等四篇佚書出土的同時，關於「道德」與「刑名法術」相聯結之課題的研究就已經展開，整個研究歷程可以說是從誤解到修正、進而深化的過程。最先階段充滿誤解，由於大陸方面的學者受限於歷史意識型態—「儒法鬥爭」的窠臼，因而乃是以「法」爲本位，認爲「道生法」實際上乃是「陽道陰法」，道不具獨立實質的意義，《經法》等篇是法家著作〔註25〕。其後逐漸有所修正，基本上承認《經法》等四篇的道家屬性，道不再只是形式的概念，「道生法」代表《經法》等四篇的思想乃是以道、法爲主，是「吸取了道家和法家思想加以融鑄和改造」，可以稱爲「道法家」。和法家的最大差異在於《經法》等四篇是「一種以道法爲主，兼包陰陽、儒、墨等家思想的龐雜體系」，具有兼容並包的精神〔註26〕。強調《經法》等四篇的「雜」，雖然破解前階段研究以法爲本位的迷思，然而尚未確立「道」的主體性，因此再後的階段即以突顯「道」的主體性爲主軸。爲了突顯道的主體性，乃提出「新道家」的稱號，意謂《經法》等四篇雖與《老子》思想有別，但仍是道家的嫡傳，並強調《經法》等四篇所用「法」字，主要是法度、法則、規律的意義，泛指一般包括不成文的習慣、風俗在內的標準，不同於法家只講成文且強制的法令和刑罰〔註27〕。自此之後，在以道家本位爲基調的情況之下，進行了許多深入發掘「道—法」思想義涵的研究〔註28〕，並擴大到其它屬於「黃老」「新道家」之典籍的研究，以建構「黃老」之學的整體面貌〔註29〕。

〔註25〕這是唐蘭前引論文的說法，持同樣見解者尚有程武：〈漢初黃老思想和法家路線—讀長沙馬王堆三號漢墓出土帛書札記〉《文物》1974 年第 10 期）等文。

〔註26〕見裘錫圭：〈馬王堆老子甲乙本卷前後佚書與"道法家"—兼論心術上、白心爲慎到田駢學派作品〉，《中國哲學》第二輯。及鍾肇鵬：〈論黃老之學〉，《世界宗教研究》1981 年第 2 集。

〔註27〕見熊鐵基：《秦漢新道家略論稿》（上海：人民出版社，1984 年 3 月）及金春峰：《漢代思想史》（北京：中國社會科學出版社，1987 年 4 月）

〔註28〕舉其大較，如簡永華：〈黃帝道家的三個基本概念——"道"、"理"、"法"〉，《中國哲學史研究》1986 第 4 期。沈清松：〈漢墓出土黃帝四經所論道法關係初探〉，《漢代文學與思想學術研討會論文集》（台北：文史哲出版社，民 80 年 10 月）閻鴻中：〈試析黃老帛書的理論體系〉，《國立臺灣大學歷史學系學報》第 15 期。蕭蕢父：〈黃老帛書哲學淺議〉，《道家文化研究》第三輯。

〔註29〕如熊鐵基前引書；吳光：《黃老之學通論》（浙江：人民出版社，1985 年 6 月）；

　　以上所述，大體說明了《經法》等四篇佚書「道─法」思想研究的歷程，以至於回歸以「道」為本位的現況，因為以關照「道」為主，對道的哲學性、政治性義涵以及在道家學術發展方面多有發揮，然而也衍生如下的情況：當觸及「道─法」思想議題或道家、法家關係的學術課題時，往往強調道家與法家的異質性〔註30〕，忽略道家和法家的「道─法」思想原來實際存在同異互見的關係〔註31〕；再者，縱使對道家、法家的關連性加以關注，當其以道為本位，總是傾向發掘法家著作的道家成分〔註32〕；再加上既強調道家、法家的異質性，將《經法》等四篇佚書的「法」字和法家之「法」予以區分，因而關於「道─法」命題內含的法理義涵以及其和法家之法理思想的關係未給予應有的重視，以致未能全面加以探討〔註33〕。有見於此，本文寫作的重點除了闡述「道─法」聯結說法當中關於道之義涵及作用外，亦將著重分析其法理義涵，並將視角從《經法》等四篇佚書擴及戰國時期相關之道家、法家著作，目的是藉著闡發「道─法」聯結說法之學理內涵，省察道家和法家之「道─法」思想的關係。

　　另外，必須說明：從《經法》等四篇佚書所見，廣義的「道─法」思想顯然必須包括「道」與「刑名」之聯結的課題。本文所以選擇以「道」和「法」的關連為主線索，一方面是對法理學的興趣使然，另一方面也有針對學術研究有待補充的部分提出管見的考慮。在《經法》等佚書出土之前，關於《史記》所提道家和法家的關連性研究，明顯偏於解說「道」與「刑名」的聯繫

　　　　　陳麗桂：《戰國時期的黃老思想》（台北：聯經出版公司，民80年4月）。

〔註30〕例如那薇：《漢代道家的政治思想和直覺體悟》（山東：齊魯書社，1992年1月）即強調黃老的刑名法術之學不同於法家的刑名法術之學，見頁40～48。康韻梅：〈從經法等佚書四篇與韓非子思想的關係論韓非之學本於黃老之說〉，《中國文學研究》第六期，亦分別從道法、形名、刑德、君臣關係四方面論述道家、法家主張的同異，仍以其間的差異為著眼。

〔註31〕金春峰曾從道家反人文主義的基本原則透視道家和法家刑名法術之學的關連性，見氏著《漢代思想史》，頁41～43。這個看法和梁啟超類似，梁氏認為道家的自然主義，末流生出物治主義的法家。見《先秦政治思想史》（台北：臺灣中華書局），頁113～115。此說法雖然有一定道理，但並未具體指出其間內涵的同異。

〔註32〕例如：陳麗桂：《戰國時期的黃老思想》有〈申慎韓的黃老思想〉的章節，即是典型。

〔註33〕日人金谷治：〈法思想在先秦的發展〉，《中國文化研究集刊》第一輯（上海：復旦大學出版社）有概括的敘述，但仍嫌簡略。

（詳上節）。但如《史記·孟子荀卿列傳》既謂慎到「學黃老道德之術」，從現知的慎到思想加以推測，當是以「道」與「法」的聯繫爲主。如今，《經法》篇明確提出「道生法」的說法正是「道」與「法」聯繫的見證，而且回過頭來檢視戰國時期相關文獻，如《管子·心術上》所云「法出乎權，權出乎道」、《慎子·逸文》所言「以道變法」和《韓非子·大體》所謂「因道全法」等說法，皆可以與「道生法」之說相通，顯見「道」「法」之聯結亦是道家和法家思想相互聯繫的重要線索，因此對「道」「法」聯結諸說之義涵的研究顯有必要，因此本文之研究轉而以此爲主。本文除了對明確提出「道」「法」聯結說法的四種典籍（《經法》等四篇佚書、「《管子》四篇」、《慎子》、《韓非子》）加以探析之外，亦將納入《老子》、《商君書》。主要考量是：道家之「道」論體系規模，可謂肇建於《老子》，藉由與《老子》道論之比對，可以觀察道家思想發展轉化之跡象；《商君書》則是法家論「法」的典型，《韓非子》受其影響至深，將《商君書》納入討論將有助於對法理發展的認識。反之，戰國道家另一鉅子「莊子」，則因本文所討論之課題，「道」乃是作爲制度法令成立之依據，係肯認現實的政治制度，基本上是屬於道家當中的「黃老」並稱之一系，與《莊子》思想主體之「超人文」取向〔註34〕關係較淺，故略而不談。另外，法家之「申不害」，除了文獻闕佚嚴重，可資討論的材料不足外，亦因其思想乃是以「術」爲主，並非本文討論的焦點，因而亦予以擱置。

〔註34〕《荀子。解蔽》即概括評論「莊子蔽於天而不知人」。當然這是指《莊子》一書的主體而言，《莊子》部分篇章如〈天道〉等也和「黃老」思想有某種程度的關連，詳見劉笑敢：《莊子哲學及其演變》（北京：中國社會科學出版社，1993 年 3 月）

第二章　道家之「道─法」思想

第一節　《老子》:「道法自然」之義涵

一、「道法自然」義釋:從存有學原理到政治支配原理

　　從思想史的角度來看,提出「道」作爲天地萬物創生之根原,轉化天帝創生的傳統觀點,顯然是《老子》一書在思想史上最具創發價值的見解,而「道」也是《老子》思想的根本範疇。關於《老子》「道」這一範疇的哲學性格,學者的詮釋呈現相當分歧的局面〔註1〕。由於本文的寫作著重探究「道法自然」這個概念的涵義,重點是道的作用方式及呈顯的倫理法則,不在道體自身的哲學性格,因而筆者無意進一步針對這些分歧的詮釋觀點加以討論〔註2〕。

　　《老子·二十五章》:

　　　有物混成,先天地生。寂兮寥兮,獨立而不改,周行而不殆,可以
　　　爲天地母。吾不知其名,強字之曰道……。〔註3〕

「道」字在《老子》一書中的用法具有多重涵意〔註4〕,〈二十五章〉這裏的

〔註1〕　如馮友蘭將道理解爲「萬物所以生之總原理」;勞思光則將道理解爲「萬有之規律」;方東美則認爲道是「實體」、是「周溥萬物、遍在一切的創造力」;牟宗三則以主觀的「精神境界」作爲詮釋道的基調。參見袁保新:《老子哲學之詮釋與重建》(台北:文津出版社,1991年9月),頁131~151。
〔註2〕　詳細的討論,可以參見袁保新:《老子哲學之詮釋與重建》一書。
〔註3〕　這裏引用《老子》本文,據陳鼓應:《老子註譯及評介》(北京:中華書局,1984年)
〔註4〕　唐君毅解析《老子》書中「道」的義涵爲六:虛理之道、形上道體、道相之

「道」乃是用來指涉一創生天地萬物的「形上實體」。在對道的描述中，著重肯認道為實體，而且說明道體之實存狀態異於現象界之存有者，而為形而上之存有，因而將道描述為「混成」之「物」。這裏所謂「混成」，以及〈十四章〉對「道」的描述：「視之不見，名曰夷；聽之不聞，名曰希；搏之不得，名曰微。此三者不可致詰，故混而為一。其上不皦，其下不昧，繩繩兮不可名，復歸於無物。是謂無狀之狀，無物之象，是謂惚恍。」用「混而為一」來概括道體的存有樣態，主要是表明道體是一整全渾化之體，無法用「視」「聽」「搏」等感官行為加以究詰辨識，是一個超經驗的存有，異於一般現象界之存有者可以感知辨識的具體事物。道體「寂兮寥兮」、「無物」「無狀」，沒有具體的形質；然而道究竟不是絕對的「虛無」，而是超感官經驗的實有，故即以「無狀之狀，無物之象」的「惚恍」狀態來形容道體。〈二十一章〉云：「道之為物，惟恍惟惚。惚兮恍兮，其中有象；恍兮惚兮，其中有物。窈兮冥兮，其中有精；其精甚真，其中有信。」仍是強調道體雖似空虛，但卻是實存的。

　　然則《老子》所以深信形上道體的實有，似乎是著眼於道的「實現性」──道「可以為天地母」，是「萬物之宗」，具有無限的創造、實現能力與作用（〈四章〉云「道沖而用之或不盈，淵兮似萬物之宗。」）。《老子》進而「摹擬」具有無限的創造、實現能力與作用的道體屬性：（一）「獨立而不改」：「獨立」既指道異於天地萬物之紛雜的「整體性」，亦指這個整體所具有的「絕對性」──是「自存」（圓滿自足而不受制限）的實體。而不受制限亦即含著「經常性」，「不改」即是指其經常不變性，故有所謂「常道」。（二）「周行而不殆」：經常不變性和關連著事物的活動並非互斥，反而保存了永恆、普遍地活動的能力，此即所謂「周行而不殆」，因而得以成為創造、實現天地萬物之存在的根原。

　　一般概念的形成，是經由具體事物加以抽象而得，所謂「物固有形，形固有名」（《管子·心術上》）。然而因為形上實存的道體，沒有具體的形質，無法感知經驗，因而也就無法加以概念化，賦予其名稱，因而用「道」的範疇稱呼此形而上的存有，乃是勉強為之，故有所謂「吾不知其名，強字之曰道」或「繩繩兮不可名」的說明。簡言之，「道」的不可言說，就在於道體是

道、同「德」之道、修德之道及其他生活之道、事物及心境人格狀態之道。見唐君毅：《中國哲學原論（導論篇）》（台北：臺灣學生書局，民75年9月全集校訂本），頁368～418。陳鼓應也分析《老子》的「道」字有三義：實存意義的道、規律性的道、生活準則的道。見《老莊新論》（台北：五南圖書出版公司，1993年3月），頁4～15。

既「無」且「有」的存有樣態。〈一章〉也說到：

> 道可道，非常道；名可名，非常名。『無』，名天地之始；『有』，名
> 萬物之母。故常無，欲以觀其妙；常有，欲以觀其徼。此兩者，同
> 出而異名，同謂之玄。玄之又玄，眾妙之門。

所謂「無名天地之始，有名萬物之母」：一方面，就道的「先在」——尚未與天地萬物相接的「本始」面而言（如〈二十五章〉說「道」是「先天地生」，〈四章〉且曰「象帝之先」，道先於天帝而存在，間接否定了天帝是萬物創生根原的傳統看法。），道尚未落實為有形質的存在，道只是呈現其「寂兮寥兮」的自體樣態，因而可以稱之為「無」。另一方面，就道作為「天地之母」「萬物之宗」的「實現」面而言，道可以發揮無限的創造、實現作用，落實為有形質的存在，彰顯了道體的實有，因而可以稱之為「有」。〈四十章〉云「天下萬物生於有，有生於無。」從宇宙生成、萬物實現的結果而言，「無」「有」是宇宙生成由無形質發展而為有形質的歷程；然而這個歷程對「道自身」而言卻是沒有分別的，「無」言其「本始」之體，「有」言其「實現」之用，兩者是合一的，只是針對道的不同面向而給予不同的稱謂，所謂「兩者同出而異名」。從體用一如的觀點，道便具有既「無」且「有」超乎一般認知的辯證特性——「玄」。就道體自身而言，「無」而「不無」（「有」），彰顯道體非虛空；就道的實現作用而言，「有」而「不有」（「無」），彰顯道體的作用非「定有」，而是具有「虛而不屈，動而愈出」無限妙運能力的「有」，成其所謂「眾妙之門」〔註5〕。

《老子》由體「無」用「有」的「玄」性闡發道體作為創造、實現天地萬物之形上實體的性格。這種體用合一，即用顯體的特徵，說明了道並非是「超絕」於天地萬物之外的創生根源，而是「內在」於天地萬物的具體創生作用之中〔註6〕。道的「內在化」作用，落實為萬物個別的內在本質，此即「德」的作用。《老子》進一步強調「德」之作用的超越性本質，亦即既內在又超越的「玄德」。〈五十一章〉云：

〔註5〕關於道體的「無」「有」雙重性，參見牟宗三：《中國哲學十九講》（台北：臺灣學生書局，民72年10月），頁89～102。

〔註6〕方東美認為「內在型態」（immanent）的形上學是中國哲學的特點，「本體」的實性滲入「功用」歷程，即用以顯體；「本體」乃具現於現象界，本體與現象略無間閡。方東美所說的「內在型態」之形上學，和「超越型態」（transcendental）的形上學乃是相通一氣，而與「超自然（即超絕）型態」（praeternatural）的形上學大相逕庭。見方東美著，孫智燊譯《中國哲學之精神及其發展（上）》（台北：成均出版社，民73年4月），頁27～33。

> 道生之，德畜之，物形之，勢成之。是以萬物莫不尊道而貴德。道
> 之尊，德之貴，夫莫之命而常自然。故道生之，德畜之，長之育之，
> 亭之毒之，養之覆之。生而不有，爲而不恃，長而不宰：是謂玄德。

道創造、實現天地萬物，並內在於天地萬物而長養之，此作用即是「德」，而經由「德」的作用，天地萬物即各自獲得其「德」，而成爲其存在本質。然而「道」之「德」的作用乃是一種既內在、又超越的「玄德」作用。道體雖是萬物之「生」「爲」「長」的「萬物之宗」，但並非實質對萬物加以約限宰制，此所謂「生而不有，爲而不恃，長而不宰」。換言之，道對萬物只是一種形式支配的狀態，並非眞正以其意志宰制號令天地萬物，而是順任天地萬物「自然」地經由「物形之，勢成之」而實現，此即所謂「莫之命而常自然」。所謂「自然」，王弼《老子注》說：「法自然者，在方而法方，在圓而法圓，於自然無所違也。」〔註7〕，不是指陳實際存在的自然界（nature），而是說明萬物是「自己如此」地存在，同時即說明了道對萬物實際是無所主宰的，物的存在樣態爲方爲圓即順任其爲方爲圓，此正彰顯了道體內在化作用的沖虛「玄德」〔註8〕。

就作爲超越性之創造、實現原理的道體而言，內在化之「德」的作用，是道體之「實現性」的具體表現，「道」與「德」是二而一的體用關係，可以不加區別。然而，就具有內在之「德」的萬物而言，「道」成就萬物之「德」，可以說即預含一種離道而向下墜落的可能趨勢，所謂「失道而後德」。原因是萬物之成爲「物」，乃是經由「物形之，勢成之」的定形結果，一經定形即有所「肖」——固定的形象、屬性，並受外界形勢的左右，也就有了屬於物界的侷限，而爲「小體」的存有者，故曰：「若肖，久矣其細也夫！」（〈六十七章〉）而與沒有定形、不受制限之超越性「大道」有所閡隔，由此便衍生出物界的種種紛擾與人生的種種問題。爲了阻卻這種因囿於物的格局而墜落的發展趨勢，以解決物界的紛擾、人生的問題，《老子》認爲萬物必須「惟道是從」，遵循道的規律。著眼於此，《老子》之「內在型態」哲學也強調道作爲社會人生之倫理法則的義涵。〈二十五章〉曰：

> 道大、天大、地大、人亦大。域中有四大，而人居其一焉。人法地，
> 地法天，天法道，道法自然。

前已言之，道乃是內在於天地萬物之中，因而道與天地萬物的關係並不疏離

〔註7〕見樓宇烈：《老子周易王弼注校釋》（台北：華正書局，民72年9月）頁65。
〔註8〕參牟宗三：《才性與玄理》（台北：學生書局，民78年10月）頁143～155。

超絕。這裡所說「道」和自然宇宙、人類同處於時空之中（「域中」），並非超絕於時空之外的存在，也印證了道和天地萬物並不疏離的見解，提供人可能得以與道接合的客觀條件。不過，《老子》更強調人應當具備的主觀條件，即是「大」格局的精神態度——所謂「孔德」〔註9〕，以其「內在」之「德」為基礎，超脫定形、定性之「小體」的侷限，而成就其大格局之德。唯有具備「大」格局的精神態度，乃能與具有「大」格局的道（「道大」）相契〔註10〕。從道的客觀性來看，人類也是萬物之一類，其物理生命和各種物類一樣是相對、變易、個別、短暫的存在，但《老子》這裡特別肯定人類之「大」，即是著眼於人的心靈具有向上超越的可能性，透過解放、超越一切人為、物界的束縛與侷限，以具備「孔德」，而與「大道」相契。

承上所言，人必須經由「內在」不斷「超越」化的心靈修證的歷程，以與道相契〔註11〕。這就必然涉及某種修證的工夫。〈十章〉云：「滌除玄鑒，能無疵乎！」〈四十八章〉亦云：「為道日損，損之又損，以至於無為。」滌除主觀當中一切之私欲、意念，減損人為造作，乃是深觀道體的必要工夫，這個工夫的極致即是〈十六章〉所云的「致虛極、守靜篤」。〈十六章〉云：

> 致虛極，守靜篤。萬物並作，吾以觀復。夫物芸芸，各復歸其根。
>
> 歸根曰靜，靜曰復命。復命曰常，知常曰明。

「致虛極，守靜篤」就過程而言是工夫，就結果而言則是極度虛靜的心靈境界，此種境界已經超脫現象界紛芸事態的干擾，而回歸生命的本體，乃得以證知生命現象的經常性規律（常道）。（「知」乃是心靈內在的明覺作用，故〈四十七章〉曰「其出彌遠，其知彌少。」）

經由上述心靈修證的工夫，人的存在獲得了「超越」化，「人法地，地法天，天法道，道法自然」正是顯示人的心靈精神由「內在」而逐漸「超越」的歷程。這個歷程依據其突顯的意義大抵可以區分為兩個層次〔註12〕：其一、

〔註9〕〈二十一章〉曰「孔德之容，惟道是從」《河上公注》曰：「孔，大也。」《王弼注》曰：「孔，空也。」「空」乃能容，亦有「大」義。《老子》中常見在「德」之上冠一形容詞，如「孔德」「玄德」「上德」「廣德」等，均是指陳與「道」貼近的「德」。

〔註10〕〈六十七章〉：「道大，似不肖。」〈三十四章〉：「大道氾兮，其可左右。……以其終不自為大，故能成其大。」均是指陳「道」之「大」格局。

〔註11〕有關《老子》的內在超越的課題，可以參見湯一介：《儒道釋與內在超越問題》（江西：人民出版社，1991年8月），頁13～18。

〔註12〕唐君毅從法道的四個層面：法地、法天、法道、法自然詮釋其中不同的義涵，

「人法地，地法天，天法道」：人的存在擺脫了人性的主觀侷限，體驗、效法自然宇宙的律則（天地之道），觀照其中的價值原理，取法以爲人生的倫理法則〔註13〕。如〈七十七章〉云：「天之道，其猶張弓與？高者抑之，下者舉之；有餘者損之，不足者補之。天之道，損有餘而補不足；人之道則不然，損不足以奉有餘。孰能有餘以奉天下？唯有道者。」更概括地說，即所謂「反者道之動，弱者道之用。」（〈四十章〉）這些自然宇宙普遍性的抽象原理及發展規律〔註14〕，正可以作爲人生法則之準據。其二，體證「道法自然」則是人與「大道」相契道達更高的超越層次：就存有學的意義而言，「道法自然」在強調道體之沖虛玄德，道的運作以「自然」爲法則，「自己如此」地存在是存有的本質。轉就倫理學方面說，體證「道法自然」，在於強調人必須透過「致虛極，守靜篤」的工夫極至，滌除主觀當中一切之私欲、意念，減損人爲造作，即能體證沖虛的「玄德」，回歸生命存在的「自然」本性。

「修之於身，其德乃眞；修之於家，其德乃餘；修之於鄉，其德乃長；修之於邦，其德乃豐；修之於天下，其德乃普。」（〈五十四章〉）在《老子》的觀念中，「孔德之容，惟道是從」的修德工夫，不只是個人對其眞正本性的追求，更可以推擴至齊家、治國、平天下，道作爲社會政治原理的意義，也是《老子》所著重的。「莫之命而常自然」不但是存有學原理，也是政治支配

認爲「法地」之「道」乃見道之普遍而分別必內在萬物而生養之之普遍性、內在性與創生性；「法天」之「道」則更見道之「統體的包涵萬物之包涵義或廣大義」，見道之絕對性、無限性；「法道」則更見道之超越於天地萬物之超越義或先天義；「法自然」則見道之恒常義、悠久義及「不爲主」之主宰義。見《中國哲學原論（原道篇卷一）》（台北：臺灣學生書局，民75年10月全集校訂本），頁290～342。筆者的論述受此啓發，但觀點不同。

〔註13〕 李約瑟（Joseph Needham）在討論中國科學思想時曾涉及人世間法律和自然科學的自然律則之間的關連性，他認爲中國古籍中的「法」字並非被用作自然科學的自然律則之義，而通常作爲「方法」與「模式」之義。他並認爲「律則」和「模式」的意義應該加以區別。見氏著《中國之科學與文明》（Science of Civilisation in China）顧翊群譯（台北：臺灣商務印書館，民74年2月），第三冊頁320～321。《老子》顯然不是以客觀的自然律則爲探討對象，觀照的主體係以自然宇宙和人事相互對照，並即以自然界的行爲模式作爲人事取以爲法的法則。

〔註14〕 馮友蘭曾認爲《老子》的「道」是指「天地萬物之所以生的總原理」，見氏著《中國哲學史》（坊間翻印本），頁218～223。勞思光則認爲「道」是指經驗世界之萬有所循之規律。見氏著《新編中國哲學史》（台北：三民書局，民73年1月增訂本），頁238～241。兩人所見均是就道之此義而發。

的最高原則。作爲「萬物之宗」的道體，處於尊貴的地位，但卻不訴諸權威、展現意志以命令萬物，而是讓萬物「自然」地生長與發展，讓萬物生長發展的基礎建立在萬物的「自身性」上面。這樣一種「自然」「無爲」的支配模式，亦是政治支配的根本法則，「輔萬物之自然而不敢爲。」（〈六十四章〉）「太上不知有之……悠兮其貴言，功成事遂，百姓皆謂『我自然』。」（〈十七章〉）統治者不輕易發號施令（「貴言」），聽任人民「自然」地完成事功，其極至於似乎沒有統治者的存在，成爲《老子》最高的政治原則與理想。然則《老子》以「自然」「無爲」作爲最高政治支配原則，按〈十九章〉所云：「絕聖棄智，民利百倍；絕仁棄義，民復孝慈；絕巧棄利，盜賊無有。此三者以爲文不足。故令有所屬：見素抱樸，少私寡欲。」主要是指涉統治者必須絕棄自認爲聖智的主觀意念、仁義等社會倫理教條、以及種種巧詐貨利，在這樣的氛圍影響之下，引導人民回歸原初樸素的本性，順乎天理，沒有過多的私心和欲望，政治自然能夠清明，社會也能夠太平。因此，「自然」「無爲」的支配原則正是要將政治社會體現爲「無名之樸」的狀態，〈三十七章〉云：「道常無爲而無不爲，侯王若能守之，萬物將自化。化而欲作，吾將鎮之以無名之樸。鎮之以無名之樸，夫將不欲。不欲以靜，天下將自定。」在「無名之樸」的社會政治狀態引領之下，人心的種種欲念獲得靜定，天下百姓「自化」「自正」，藉此即獲得了「無爲而無不爲」的政治效能。

　　綜上所論，「道法自然」可說是貫穿《老子》的存有學、倫理學以至於政治支配原理的重要觀念。就存有學的意義而言，「道法自然」在強調道體之沖虛玄德，道的運作以「自然」爲法則，「自己如此」地存在是存有的本質。倫理學方面，則是認爲人可以透過「致虛極，守靜篤」的致極工夫，與大道相契，體證沖虛的「玄德」，回歸生命存在的「自然」本性。至於政治支配原理方面，《老子》將「道─萬物」的支配關係，推演至政治領域之「君─民」支配關係：道只對萬物施予形式的支配，而賦予萬物自主、自律發展的「自身性」；同樣地，所謂「輔萬物之自然而不敢爲」，君王也應以「清靜」「無爲」爲其統治之根本法則，藉由「無名之樸」的政治氛圍，引領百姓「見素抱樸」，即能「自正」「自化」，獲得政治的效能。構成一種「無爲而無不爲」的政治模式。

二、批判禮、法：《老子》的法理思想

　　根據上節的論述已經知道，《老子》構建的倫理學思想以滌除人爲造作，

「致虛守靜」，回復生命沖虛、無爲的「自然」本性爲主旨，儒家主張的「仁」「義」「禮」在《老子》看來均是「有爲」的產物，因而予以批判。對於「法令滋彰」的統治型態，也因與「無名之樸」的統治型態對反而加以否定。〈三十八章〉云：

> 上德不德，是以有德；下德不失德，是以無德。上德無爲，而無以爲；下德無爲，而有以爲〔註15〕；上仁爲之，而無以爲；上義爲之，而有以爲；上禮爲之，而莫之應，則攘臂而扔之。故失道而後德，失德而後仁，失仁而後義，失義而後禮。夫禮者，忠信之薄，而亂之首；前識者，道之華，而愚之始。是以大丈夫處其厚，不居其薄；處其實，不居其華。故去彼取此。

儒家對人類「仁」「義」的德性大加宣揚，並肯定作爲社會政治之規範的「禮」的功能，且重視禮制和仁義之德的一體性，如孔子云「人而不仁，如禮何！」〔註16〕；孟子尤其強調仁義禮智同是根原於人類固有的道德本心，所謂：「仁義禮智，非由外鑠我也，我固有之也。」〔註17〕按儒家的觀點，禮不只是外部規範，亦可以視爲內在道德原理的具體表現。相對地，《老子》則認爲禮制不過是社會權威的產物，是一種具有強制性的外部規範（「上禮爲之，而莫之應，則攘臂而扔之。」即是說明禮之強制性），流於外在形式，而悖離了人的自然樸實本性，只是一種虛僞的規範，將斲傷人的內在精神。因此，對於禮制將導至人際間的「忠信」關係流於澆薄，進而成爲社會的亂源予以批駁。

儒家強調禮制與仁義德性的一體性，而《老子》既有見於禮爲一種外在虛僞的社會規範而予以批駁，對儒家持以爲禮制之基礎的仁義之說亦未認同。《老子》認爲儒家所持表現人類愛心善意的「仁」、合宜舉止的「義」之說，雖然不若禮之爲外部強制性規範，但已經具有「有爲」之質素（「上仁爲之而無以爲」），甚而爲有心之造作（「上義爲之而有以爲」），只能算是「下德」。「下德不失德」，乃是拘執於德行之爲，就其結果而言，顯然無助於內在德性之建立，故曰「是以無德」。相對的，直契人的「自然」本性的「德」才是「上德」，「上德不德」「無爲而無以爲」，乃是不拘執於德行之爲，就其結果言，反而內在德性自然完足，故曰「是以有德」。由上所論，顯然《老子》認爲「有

〔註15〕馬王堆帛書《老子》無「下德」句。
〔註16〕《論語·八佾篇》
〔註17〕《孟子·告子上篇》

為」之德的仁義相較未經人為、自然天成的「道德」﹝註18﹞而言已是有所沉淪曠廢。故曰：「失道而後德，失德而後仁，失仁而後義。」〈十八章〉亦云：「大道廢，有仁義」認為仁義之說乃是「大道」既廢之後，為了彌補內在德性喪失的一種外在文飾手段，欲透過德行的宣揚以「文飾」內在德行之不足，因而《老子》乃有「絕仁棄義」之說。然則《老子》之否定仁義，乃是在於「仁義」之說流為一種外在文飾手段，是對其形式、動機的不認同，並非在實質層面上否定仁義的德性，此即牟宗三先生所謂「道家不是從存有層否定聖、智、仁、義，而是從作用層上來否定。『絕』、『棄』是作用層上的否定字眼，不是實有層上的否定。」﹝註19﹞「絕仁棄義，民復孝慈。」認為「忠信」「孝慈」等德行，可以透過放棄對仁義的矜持而獲得實現，其獲得實現乃是依據由「絕仁棄義」而回歸至更為根本的「大道」為其實現本原。實則仁義並未因此而喪失，反而從中得以體現。這種透過道的形式以體現仁義的功能，牟宗三謂此為道之「作用地保存」﹝註20﹞。總而言之，《老子》所以有「絕仁棄義」之說，是認為應該「絕棄」外在形式的德行，轉而回歸「大道」之行的狀態，所謂「常德不離，復歸於嬰兒」「常德乃足，復歸於樸」（〈二十八章〉），體現生命之初內在的素樸德性。

　　「禮」作為社會政治的外部規範，其效力訴諸社會權威，有一定的強制性，因而遭致《老子》的批判。國家的「法令」，出自統治者的意志，其效力源於統治者的政治權威，其強制力主要是靠刑殺為手段，尤其不是禮的強制力「攘臂而扔之」所可比擬。《老子》既對統治者的「聖智」不敢恭維，曰「絕聖棄智，民利百倍」（〈十九章〉）；對法令的功能亦深表懷疑，曰「法令滋彰，盜賊多有」（〈五十七章〉）。所謂「法令滋彰」，「滋彰」二字，大體是愈明、太明之意。法令本以明暢達於民心，始有規範的功能，這點法家知之甚詳，所以《韓非子・難二》說「法莫如顯」。《老子》對此既不表贊同，可見這裏不僅在法令的表現形式上面否定而已，而是根本地否定法令的功能。另外，「太明」有時亦寓法令苛深之意，嚴刑峻罰更是《老子》明言反對的，曰「民不

﹝註18﹞ 在《老子》一書當中，「道」「德」在層次上有差別是表現在「道」是作為超越性本體之內涵，而「德」則是「道」之內在性作用，一明其體，一言其用。就道之內在於天地萬物而言，「道」「德」是合一的，所謂「道生之，德畜之」；就人或萬物之有得於「道」而言，亦是如此，「有道」者即是「上德」者可以不別。

﹝註19﹞ 牟宗三：《中國哲學十九講》（台北：臺灣學生書局，民72年10月），頁133。

﹝註20﹞ 同前註，頁134。

畏死，奈何以死懼之！若使民常畏死，而爲奇者吾得執而殺之，孰敢？常有司殺者殺，夫代司殺者殺，是謂代大匠斲。夫代大匠斲者，希有不傷其手矣。」（〈七十四章〉）〔註21〕

　　雖然有人從「法令滋彰」字面推敲，認爲《老子》並未全面否定法令的作用〔註22〕，不過，《老子》對國家法令的否定，自有其基本的理據。如〈三十二章〉所云「道常無名樸……始制有名，名亦既有，夫亦將知止，知止可以不殆。」〈十七章〉：「悠兮其貴言，功成事遂，百姓皆謂我自然。」雖似乎也意謂容許最低限度的人爲法令，但主要精神仍然強調對於名分法令的制定要「知止」、「貴言」，不要過度擴張以致於違犯人民的自主性。而〈六十五章〉亦云：「古之善爲道者，非以明民，將以愚之。民之難治，以其智多。故以智治國，國之賊；不以智治國，國之福。知此兩者，亦稽式。常知稽式，是謂玄德。」這裏說到「愚民」「反智」是「道治」的應有狀態，而所謂「愚民」「反智」之說，放在「玄德」之作用或「道法自然」的視角解讀，大抵強調治國的最高法則乃是清除百姓的智巧機詐，恢復其「眞樸」本性。而「法令滋彰」的統治方式與這種「無名樸」的統治方式正相對反，反而開啓了「明民」之法門，社會因而可能機詐蜂出，盜賊亦不勝其治了。

　　就法理學的意義而言，儒家既認爲作爲社會政治規範的禮制與人心的仁義德性是一體的，孟子並直指禮制含具內在道德本心的依據，在這樣的認知之下，禮顯然具有「自然法」（「本性法」）的性質〔註23〕。相對地，《老子》

〔註21〕《老子》反對法令流於繁雜、苛刻的精神具體地反映在以「黃老」思想爲主導的漢初政治之中，具體的例證包括：其一，《漢書‧刑法志》所云「高祖初入關，約法三章，曰：殺人者死，傷人及盜抵罪。蠲削煩苛，兆民大說。」一事，強調省約法令，戴君仁先生認爲正是反映「法令滋彰，盜賊多有」的主張（見〈漢初的政治和先秦學術思想的關係〉一文，收於《梅園論學集》）。其二，《史記‧曹相國世家》記載曹參相齊「其治要用黃老術。……參去，屬其後相曰：以齊獄市爲寄，慎勿擾也。……夫獄市者，所以并容也，今君擾之，姦人安所容也？……參代何爲相國，舉事無所變更，一遵蕭何約束。擇郡國吏木訥於文辭、重厚長者，即召除爲丞相史；吏之言文刻深、欲務聲名者，輒斥去之。」也是彰顯老子重寬容、斥刻深之精神的例證。

〔註22〕日人大濱皓即認爲「老子在此並未全面否定禁令、權力、巧僞或法令。老子僅排斥其『多』與『滋』，否定禁令等過多與過於繁雜。這與『去甚』的想法是相通的。這一點不容誤解，因爲考慮老子與法家的思想關連時具有重要意義。」引自林文雄：〈老子法律思想的研究〉，《臺大法學論叢》第四卷第二期（民64年4月），頁55。

〔註23〕「自然法」（natural law）與「實證法」（positive law）相對，是西洋法理學

則不承認禮之「自然法」性質。但是，《老子》雖然不像儒家一樣對禮制的「自然法」根原予以正面的確認，但是其批判禮制乃是著眼於禮制不是「自然法」，是外在強制性的規範，將導致人性的澆薄，因而並非是對「自然法」理念的否定。然則《老子》所提「道法自然」的理念是否爲一種「自然法」的理念呢？梅仲協在討論老子的法理思想時，先將「自然法」和「自然律」兩種概念加以區分，他認爲儒家的禮論基本上可以認爲是「自然法」的理念，而老子「厭惡法律、痛恨法律，他只有自然律的觀點，而沒有自然法的理念，至若由人類的智慧所創立的制定法，則尤爲老子所反對。」梅氏所以認爲「道法自然」的理念只是屬於「自然律」的觀點，主要在於他理解老子所云「道法自然」的「道」爲支配天地萬物及人類的自然律，而此自然律則又受「自然」本體（太陽系的本體）所支配；老子所謂「天」是指日月星辰的天象而言，是一個極端的自然主義者〔註24〕。另外，「自然法」理念雖和「法律實證主義」論者針鋒相對〔註25〕，但「自然法」理念和「實證法」並非互不相容。「自然法」理念認爲在「實證法」之上尚有一種層次較高之理想法的存在，且可以用來作爲評判「實證法」良善與否的準據，但仍肯定「實證法」的存在價值。原因是：「自然法」大抵是屬於概括性的原則與內容，不足以規範複雜且變動不居的社會生活，仍有賴於「實證法」以發揮其現世的實效〔註26〕。反觀《老子》則否定人爲法律的價值，這就與「自然法」的理念有了相當的差距了。筆者認爲梅氏提出「自然律」和「自然法」的區別饒有意義，「自然

中極重要的觀念，大抵指陳合乎「自然正義」之法，"nature" 亦可譯爲「本性」。「自然法」學者的中心觀念乃是認爲人類社會之行爲規則並不限於國家或政府制定之法律，尚有更爲普遍、恒常之規範，係根據具有理性的人之基本需要而存在著，此等規範是形成個別行爲法則之依據，並構成批判人爲規則之良善與否的標準。參馬漢寶：〈自然法之現代的意義〉，臺大法學院《社會科學論叢》第 17 輯。另外，梅仲協對「禮」就是「自然法」的說法有詳細論證，見《法學緒論》（台北：華岡出版社，民 56 年 10 月新一版）頁 67 ～74。

〔註24〕見《法學緒論》，頁 161～162。

〔註25〕「法律實證主義」論者基本上是認爲「法律實際如何」和「法律應當如何」是全然不同的事情，因此將「實然的法律」和「應然的法律」區分開來，而以前者爲法學研究的對象。而他們通常也不認爲在法律制度之外，可以尋獲一種永恆的準繩或規範用來考驗法規的效力。參羅伊德（Dennis Lloyd）著，張茂柏譯：《法律的理念》（台北：聯經出版公司，民 73 年 5 月）第五章「法律實證主義」。

〔註26〕參註23引馬漢寶論文。

律」是一個以自然現象，而非人文現象為基礎的概念，而一般法理學所謂的「自然法」則是屬於人文的概念﹝註27﹞。然而由上節所論可知《老子》所謂的「自然」一詞不是「自然界」（nature）的意義，他也不是一個自然主義者，雖然他承認客觀的自然律則可以作為觀照人文法則的一個取法準度，但人文法則的終極依據乃在於存有者「自己如此」地存在的真實本性，顯然梅氏是誤判了。從上文對《老子》所言「道法自然」義涵的理解，可以推知《老子》法理思想的最終歸趨，是要求建立在以自然樸性為基礎的人間秩序，這和「自然法」的理念並不違背。不過，《老子》自然法理念的獨特性，在於《老子》的道主要是一種超越性的道德原理，超越善與惡、理性與感性（不區別意念中欲念和善念之分），對人類普遍的善性或理性並未予以正面肯定，因而無從落實為以善性或理性為依據的「自然法」，大抵只肯定人之為「自然人」的「樸性」，而在人的「樸性」當中，自然流露忠信、孝慈等德性，人間秩序即能獲得確保。至於如何從自然樸性當中制定人為法律，及是否存在一種合乎人之自然樸性的人為法等問題則並非其考量的重點。可能即是因為對人為法律能夠合乎人之自然本性沒有信心，他才嚮往回歸一個較原始的國度：「小國寡民，使有什佰之器而不用；使民重死而不遠徙。雖有舟輿，無所乘之；雖有甲兵，無所陳之。使人復結繩而用之。甘其食、美其服、安其居、樂其俗，鄰國相望，雞犬之聲相聞，民至老死，不相往來。」（〈八十章〉）只求將各種人為的施設及人的交往減到最低限度，藉以獲得實現其自然本性的最大可能。

總結上文所述，《老子》「道法自然」之說，就其倫理學的內涵而言，強調人類可以透過「內在」之「超越」的途徑與道相契，回歸其生命充美自足的「真樸」本性，所謂「常德乃足，復歸於樸」。基於此，乃體現其以人之自然樸性為本質的「自然法」理念，因而對儒家宣稱具有「自然法」性質之社會規範——「禮」，批駁其完全出於人為制作、且流於外在形式。另外，針對「實證法」的部分，由於《老子》以「玄德」之作用為政治支配的最高原則，強調清除百姓的智巧機詐，恢復其「真樸」本性，進而警覺「法令滋彰」將導至智巧詐偽，因而否定了「實證法」的價值，尤其對刑殺的強制手段不表贊同。

﹝註27﹞參見登特列夫著，李日章譯：《自然法—法律哲學導論》（台北：聯經出版公司，民73年12月）頁1～2。

第二節　《經法》等四篇佚書：「道生法」之義涵

一、作爲政治支配原理的「道」

　　《經法》等四篇佚書以「道」爲天地萬物的本原，並透過對自然宇宙本始狀態的理解與描述，說明道體的性質及其作用，《道原》曰：

> 恒無之初，迥同大虛。虛同爲一，恒一而止。濕濕夢夢，未有明晦。
>
> 神微周盈，精靜不（熙）。（故）未有以，萬物莫以。〔註28〕

這裡描述自然宇宙之「太初」時期乃是處於所謂「一」的狀態，亦即混同渾沌、尚未分化之整體的狀態，「濕濕夢夢，未有明晦」即是渾沌整體狀態的具體寫狀。（《十大經・觀》也有類似的描述：「群群□□□□□□，爲一囷。無晦無明，未有陰陽。陰陽未定，吾未有以名。」）此時，構成天地萬物之存在質素的「精」與「神」猶是微細彌漫的「先天一氣」，充滿自然宇宙之間，尚未動作以呈顯出具體的形質，此即所謂「神微周盈，精靜不熙」。萬物尚未呈顯其具體形質，故自然宇宙仍處於「恒無」、「大虛」的本始狀態。《道原》接著說：

> （故）無有（形），大迥無名。天弗能覆，地弗能載，小以成小，大以成大；盈四海之內，又包其外，在陰不腐，在陽不焦。一度不變，能適（蚑）（蟯）。鳥得而（飛），魚得而（游），獸得而走，萬物得之以生，百事得之以成。……一者其號也，虛其舍也，無爲其素也，和其用也。……獨立不偶，萬物莫之能令。天地陰陽、【四】時日月、星辰雲氣、（蚑）行（蟯）動、戴根之徒皆取生，道弗爲益少；皆反焉，道弗爲益多。

〔註28〕《經法》等四篇的引文依據陳鼓應著：《黃帝四經今註今譯》（台北：臺灣商務印書館，1995 年 6 月）此書以下簡稱「今譯」。《經法》等四篇佚書自一九七三年底出土之後，「帛書整理小組」即對四篇帛書的文字加以考釋，並陸續有所校定：一九七四年出版《老子乙本卷前古佚書》，一九七六年出版《經法》，一九八〇年出版《馬王堆漢墓帛書（壹）》（均是北京文物出版社出版）。陳鼓應此書釋文即是根據上述三個本子，並參考余明光著：《黃帝四經與黃老思想》（黑龍江：人民出版社，1989 年）及《黃帝四經今注今譯》（湖南：岳麓書社，1993 年）的考釋，再提出己見多所增訂，較前述本子完備可讀，故以此書的釋文爲底本。筆者偶有不同於此書的意見，則隨文附註說明。另外，由於出土帛書缺文不少，再加上多有異體字、通假字、誤字、衍字。筆者在引用時均直接引用釋定之後的文字，不再註明原有字樣，爲了區別起見，缺字以「□」符號留空；原是缺文，經釋文者補足的字，加上「【】」符號；其餘改正則以「（）」符號標示。

道體混同渾沌，沒有具體的形質，因而也無可命名、稱謂。然則對道體的形容與表述，所謂「一者其號也，虛其舍也」，要在於表彰道體與一般現象事物存在樣態的殊異。所謂「虛其舍也」，是指道體沒有具體的存在樣態，爲一「虛」體。然而道體的實在性，乃在於道是現象事物存在的本原，「鳥得而飛，魚得而游，獸得而走，萬物得之以生，百事得之以成」「天地陰陽、四時日月、星辰雲氣、蚑行蟯動、戴根之徒皆取生」，自然宇宙紛芸眾多事物之存在及其特性皆是透過道體的作用而實現。所謂「虛無（形），其裻冥冥，萬物之所從生」（《經法‧道法》）「虛」，並非空無一物之虛無，乃是強調道體沒有一定的端倪形跡，同時突顯道體的無邊作用。《十大經‧前道》曰：「道有原而無端，用者實，弗用者（蓳）」「有原」說明道體實存，有其本原，但必須經由萬物的作用乃彰顯道體之實有，故曰「用者實」；「無端」言其沒有一定的端倪跡象，因而在道尚未對萬物發生作用時，則道體即無法加以指實，故曰「弗用者（蓳）」。﹝註29﹞所謂「一者其號也」，是指道體的存在超越於自然宇宙空間的侷限，亦超越小大、陰陽等相對的性質，爲一渾沌混同的整體。推而言之，亦說明道作爲綜理萬有之現象事物的本原，具有整全性、專一不變性，所謂「一度不變，能適蚑蟯」，即是指陳道體乃是含括萬有之作用的總原理。另外，亦強調道體圓滿自足、不受現象事物的制限（「萬物莫之能令」），具有「獨立不偶」的絕對性。

就道的性質與作用、及其與天地萬物的關係而言，《經法》等四篇佚書的論述表面上和《老子》頗多近似之處，然而兩者思想亦有顯著的差異。《經法》等四篇佚書藉由自然宇宙「恒無之初」之本始狀態說明道體存在的樣態，並著眼自然宇宙分化生成的歷程，用「精」「神」質素的分化解釋天地萬物的存在，使道的意義偏重於宇宙論層面，而減失了存有學意涵。《老子》的道雖然也有類似宇宙生成論的義涵，如云「道生一，一生二，二生三，三生萬物。萬物負陰而抱陽，沖氣以爲和。」（〈四十二章〉）但《老子》藉由「無」「有」雙重性以說明超越的形上道體具有創造、實現天地萬物的能力，從而作爲現象界存有者之存在的形上依據，則含蘊存有學的義涵（詳上節）。相較而言，《經法》等四篇佚書所指涉的道體和現象事物之間不具「存有學的差異」，這是將道體形下化了﹝註30﹞。

﹝註29﹞陳鼓應：「蓳」讀爲「款」或「窾」，空也。見《今譯》，頁382。
﹝註30﹞參沈清松：〈漢墓出土黃帝四經所論道法思想初探〉，《漢代文學與思想學術研

　　《道原》曰:「抱道執度,天下可一也。」《十大經·前道》亦曰:「正道不
(殆),可後可始。乃可小夫,乃可國家。小夫得之以成,國家得之以寧。小國
得之以守其野,大國【得之以】并兼天下。」《經法》等四篇佚書所論的道,基
本上乃是強調其作為政治原理的功能。在道家的政治思想當中,從自然宇宙
「道—萬物」的創生關係去理解人間政治秩序的「君—臣民」的支配關係,
因而君王對臣民的支配必須以道為根本原則,道進而即落實而為所謂的「君人
南面之術」。雖然「道」的內涵和《經法》等四篇佚書不同,但《老子》確實已
經開啓類似的模式(見上節)。《經法》等四篇佚書所謂「虛無(形),其裹冥冥,
萬物之所從生」(《經法·道法》)又說「執【道】者能上明於天之反,而中達君
臣之半,富密察於萬物之所終始,而弗為主。故能至素至精,(浩)彌無(形),
然後可以為天下正。」(同上)「虛而無形」的道體是自然宇宙一切事物存在的
本原。同樣地,君王能夠「至素至精、浩彌無形」,透過對道的體察,掌握自然
宇宙和人事社會的各種理則,因而可以作為天下的範式,亦即可以支配天下。

　　在「道—萬物」與「君—臣民」的支配關係當中,《經法》等四篇佚書乃
是透過「形名」來界定、說明現象事物之存在情形。《稱》開首即曰:

　　道無始而有應。其未來也,無之;其已來,如之。有物將來,其(形)
　先之。建以其(形),名以其名。

這裡所謂「道無始而有應。其未來也,無之;其已來,如之」,可以和前面所
引《十大經·前道》所說「道有原而無端,用者實,弗用者(蓳)」參看:「無
始」是「始乎無端」之意〔註31〕,與「無端」雷同,均是說明道體廣大無邊、
沒有起始定形,道體尚未發生作用,則道體即無法指實,故曰「其未來也,
無之」。「有應」與「有原」之義類近,差別在於「有原」乃是就道體言,說
明道體有其本原,經由萬物之取用乃彰顯道體之實有,故曰「用者實」;「有
應」則轉從道用方面言,指明道具有對應事物之具現的實際作用,所謂「其
已來,如之」,道既發生作用,則道即與具現之事物如實相應。以上所言,基
本上乃是說明道體虛而無形之樣態,而又具有與事物之存在相對應的作用。
道與事物如實對應,《經法》等四篇佚書乃是從事物的「形名」加以理解:事
物的存在各有其實際呈現的形態與性質,即是「形」;根據事物的形質,可以
用「名」加以描述概括,形成概念,對事物具體地規定與認識。「秋(毫)成

　　　　討會論文集》(台北:文史哲出版社,1991 年 10 月)
〔註31〕《管子·幼官》:「始乎無端,道也。」

之，必有（形）名。（形）名立，則黑白之分已。……（形）名已立，聲號已建，則無所逃跡匿正矣。」(《經法・道法》)就道作為籠罩整體的立場而言，現象界事物的存在各有形名，乃是千差萬別，形名就代表事物之間各自的分位理序，因而「名」即有了「理」的內涵，也就將事物的形名導向「應然」規範的義涵，故謂「形名已立，聲號已建，則無所逃跡逆正矣。」這是因為《經法》等四篇佚書乃是以道作為政治支配之原理，因而強調「形名」作為自然與社會現象之支配理序的作用。然則充分掌握政治社會的形名理序結構，無疑是遂行政治支配的中心支點。《道原》曰：

> 人皆以之，莫知其名。人皆用之，莫見其（形）。……唯聖人能察無（形）、能聽無【聲】。知虛之實，後能大虛，乃通天地之精，通同而無間，周襲而不盈。服此道者，是（謂）能精。明者固能察極，知人之所不能知，服人之所不能得。是（謂）察稽知極。（聖）王用此，天下服。無好無（惡），上用□□而民不（迷）惑。上虛下靜而道得其正。信能無欲，可為民命。上信無事，則萬物周（遍）。分之以其分，而萬民不爭；授之以其名，而萬物自定。

正因道體是一渾沌混同的虛體，乃無法用心智五官加以感知，所謂「人皆以之，莫知其名。人皆用之，莫見其形。」其被體察，乃是經由「即用顯體」的精神活動過程而確立。就「內聖」之工夫與境界而言，「察無形」「聽無聲」，乃是指陳一種經由類似《老子》所云「致虛極，守靜篤」的精神修養工夫，因而得以超越個體主觀執著之制限，達到「大虛」的精神境界，乃能與自然宇宙之精妙神明相融通（「通天地之精」），獲得「察稽知極」的明覺能力。故《經法・名理》亦曰：「道者，神明之原也。神明者……見知之稽也。」〔註32〕這種經由「內聖」工夫而獲得的明覺能力，乃具有「外王」的作用，「聖王」運用其「察稽知極」的能力，掌握整體自然宇宙與社會政治的理則法度，用以綜核事物之「名分」，所謂「分之以其分，而萬民不爭；授之以其名，而萬物自定。」藉著名分的作用，因而獲致萬民「自定」之支配效能。

由上所述可知，要獲得萬民「自定」之政治支配效能，和統治者主觀心境的條件絕對有關。「上虛下靜而道得其正。信能無欲，可為民命；上信無

〔註32〕張岱年曾經指出：所謂「神明」，不僅指人的精神能力，其深一層的意義則是指天地的一種狀態，自然界一種奇異的作用。(《中國古典哲學概念範疇要論》，轉引自陳鼓應《今譯》，頁233。)

事，而萬物周遍。」《經法・道法》亦曰：「故執道者之觀於天下（也），無執（也），無處也，無爲（也），無私（也）。是故天下有事，無不自爲（形）名聲號也。」強調統治者必須虛心靜氣而治，節制主觀成見及私欲，不妄作爲，才能體現「正道」的作用，「周遍」地支配萬事萬物。然則《經法》等四篇佚書所強調的正是道的客觀必然以及普遍作用的特性。《十大經・成法》：「一之解，察於天地；一之理，施於四海。……夫達望四海，困極上下，四（向）相（抱），各以其道。」前已言之，「一」是道的稱號（《道原》：「一者其號也」），正突顯道之作用的整全性，爲普施於天地之間的總原理。《經法・論》曰：

> 物各【合於道者】（謂）之理，理之所在（謂）之【順】；物有不合
> 於道者（謂）之失理，失理之所在（謂）之逆。逆順各自命也，則
> 存亡興壞可知【也】。

《經法・四度》亦曰：「執道循理，必從本始，順爲經紀。……逆順同道而異理，審知逆順，是（謂）道紀。」《經法・論約》則曰：「【人】事之理也，逆順是守。……順則生，理則成；逆則死，失【理無】名〔註33〕。」「道」是就普遍作用的總原理而言，「理」則是對個別事物而言，亦即道之具體化而爲事物所遵循的理則。值得注意的是：所謂「逆順同道而異理」，顯示這裏所說作爲全體事物之普遍原理的「道」，只是統合各種殊異的「理」，卻不能說它是較「理」爲高階的本體，這正是道體形下化的另一徵象。就人事理則而言，道是辨別事物或逆、或順的根本理據，進而決定事物死生存亡的後果，顯示道之理則實質支配了萬物的生存發展，而且道的運行具有客觀必然性，所謂「道之行也，（由）不得已。」（《十大經・本伐》）因而《經法》等四篇佚書乃一再強調萬物「執道循理」的必要性。

　　「執道循理」的要求，具體運用在政治支配上面，即是所謂「循名究理」：依循事物的形名所客觀呈現的理序，作爲判斷其是非得失的準據。《經法・名理》曰：

> 天下有事，必審其名……是非有分，以法斷之；虛靜謹聽，以法爲
> 符。審察名理（終）始，是（謂）（究）理。……執道者之觀於天下

――――――――――――

〔註33〕《馬王堆漢墓帛書（壹）》此句「理無」二字留空。陳鼓應：《今譯》作「失則無名」，但對照前句「理則成」及《經法・論》：「失理之所在謂之逆」，則應以「失理無名」爲句近是。

> 【也】，見正道循理，能（舉）曲直，能（舉）（終）始，故能循名
> （究）理。（形）名出聲，聲實調合……如（影）之（隨）（形），如
> （響）之（隨）聲，如衡之不（藏）重與輕。故唯執道者能虛靜公
> 正，乃見【正道】，乃得名理之誠。

事物的「形名」各有其分位理序，「名」具有「理」的內涵，故有「循名究理」
之說。「循名究理」乃是強調事物的形名有其客觀的理則，認知主體透過「虛
靜公正」的修爲，「因循」事物的「名」以認知其「理」的內涵，客觀地審察
「名理」的實質。「是非有分，以法斷之；虛靜謹聽，以法爲符。」法度是社
會政治生活之客觀規準，因而「循名究理」必須以法度爲依據。如能像以「權
衡」稱量物品之重輕一般的客觀公正，也就體現「正道」了。就支配效能而
言，只有透過這樣的支配方式，才得以整全地掌握複雜紛陳的現象事物，像
道體一樣發揮普遍性的作用。《十大經・成法》曰：

> 吾聞天下成法，故曰不多，一言而止。循名復一，民無亂紀。……
> 夫唯一不失，一以驪化，少以知多。……萬物之多，皆閱一空。夫
> 非正人也，孰能治此？（彼）必正人也，乃能操正以正奇，握一以
> 知多。

這裏的「正人」，是指「操正以正奇」之作爲的人，與上述客觀公正地「循名
究理」的「執道者」相應。唯有如此，才能「一以驪化」「握一以知多」，像
「萬物之多，皆閱一空」的道體一樣，這即是「循名復一」的支配境地，並
可以達成有效支配（「民無亂紀」）的目的。

《經法》等四篇佚書闡述「循名復一」的支配原則，往往提到道之作用
的本質是「無爲」的（《道原》：「無爲其素也」），順任事物之「自正」「自命」
「自定」「自施」。如《十大經・名刑》曰：「（形）恒自定，是我（愈）靜；
事恒自（施），是我無爲。……能一乎？能止乎？能毋有己、能自擇而尊理乎？」
《經法・論》：亦曰「（物）自正也，名自命也，事自定也。」就字面而言，
有點類似《老子》「自然」「無爲」的支配形式。但是，經由上節對《老子》
所言「道法自然」義涵的考察可知：《老子》認爲道作爲萬物的本體，是一種
超越性的形上實體，其內在於萬物的作用是一種「玄德」式的作用，道對萬
物的關係只是一種形式支配的關係，所謂「生而不有，爲而不恃，長而不宰」，
「莫之命而常自然」，賦予萬物自律自主地生存發展的「自身」性。連帶地，
在政治思想方面，所謂「我無爲而民自化，我好靜而民自正，我無事而民自

富，我無欲而民自樸」「輔萬物之自然而不敢爲」，乃表現出略似放任主義的政治理念〔註 34〕，對於政治社會名分存在的價值多所懷疑，而以一種「無名之樸」的原始社會政治結構理序作爲理想的政治境地；並由於認同回歸萬物自然樸性之理序爲其支配範式，因而批判了人爲規範理序的禮和法。反觀《經法》等四篇佚書，雖然也強調疏瀹人爲意念而任物之自正，但其目的乃是透過「察無形，聽無聲」的必要修爲，培養君王「察稽知極」的無限能力，藉以發揮「辨名正物」的積極支配作用。其所謂事物之「自正」「自命」「自定」「自施」，透過上文的討論可以知道：重點在於說明萬物之形名事理，具有客觀必然性，認知主體唯有透過虛靜、無爲、專一的修養，排除主觀的成見（所謂「自擇（釋）」），因循客觀的事理（「尊（遵）理」），客觀公正地「審名察形」，藉以判斷事情的得失。因此其「無爲而治」之支配模式的實質內涵乃是經由「正名」的規範，使事物均能合乎「正道」，因此特別強調「正名」的重要性，所謂「正名立而偃，倚名（廢）而亂」（《經法‧論》）「【名】正者治，名奇者亂。正名不奇，奇名不立。」（《十大經‧前道》）而且其所持「名分」之理序，正是依據現實政治社會的分位，並以法爲準據。凡此，與《老子》所論「無名」之旨大相懸隔，而與《管子‧白心》：「名正法備，則聖人無事。」及《尹文子‧大道上》：「名也者，正形者也。形正由名，則名不可差。」「任道以夷其險，立法以理其差」的說法相近〔註 35〕。基於此，和法家的以名、法爲主的支配理念也就有了接榫的契機了。

綜上所述，《經法》等四篇佚書「道」的觀念，對「黃老」道家思想發展的歷程而言，轉化的成分遠多於承繼的成分，和《老子》思想的根本精神有重大差異。《經法》等四篇佚書以道爲現象界存在之本原，道具有無形、無爲、整全而絕對等屬性，與《老子》相類。然而，「道」的義涵卻有明顯轉化，大抵可以「內在化」或「形而下化」的趨勢稱之：一則道偏於作爲宇宙演化本原之意義，一則強調道作爲自然宇宙之普遍規律、理則之義。道之規律具有

〔註34〕 蕭公權認爲老子的政治思想是一種「放任主義」，見氏著：《中國政治思想史》，頁 172。

〔註35〕 先秦時期提出「正名」的必要性，較早應是從孔子開始，孔子所謂「君君、臣臣、父父、子子」（《論語‧顏淵篇》）上一字指其客觀之位，下一字指其應符的價值理則，認爲政治倫理之「正名」，並非以其所居客觀政治之位爲準，而是應該關照到名是否與內在道德價值的要求相符。這明顯是與道家名理思想迥別的另一套名理思想系統。參見徐復觀：〈先秦名學與名家〉，《中國思想史論集續編》（台北：時報文化公司，民71年3月）

客觀必然性，實質支配萬物生存發展，所謂「執道循理」，萬物只能被動地因應客觀的律則。道雖具有解釋萬物存在的意義，但人並無由透過生命的超越而獲得主體性，與《老子》認爲道只是形式上支配萬物，而人得以透過超越的心靈境界體現其自身性大異其趣。另外，「道—萬物」之支配關係，引伸爲「君—民」之支配關係，《經法》等四篇佚書認爲：道作爲君王支配臣民的支配法則，君王必須透過「弗爲主」之「大虛」心靈，體會「無形」「無名」之存有境界，而與「天地之精」相通，因而具有「察稽知極」的「神明」能力，掌握自然宇宙和人間社會的規律、法則。所謂「物自正也，名自命也，事自定也」，意爲透過事物各自呈現的「形名」，客觀地研覈其理則（「循名究理」），依據法度律令之標準，以斟別事物之是非，達到支配的目的。這種「名正法備」之支配型態，亦與《老子》訴諸「無名之樸」的支配型態迥不相侔。

二、「稱以權衡，參以天當」──「道生法」說之法理義涵

　　上文曾經論及《經法》等四篇佚書強調「道」是作爲事物之普遍而客觀運行的總原理，由此即進而表現出這樣一種世界觀：自然宇宙有其經常規律，人類社會亦有其既成法則（所謂「成法」），而萬事萬物處於自然宇宙和人類社會的時空之中因而有其應然的名分理序，故曰「天地既成，正若有名，合若有（形）」。《經法·論》論述自然宇宙的經常性規律，曰：

> 天執一、明【三、定】二、建八正、行七法。……（蚑）行喙息、扇（飛）（蠕）動無……不失其常者，天之一也。天執一以明三：日信出信入，南北有極，【度之稽也；月信生信】死，進退有常，數之稽也；列星有數，而不失其行，信之稽也。天明三以定二：則壹晦壹明，【壹陰壹陽，壹短壹長】。天定二以建八正：則四時有度，動靜有（位），而外內有處。天建八正以行七法：明以正者，天之道也；適者，天度也；信者，天之期也；極而【反】者，天之（性）也；必者，天之命也。……此之（謂）七法。七法各當其名，（謂）之物。

這裡著重描述自然界意義之「天」運行的規律，日月星辰、晝夜、四時的運行交替均有一定的規律。如云「明以正者，天之道也」，自然界的運行規律有其明確的常軌；「極而反者，天之性也」，說明自然界周而復始的特性。這些描述無疑是建立在對天文現象之實際觀察（《十大經·立命》所謂「數日、（曆）月、計歲，以當日月之行。」）的基礎之上。所謂「七法各當其名謂之物」認爲自然規律是萬物生存發展的依據。天和物的關係，「天之命也」不再具有「意

志之天」的色彩，只是強調其作為萬物所應遵循的普遍而必然的客觀規律。《經法・四度》曰「周（邊）動作，天為之稽。天道不遠，入與處，出與反」「動靜不時（謂）之逆……逆則失天……失天則（飢）。」由於「天道不遠」，自然規律和人類萬物有極密切的關係，因而強調人事的作為、社會政治的措施應該遵循自然規律，這就是所謂「參之於天地之恒道」。「天有死生之時，國有死生之（政）。因天之生也以養生，（謂）之文；因天之殺也以伐死，（謂）之武。」（《經法・君正》）如果「不循天常」，「養死伐生，命曰逆成」，則將遭致「天刑」的後果。

　　《經法》等四篇佚書強調人事必須遵循自然規律，還有另一層意義：如所言「極而反，盛而衰，天地之道也，人之（理）也。」（《經法・四度》）「禁伐當罪當亡，必（墟）其國，兼之而勿擅，是（謂）天功。天地無私，四時不息。天地（位），聖人故載。過極失【當】，天將降（殃）。」（《經法・國次》）「天地之道」和「人之理」是相通的，「天地位，聖人故載」認為聖人與天地相參，凡此均意謂「天」不是超絕自存的自然現象，且滲入人間社會與人事法則、價值有了聯繫，這就體現了某種「天人合一」的觀點〔註36〕。《經法》等四篇佚書之「天人合一」觀點，就其形式結構而言，乃是認為自然宇宙與人間社會是一個和諧的整體，自然現象的規律和人類社會的法則是可以相互連繫的。自然界有其經常性規律，則人間社會亦應有其經常法則。《經法・四度》曰：

> 規之內曰（圓），（矩）之內曰【方】，【縣】之下曰正，水之【上】
> 曰平。尺寸之度曰小大短長，權衡之稱曰輕重不爽，斗石之量曰（少）
> 多有數。八度者，用之稽也。日月星辰之期，四時之度，【動靜】之
> （位），外內之處：天之稽也。高【下】不（蔽）其（形），美（惡）
> 不匿其（情）：地之稽也。君臣不失其（位），士不失其處，任能毋
> 過其所長，去私而立公：人之稽也

《經法・道法》亦曰：

> 天地有恒常，萬民有恒事，貴賤有恒（位），畜臣有恒道，使民有恒
> 度。天地之恒常：四時、晦明、生殺、（柔）剛。萬民之恒事：男農、
> 女工。貴賤之恒（位）：賢不（肖）不相（妨）。畜臣之恒道：任能

〔註36〕有關「天人合一」之類型及義涵，可以參見張亨先生：〈「天人合一」觀的原始及其轉化〉，《中國人的價值觀國際研討會論文集》（台北：漢學研究中心，民81年6月）

毋過其所長。使民之恒度：去私而立公。

這兩段論述將「天之稽也」「地之稽也」「人之稽也」「用之稽也」作爲「類比」，很明顯是認爲自然界的規律和社會政治的人事法則，以及工具性的規準（所謂「用之稽也」）是相互連繫的，強調社會政治領域也應和自然界一樣具有某種經常性規律：包括「男農女工」的職事分工、社會政治的階級結構，乃至適切的支配方法等，都是與自然規律相應合的人事法則。

關於社會政治結構，這裏提到「君臣不失其（位），士不失其處。」「萬民之恒事，男農、女工。貴賤之恒（位），賢不（肖）不相放。」《稱》也說：「主陽臣陰，上陽下陰……貴陽賤陰」均肯定君臣上下尊卑各有分位的政治秩序乃是人間社會的客觀法則。《經法・六分》曰：「爲人主，南面而立，臣肅敬，不敢（蔽）其主；下比順，不敢（蔽）其上。萬民和輯而樂爲其主上用。」由此顯示出來的政治權力結構，顯然是以君王專制爲核心。君王擁有最高的政治權力，一切政治權力來自君王的授與。「畜臣之恒道，任能毋過其所長」君王必須揀選適當的官僚，授與其分擔政治事務的權責。一般人民則聽從君王的號令，積極從事生產，所謂「男農、女工」，以作爲國家發展的基礎。君王「身貴而令行」（《經法・六分》）「號令發，必廄而上九，壹道同心，上下不斥，民無它志。」「令行禁止」體現了君王的政治權威，君王號令是國家的「壹道」，突顯君王政治權威是「獨制」的特性，「觀國者觀主……主兩則失其明，男女（爭）威，國有亂兵，此謂亡國。」（《經法・六分》）「主主臣臣，上下不斥者，其國強。」（《經法・六分》）均強調君王擁有獨制的政治權威，是政治清明、國家強盛的根本。然而，承認權威獨制的政治功能，並不意謂君王可以「意得欲從」任性地運用其政治權力〔註37〕。因此，《經法》等四篇佚書乃強調君王統治的基本原則：所謂「使民之恒度，去私而立公」，簡言之，即是政治權力運用的公共化原則。

《經法》等四篇佚書論述君王政治權力運用之公共化，所持的理據，基本上仍是著眼於「天人合一」的觀點。《十大經・三禁》曰：

行非恒者，天禁之；爽事，地禁之；失令者，君禁之。三者既脩，

〔註37〕本文使用「權威」「權力」兩個語彙略有區別：「權威」一語含有權力運用之正當性、合法性的內涵，「權力」一語則強調政治權威的能動力量。關於「權威」「權力」概念內涵的區別，可以參見傑拉爾德（Gerald C. MacCallum）著，李少軍、尚新建譯：《政治哲學》（台北：桂冠圖書公司，1992年5月）第六章「權威」

國家幾矣。

人事舉措必須遵循天地的規律，社會政治的作爲則必須以君王的法令爲準繩，君王令禁的行使是自然宇宙和人類社會的「三禁」之一，雖然相當程度爲君王政治權威提高到自然宇宙的位階。然而，另一方面，治國必須天時、地利、君令三者同時修治，如《十大經・前道》亦云：「治國固有前道：上知天時，下知地利，中知人事。」卻顯示君王固然是人類政治社會的最高權威，但仍必須接受自然宇宙之律則的制約。故《經法・論》即曰：

> 人主者，天地之【稽】也，號令之所出也，【爲民】之命也。……【天天則得其神，重地】則得其根。順四【時之度】□□而民不【有】疾。【處】外【內之位，應動靜之化，則事】得於內，而得舉得於外。
>
> 八正不失，則與天地總矣。

君王具有制定各項政策律令的政治權威，是百姓聽命的對象，然而君王必須與自然宇宙相應合，取法、遵循自然宇宙的各種規律。所謂「天制寒暑，地制高下，人制取予。取予當，立爲【聖】王；取予不當，流之死亡。天有環刑，反受其（殃）。」（《稱》）亦強調自然宇宙的規律對政治成敗具有相當程度的影響。「天地之道……居則有法，動作循名，其事乃易成。若夫人事則無常，過極失當，變故易常……居則無法，動作爽名，是以僇受其刑。」（《十大經・姓爭》）自然界充滿規律性，人間世卻缺乏規律性，具有規律，行事容易成功，反之，則有凶危之災。《經法・亡論》曰：「一曰好凶器，二曰行逆德，三曰縱心欲：此（謂）【三凶】。」《經法・國次》亦曰：「【亂天之經，逆】地之（綱），變故亂常，擅制更爽，心欲是行，身危有【殃，是】（謂）過極失當。」對於君王違背規律法則、私意造作的後果多有著墨，然而君王既是人間至高權威，無所制限，只得訴諸「天刑」「天誅」「天殃」等自然宇宙制裁的作用，藉以規約君王節制私意欲念，遵循客觀律則。

關於君王政治權力運用之公共化的具體作爲，《經法・道法》曰：

> 公者明，至明者有功；至正者靜，至靜者聖；無私者（智），至（智）者爲天下稽。稱以權衡，參以天當，天下有事，必有巧驗。事如直木，多如倉粟，斗石已具，尺寸已陳，則無所逃其神。故曰：度量已具，則治而制之矣。……應化之道，平衡而止。輕重不稱，是（謂）失道。

在這段引文當中，「稱以權衡，參以天當」二句可以視爲全文的綱領，分別標

明了兩個向度：「參以天當」是權力運用的超越依據，「稱以權衡」則是權力
運用的具體原則與方法。所謂「參以天當」的「參」字以及《經法・論約》
所謂「參之於天地之恒道」的「參」字，基本上乃是指人的行事必須「參驗」
自然界的規律，「參驗」則包括認知掌握及參照遵循兩方面（亦即「執道循理」
之「執」與「循」）。「參以天當」基本上是屬於「天人合一」的觀點，突顯了
自然宇宙和人間社會有序模式之共通性，將社會政治法則的根本理據安立在
超越性的自然宇宙法則基礎之上，強化了人間社會有序模式以及君王政治權
力運用之有序化的正當性。而在權力運用的具體原則與方法方面：對治「多
如倉粟」的人事現象，「稱以權衡」正是有效體現人類生活有序性的工具性規
準，故應具有公正客觀的一致性，以「平衡」爲其運用原則。就政治權力的
運用而言，則應以法度律令作爲政治事務有序模式的規準，就像「稱以權衡」
一樣，因而法度律令的運作亦應具備公正客觀的一致性，以「平衡」爲其運
用原則。所謂「公者明，至明者有功；至正者靜，至靜者聖；無私者（智），
至（智）者爲天下稽。」即強調具有公正無私乃能成爲天下事物之準度。故
《經法・君正》曰：「法度者，正之至也。而以法度治者，不可亂也。而生法
度者，不可亂也。精公無私而賞罰信，所以治也。」強調法度律令是施政統
治的最高標準，君王制定法律並以法律統治不可淆亂，應公正無私地執行法
度規準。能以法度律令作爲政治事務有序化的規準，避免「輕重失稱」即是
「有道」，故《經法・道法》曰：

> 道生法。法者，引得失以繩，而明曲直者（也）。故執道者生法而弗
> 敢犯（也），法立而弗敢廢【也】。□能自引以繩，然后見知天下而
> 不惑矣。

由上文的討論可知，《經法》將屬於政治領域的法度律令的有序化運作，與自然
宇宙的有序模式相聯結，都視爲是道的體現，故曰「道生法」〔註38〕。就政治
領域而言，「道生法」必須透過體道之人而實現，故曰「執道者生法」。嚴格說
來，「道生法」與「執道者生法」兩個「生」字的意義並非全同：「道生法」的

〔註38〕熊鐵基認爲《經法》等四篇佚書所講的「法」有兩種意思：既指法制、法令，
　　　　也指規律、法則。見氏著：《秦漢新道家略論稿》，頁 84～88。雖然全書主要
　　　　是闡述「天之稽」「地之稽」「人之稽」「用之稽」等各種法則、規律，但這裡
　　　　所言「道法」「執道者生法」、《十大經・成法》的「成法」及《經法・名理》
　　　　「以法爲符」的法，從「法」具有「民無亂紀」的統治功能判斷，仍應是實
　　　　指國家的制度法令，並從而肯定國家的法度律令是各種規律、法則的一環。

「生」字，指涉的是一種抽象的作用，大抵是說明「道」乃是使「法」之所以具有「法」之本質的依據。而其對於「法」之本質的認知，乃是著眼於法是政治事務之得失、是非的客觀標準，所謂「法者，引得失以繩，而明曲直者也。」，大抵是屬於法律運用之有序性的形式要素，而非關乎法律的實質內容。而另一方面，「執道者生法」的「生」，才是指涉法律被實際制定出來的意義。從道與現實政治權力結構的互動以觀，道之作用的前提在於肯定現實政治秩序之合理性，亦即肯定君王政治權威獨制的合理性，故「執道者生法」事實上即等同於「君生法」，其特殊意義則在於君王必須掌握道之原則，並將之實現於政治秩序之中〔註39〕。然則以道作爲「君生法」的指導原則，也並不在於指導君王立法的內容，而是強調君王所制定的法律應該是超越君王之主觀意志，因而「執道」的君王必須以法律的有序模式作爲施政的準據，客觀公正地執行而不隨意加以廢弛，甚且還應以自己所訂之法度自律（「自引以繩」）。如上所述，這正是君王「去私而立公」支配原則的體現。因此《經法》等四篇佚書提出「道生法」的說法，其主要意義乃在於爲君王政治權力之運用的公共化、客觀化尋求一個超越性的依據，並用以強化法律運行的有序性、規範性。

總結上述討論，《經法》等四篇佚書以「天人合一」的觀點，提出「參以天當」的說法，強調人爲法律和自然宇宙之經常性規律的共通性，人事的運作除了遵循自然宇宙的規律之外，亦必須建立人間社會的法度規則，以對治錯雜紛陳的人事現象，此即所謂「稱以權衡」。「道生法」的提出，以道作爲人爲法律的依據，強調法律的制定與運行必須超越法律制定者的主觀意志，而體現爲公共政治事務之客觀準則，因而制定法律者亦必須「自引以繩」。雖然《經法》等四篇佚書意圖建立人爲制定法之非人格的根原，並將君王納入法律規範的體系之中；然而它仍然是現實政治體系的產物，能否將「法」提升爲「道」的層次，主要關鍵仍在君王身上，亦即必須仰賴一位具有明覺能力的「聖王」身上。另一本和黃老道家有關的古籍《鶡冠子》就提出「賢生聖，聖生道，道生法」的說法，正說明「道生法」最終仍是取決於人的因素。再就法理思想而言，《經法》

〔註39〕道雖然不一定由君王所親執，所謂「君子卑身以從道，知以辯之，強以行之，貴道以並世，柔身以待之時」，但必然透過政治體制以發揮道的功能，所謂「主上用之，長利國家社稷」（《十大經·前道》）這也正是余英時所指出，道只是爲現實政權效力，不具批判現實的力量，雖有「重士」「貴有道」的說法，其實質仍是「反智」的。見氏著：《歷史與思想》（台北：聯經出版公司，民65年9月）頁14～16。

等四篇佚書所謂「道生法」的理念，乃是基於「天人合一」之思想模式，將君
王制定的「實證法」和自然界的理序比類並觀，肯定「實證法」的價值，將之
視爲自然律的一部分〔註40〕。然而它並未表現出「自然法」的理念：強調法律
等同於「權衡」「儀表」等工具性規準，突顯了法律運作的有序模式，因此偏向
表現形式結構方面的意義，對法律的實質內容並未觀照。「道」的提出只是強化
了法律的有序性、規範性，並不具有作爲人爲制定法之正義與否之價值判準的
意義。基於上述說明，《經法》等四篇佚書的「道生法」理念和《老子》「道法
自然」實大異其趣。在上節對《老子》「道法自然」義涵的說明中，我們認爲《老
子》應該具有「自然法」的理念，以人類樸質的「自然」本性爲依歸，在社會
政治思想方面，透過「絕仁棄義」及「絕聖棄智」的作用，實質發揮了批判反
省社會規範（禮）與政治歸範（法令）的功能。《老子》的「自然法」理念在《莊
子》書中得到某種程度的繼承與發揮，主要是集中在莊子後學的「無君派」篇
章〔註41〕。如〈胠篋〉闡述《老子》之「絕聖棄智」「絕仁棄義」思想，曰：「爲
之斗斛以量之，則並與斗斛而竊之；爲之權衡以稱之，則並與權衡而竊之；爲
之符璽以信之，則並與符璽而竊之；爲之仁義以矯之，則並與仁義而竊之。……
故『絕聖棄知』，大盜乃止……殫殘天下之聖法，而民始可與論議。……攘棄仁
義，而天下之德始玄同矣。……皆外立其德而以爚亂天下者也。」〔註42〕相較
人類內在樸質本性（「玄同」之德），「仁義」只是一種外在形式的德行，且和「權
衡」等工具一樣，乃是統治者用以維持社會政治秩序的工具而已，凡此均將導
至天下進一步的紛爭爚亂，故應絕棄聖智仁義，以回歸人類的玄德本性。這樣
的「自然法」理念，與《經法》等四篇佚書「稱以權衡」的法理思想可謂大相
逕庭。不過，莊子後學另有近於「黃老」一派，如〈天道〉〔註43〕雖認爲「禮

〔註40〕簡永華〈黃帝道家的三個基本概念 "道" "理" "法"〉曾引述美國學者德
克‧博德的看法，德克‧博德認爲中國法論的特色在於：宇宙演化論的傾向
及濃厚的政治目的。正可以作爲「道生法」之法理思想的註腳。簡永華文，
見《中國哲學史研究》1986 年 4 期。

〔註41〕根據劉笑敢對《莊子》一書的分析，他認爲《莊子》內篇是莊子的作品，外
雜篇則大體是莊子後學的作品，又可以區分爲三派：闡發內篇的「述莊派」、
兼容儒法的「黃老派」、抨擊儒墨的「無君派」。外雜篇三類都與內篇有程度
不同的聯系，因此可稱作莊子後學的作品。見氏著：《莊子哲學及其演變》（北
京：中國社會科學出版社，1993 年 3 月），頁 58～98。

〔註42〕《莊子》引文，依據王叔岷先生《莊子校詮》（台北：中央研究院歷史語言研
究所，民 77 年 3 月）

〔註43〕王夫之認爲「此篇之說，有與莊子之旨迥不相侔者，特因老子守靜之言而演

法度數、刑名比詳，治之末也」，是「治之具」，非「治之道」，但其宗旨在於強調君王與臣下不同德，所謂「上必無爲而用天下，下必有爲爲天下用」，而禮法度數、刑名比詳是「下之所以事上，非上之所以畜下」，至於君王則應歸止「以天地爲宗，以道德爲主，以無爲爲常」之本，以其「精神之運，心術之動」，使臣下之末用從之。「古之明大道者，先明天，而道德次之；道德已明，而仁義次之；仁義已明，而分守次之；分守已明，而刑名次之；刑名以明，而因任次之；因任已明，而原省次之；原省已明，而是非次之；是非已明，而賞罰次之；賞罰已明，而愚知處宜，仁賢不肖襲情，必分其能，必由其名。……驟而語刑名，不知其本也；驟而語賞罰，不知其始也。倒道而言，迕道而說者，人之所治也，安能治人！」顯然以「道德」爲本，而對仁義、禮法、形名之用並不加以拒斥。

三、「守天地之極」──「道治」與「法治」在支配方式的差異

透過前文的討論，大抵已經可以看出《經法》等四篇佚書所提出的「道」和現實政治權力結構的互動關係：《經法》等四篇佚書所提出的「道」，基本上是附和以君王權威獨制爲核心的政治體制而提出的一種「君人南面之術」，道並未凌駕在君王之政治權威之上，而只是指陳一種政治權力運用的合理方式。在君王個人政治權力運用方式方面：強調「執道」的聖王應該「循名究理」──透過「虛靜公正」的修爲，客觀地審察「名理」的實質；也強調道、法之客觀規律的意義，因而形成對君王個人「意得欲從」之主觀意志的節制，執道的君王固然操持立法大權，但仍須「自引以繩」。兩者均突顯了道在「爲天地立極，爲人主立極」，規諷君王政治權力之客觀運用的作用。然而，從現實政治的權力結構以觀，《經法》等四篇佚書所謂「道生法」或「執道者生法」，放在客觀政治結構當中，即等同於「君生法」，道既然沒有凌駕君王權威之上的地位，則道對君王個人權力運用的約束顯然只有「規諷」的效用。根本的癥結在於：君王既擁有依據法律施政（「以法度治」）的統治權力，同時也是

之，亦未盡合於老子，蓋秦漢間學黃老之術以干人主者之所作也。」見《莊子解》（台北，里仁書局），頁114。劉笑敢則更廣爲搜羅所謂莊子後學的「黃老派」的作品，包括：〈在宥下〉（第二節以下）、〈天地〉、〈天道〉、〈天運〉、〈刻意〉、〈繕性〉、〈天下〉七篇。認爲這些「黃老」篇章的思想有以下特點：一，以道家爲主而融合儒、法──兼行仁義、法術；肯定儒法所主張的社會政治秩序。二，法天之道──道不再是獨立於天地之外的絕對，而是貫通於天地萬物的普遍規律。三，君無爲而臣有爲的觀點。見前引書，頁79～86、299～317。

國家主權的擁有者，因而得以制訂法律（「生法度者」），亦得以主觀地隨時加以廢除。在這種君王仍爲法律主體的情況之下，法律並未因道的保證而取得獨立自存的地位，法律內容的良窳以及君王受法律節制的程度並無必然保證。另外，《經法》等四篇佚書強調君王在主觀方面的「有道」，實在是爲了發揮「明法」的作用，促進支配效能的提升。由此可知，強調君王政治權力的客觀運用，並非爲了壓抑、減損君王的政治權威，反而是爲了保全君王政治權威的必要手段，這由《稱》所言：「環□傷威〔註44〕，（弛）欲傷法，無（隨）傷道。數舉（三）者，有身弗能（保），何國能守？」將「道」「法」與「威」的損傷並置，也可以獲得印證。甚至，「道」還有促成君王權威絕對化的可能。因爲以「道」爲支配原則，最終是希望君王能夠「循名復一」「一以驪化」，達到「民無亂紀」的目的，就像普遍作用在萬物上面的宇宙本體一樣。這相當程度賦予了君王權威絕對化的象徵〔註45〕。

《經法》等四篇佚書肯認君王政治權威的「獨制性」，君王是實質制定法律的主體，以及以「正道」「明法」保全君王之政治權威等方面，實與法家以君王政治權威爲核心的「法治」思想相契（詳第三章）。不過，這裏要先指出兩者的差異：《經法》等四篇佚書強調君王政治權力運用的公共化，以客觀的政治法度爲施政準據，尤其是要求君王自身不能違犯自己制定的法令，和《管子》當中「齊法家」的說法相近（《管子·法法》：「聖人能生法，不能廢法而治國」「明君置法以自治，立儀以自正也。」）〔註46〕；而《商》《韓》法家則雖然也重視法律客觀性的政治效能，但並未針對君王自身加以節制。推究其故，實在是和《經法》等四篇佚書與《商》《韓》法家在君王支配方式不盡相同有關。《經法》等四篇佚書強調一種君王「通天地之精」「守天地之極」的支配方式。《經法·論》曰：

> 【強生威，威】生惠，惠生正，【正】生靜。靜則平，平則寧，寧則

〔註44〕 「環」下缺空，帛書整理小組補上「私」字，近是。環私，營私也。

〔註45〕 余英時認爲：《經法》等四篇佚書道的提出可以被視爲是擁有絕對權力的統治者的「精神武器」，見〈反智論與中國政治傳統〉，《歷史與思想》（台北：聯經出版公司，民65年9月）頁13～20。胡家聰亦指出「執道者」一詞乃是爲「專制君主罩上了一層道的靈光」，見〈黃老帛書「經法」的政治哲學─兼論淵源于稷下之學〉一文，《中國哲學史研究》1988年第4期。兩人的見解主要即是針對道在促成君權絕對化的作用。

〔註46〕 參陳麗桂：《戰國時期的黃老思想》（台北：聯經出版公司，民80年4月），頁79～82。

　　素，素則精，精則神。至神之極，【見】知不惑。帝王者，執此道也，

　　是以守天地之極，與天俱見，盡【施】於四極之中。

這段引文的前兩句原有缺空，帛書整理小組根據《商君書‧去強》補足如此。《商君書‧去強》曰：「刑生力，力生強，強生威，威生惠」〔註47〕其意在說明藉由刑罰的作用可以產生對人民的德惠。另外，所謂「藉刑以去刑」「以殺刑之反於德」（《商君書‧開塞》），均亟言「重刑」的支配效果。由此可以看出，《商》《韓》法家關於君王政治權力之運用，乃是強調運用君王所擁有的權力資源—刑、賞兩種權柄，政治效能的獲得在於刑、賞的強度，因而主張「厚賞重罰」。法律因為是作為君王施予刑、賞的準據，因而也必須講求法律的客觀性，然而正因法律的作用只是君王施予刑、賞的依據，自然只有君王如何「以繩治人」的考慮，而沒有「自引以繩」的考慮。反觀《經法》等四篇佚書，雖然並未廢棄法律強制性的作用，所謂「以刑正者，罪殺不赦（也）」「以刑正則民不幸」（《經法‧君正》）「誅禁時當謂之武……武則強……強則威行。」（《經法‧四度》）然而君王政治權力的運用，乃是由刑、德的使用向上遞升，「正」大致是指陳君王「處於度之內」「自引以繩」，因而可以為天下正的狀態，君王權威即寓於「明法」的作用之中；而「靜—平—寧—素—精—神」則是說明君王逐漸「通天地之精」之寫狀，君王權威和「天地之極」（自然宇宙的規律理序）相契合。從「明法」的具體作用著眼，《經法》等四篇佚書和法家的關連性是相當明確的。然而，《經法》等四篇佚書強調由君王所制定的法律，其功能乃是作為社會政治有序模式的規範，且是自然宇宙的經常性規律的一部分，君王既然「守天地之極」，自然引出君王「自引以繩」的看法。然而值得推敲的是：雖然《經法》等四篇佚書提出君王應該「自引以繩」的看法，但不代表其更接近「法治」的支配型態。《商》《韓》法家將政治效能的獲得基礎建立在君王賞、罰權柄的運用上面，因而即以君王的法令作為惟一標準。這種「事斷於法」的支配型態，大抵即仰賴一個客觀存在的官僚機制的運作，從形式看，無寧較接近「法治」的型態。而《經法》等四篇佚書，道之作用，則依賴於「守天地之極」而具有「見知不惑」之「神明」的帝王身上，因此其所強調的支配型態實則和法家的支配型態不同。這種支配型態雖然仍是「是非有分，以法為符」，具有「事斷於法」的強制性，然而其核心理念乃是以君王「虛而無形」的心境為主要動力，運用其明覺能力

〔註47〕〈說民〉也有類似文字，作：「刑生力，力生強，強生威，威生德，德生於刑。故刑多則賞重。」

對應事物各自呈現的「形名」，客觀地研覈其理則，以此達至支配的效能。

　　由於對君王政治權力之運作看法的差異，《經法》等四篇佚書和法家在「君─民」關係上面亦顯有不同。在《商》《韓》的理論中，君王擁有絕對的政治權力，運用「厚賞重罰」的權柄驅使人民，法律具有獨斷性，君、民的關係也是懸絕緊張的；相對地，《經法》等四篇佚書所述的君王，雖然也擁有絕對的政治權力，然而君王絕對權力的運用「與天地同極」，乃是自然宇宙理序的一環。天與人為一體，君與民的關係也是和諧的：「毋亂民功，毋逆天時，然則五穀溜（熟），民【乃】蕃（滋）。君臣上下，交得其志。」「天道已既，地物乃備。散流相成，聖人之事。聖人不巧，時反是守。優未愛民，與天同道。」（《十大經·觀》）《十大經·立命》亦曰：「吾受命於天，定（位）於地，成名於人。唯余一人【德】乃（配）天……允地廣裕，吾類天大明。吾畏天愛地親【民】……」均顯示君王在自然宇宙規律的制約之下，進而與天地合德，因而體現君王親民、愛民的一面。《經法·君正》曰：

> 知地宜，須時而樹，節民力以使則財生，賦斂有度則民富，民富則有（恥），有（恥）則號令成俗而刑（罰）不犯。……【毋】〔註48〕苛事，節賦斂，毋奪民時，治之安。無父之行，不得子之用；無母之德，不能盡民之力。父母之行備，則天地之德也。……號令（合）於民心，則民聽令；兼愛無私，則民親上。

強調愛民、富民、「號令合於民心」，這樣的施政顯然不像法家那樣苛刻。認為君王的統治應當具備「天地之德」，「父之行」與「母之德」並重，採行「刑」與「德」兼施的統治策略。《十大經·觀》並對「先德後刑」的施政法則賦予其自然規律的理據，「嬴陰布德，【重陽長，晝氣開】民功者，所以食之也；宿陽脩刑，（重）陰長，夜氣閉地（孕）者，【所】以繼之也。……春夏為德，秋冬為刑，先德後刑以養生。」可見這些具體的施政理念，和其「與天地同極」的權威運用方式乃是密切相關。

　　總結上述討論，《經法》等四篇佚書和《商》《韓》法家在君王支配方式的說法有其殊異處：《商》《韓》法家強調以君王「令行禁止」的「勢」為根本，運用賞、罰的權柄，而以法令為賞、罰的惟一依據，支配效能的獲得在於賞、罰的強度，因而主張「厚賞重罰」。法令是施予賞、罰的依據，因而亦

〔註48〕原文無此字，帛書整理小組疑此寫脫一字，或說脫「毋」字，或說脫「省」字。見《今譯》，頁125～126。

強調其客觀必然性，然而因爲法令是作爲賞、罰的依據，自然只有「以繩引人」而無君王「自引以繩」的考量。反之，《經法》等四篇佚書則認爲君王政治權威之運用應「守天地之極」，以其「至神之極，見知不惑」的明覺能力達成支配的效能，雖然亦有「事斷於法」的強制性作用，但核心理念乃是以一種「虛而無形」的心靈樣態，觀照事物各自呈現的「形名」，客觀研覈其實質理則。既認爲君王應「守天地之極」，而人間社會的法則正是自然宇宙法則的一部分，自然便引出了君王「自引以繩」的說法。由於支配方式的差異，導致君、民的關係亦有不同：在《商》《韓》的理論中，君王擁有絕對的政治權威，運用「厚賞重罰」的權柄驅使人民，君、民的關係相當懸絕緊張；相對地，《經法》等四篇佚書所述的君王，雖然也擁有絕對的政治權威，然而君王乃是「與天地同極」，政治權威的運作強調遵循自然宇宙和人間社會的理序。天與人爲一體，君與民的關係也是和諧的。

第三節　《管子》四篇：「法出乎權，權出乎道」之義涵

今本《管子》的內容相當駁雜，這從羅根澤的考證可以得知梗概〔註49〕。但若從大處著眼，亦有脈絡可尋。此書大抵屬於齊學，郭沫若推測一部分是齊國的舊檔案，一部分是漢時開獻書之令時由齊地彙獻來的〔註50〕，即是著眼於此。既然屬於齊學，主體部分自然和齊國的政治社會傳統及經濟背景關係密切，託於管仲之言及相關的政治經濟論著尤其彰明較著，這部分作品謂之「管仲學派」的作品也有一定的道理〔註51〕。然而我們必須正視影響齊學內涵的另一重要因素：齊桓公（田午）以來即已存在的「稷下學宮」一事〔註52〕。齊宣王時稷下之學最盛，《史記·田敬仲完世家》：「宣王喜文學游說之士，自如騶衍、淳于髡、田駢、接予、愼到、環淵之徒七十六人，皆賜列第爲上大夫，不治而議論。是以齊稷下學士復盛，且數百千人。」《史記·孟子荀卿列傳》：「自騶衍與齊之稷下先生，如淳于髡、愼到、環淵、接子、田駢、騶奭之徒，各著書言治亂之事，以干世主，豈可勝道哉？……愼到，趙人；田駢、接子，齊人；環

〔註49〕羅根澤：〈管子探源〉，見《諸子考索》（台北：泰順書局），頁422～500。
〔註50〕郭沫若：〈宋銒尹文遺說考〉，見《青銅時代》（北京：人民出版社，1982年9月）
〔註51〕見余敦康：〈論管仲學派〉，《中國哲學》第二輯，1980年3月。
〔註52〕參見錢穆：《先秦諸子繫年》（香港大學出版社，1956年6月），頁231～235。

淵，楚人，皆學黃老道德之術，因發明序其指意。故慎到著十二論，環淵著上下篇，而田駢、接子皆有所論焉。」這些專職議政的「稷下學者」，分從各國匯聚，學術淵源不一，除了陰陽家、道家、法家外，稍後儒家學者荀卿亦至稷下。《管子》中極可能即包含這些稷下先生的著作，其顯得駁雜，或即反應稷下之學的多樣性。如果這樣推測成立的話，《管子》內容大體即包含兩個主要部分：一部分為所謂「管仲學派」的著作，一部分為稷下先生的著作〔註53〕。

　　《管子》一書駁雜已如上述，其中〈心術上〉、〈心術下〉、〈白心〉和〈內業〉四篇（一般即稱為「《管子》四篇」）篇旨近於道家屬性，因而被視為道家作品。這些道家作品，大概是屬於「稷下之學」的一部分，一般即稱之為「稷下黃老之學」〔註54〕，或稱之為「稷下道家」之作〔註55〕。概觀《管子》四篇的內容：〈心術下〉的內容大體皆見於〈內業〉，郭沫若認為〈心術下〉是〈內業〉「另一種不全的底本」〔註56〕，大致可以成立，基本上論述的主題集中在以「精氣」論道上面；〈心術上〉和〈白心〉則以道之應用為刑名的課題為主；就「道—法」聯繫之課題而言，〈心術上〉謂「事督乎法，法出乎權，權出乎道」為最要之言。然而，這裡面臨的困難是：《管子》四篇集中論述精氣的本體論及刑名之術，因而缺少法理的討論。為了對「道—法」聯繫的法理義涵有更充分的掌握，我們將以「法出乎權，權出乎道」的討論為中心，進而參照〈七法〉、〈版法〉（包括〈版法解〉）、〈樞言〉、〈法禁〉、〈重令〉、〈法法〉、〈君臣上〉、〈君臣下〉、〈正〉、〈任法〉、〈明法〉（包括〈明法解〉）、〈正世〉、〈七臣七主〉等篇〔註57〕，以闡發其法理內涵。這些篇章當中應當有所謂「齊法家」的作品，但考慮到就「道—法」聯繫方面，道家和法家並非對立，而是呈現某種本末聯結的關係〔註58〕，因此本文亦將參酌以資討論。

一、「道」「德」與「精氣」

　　《管子‧內業》曰：

〔註53〕參余敦康前引論文。

〔註54〕如馮友蘭：《中國哲學史新編》第二冊（北京：人民出版社，1984年10月）

〔註55〕如裘錫圭：〈稷下道家之精氣說的研究〉，見《道家文化研究》第2輯。

〔註56〕見郭沫若前引文。

〔註57〕這裡列入的篇章基本上其內容乃是以法為主，並將「道」視為法之客觀規律本質。

〔註58〕如馮契即認為黃老之學和法家並非截然割裂，而是合流的關係。見〈管子和黃老之學〉一文，《中國哲學》第11輯。

　　夫道者，所以充形也。……不見其形，不聞其聲，而序其成，謂之。
凡道無所，善心安處〔註59〕，心靜氣理，道乃可止。彼道不遠，民得
以產；彼道不離，民因以知。是故卒乎其如可與索，眇眇乎其如窮無
所。……道也者，口之所不能言也，目之所不能視也，耳之所不能聽
也。……人之所失以死，所得以生也；事之所失以敗，所得以成也。

　　凡道無根無莖、無葉無榮，萬物以生，萬物以成，命之曰道。

「道者，所以充形」「萬物以生，萬物以成」「民得以產」「民因以知」意謂道
乃是構成生命的本質實體，也是形成智慧的根源，因此道的作用乃是決定人
的死生、事的成敗的根本原因。「不見其形，不聞其聲」「無根無葉，無莖無
榮」說明道體沒有具體的形質。正因如此，道的作用乃具有普遍性，〈心術上〉
曰：「虛無無形謂之道……虛則不屈，無形則無所低牾〔註60〕，無所低牾故遍
流萬物而不變。」〈內業〉亦曰：「道滿天下，普在民所……上察於天，下極
於地，蟠滿九州。」然則道並不超絕於天地萬物之外，乃是「普在民所」、「彼
道不遠」「卒乎其如可與索」提供萬物與道體相契的客觀條件，然而主觀條件
不足，則道亦「眇眇乎其如窮無所」，故〈心術上〉乃曰：「道不遠而難極也，
與人並處而難得也。」道體無形質，非感官所能知覺，所謂「口之所不能言
也，目之所不能視也，耳之所不能聽也」，萬物能夠與道相契，端在「心靜氣
理」的修養工夫，故曰「凡道無所，善心安處，心靜氣理，道乃可止」。然則
與道相契，道之所止即謂之「德」。〈心術上〉曰：

　　虛而無形謂之道〔註61〕。化育萬物謂之德。……德者，道之舍。物
　　得以生，生得以職道之精〔註62〕，故德者得也。……以無爲之謂道，
　　舍之之謂德，故道之與德無間，故言之者不別也。

就「虛而無形」「無爲」的本體而言乃謂之「道」，就道之具體作用而言，道
內在於萬物之中（「舍之」）而長養之（「化育萬物」）即謂之「德」。本體與作
用爲一體，故曰「道之與德無間」。即因如此，萬物乃能透過「心靜氣理」的
修養工夫，契合其生命本體—「道之精」。《管子》四篇所謂「凡人之生也，
天出其精，地出其形，合此以爲人」「心氣之形」「血氣既靜」（〈內業〉）「人
之所職者，精也」（〈心術上〉）「氣者，身之充也」（〈心術下〉）皆是以「精」

〔註59〕　「處」原作「愛」，據王念孫說校改。
〔註60〕　「低」原作「位」，據王引之說改。「低牾」即「抵牾」。
〔註61〕　此句原作「虛無無形謂之道」，據王念孫校改。
〔註62〕　「生」字下原有「知」字，據張文虎說刪。

「氣」作爲理解生命現象的質素，因而亦用「精」「精氣」「靈氣」等名詞以指涉與「心靜氣理」之「成德」者相對應的道體〔註63〕。〈內業〉曰：

> 凡物之精，此則爲生〔註64〕：下生五穀，上爲列星；流於天地之間謂之鬼神，藏於胸中謂之聖人。是故此氣〔註65〕，杲乎如登於天，杳乎如入於淵，淖乎如在於海，卒乎如在於己。是故此氣也……敬守勿失，是謂成德。
>
> 精也者，氣之精者也。氣道乃生……
>
> 精存自生，其外安榮。內藏以爲泉原，浩然和平以爲氣淵。淵之不涸，四體乃固；泉之不竭，九竅遂通。

「精也者，氣之精者也」可知「精」就性質而言即是「氣」，而特指其細微、精純、能變能化之神妙等樣態〔註66〕。精氣的性質爲何已不可指，因爲精氣的存在與獲得是來自主觀的體驗。精氣的作用，不分高下遠近，普遍地構成自然宇宙之生命及能力。精氣乃是構成生命能力的泉源，內在能夠保守蓄藏淵源不竭的精氣，耳目四肢即能聰明堅固，此即所謂「成德」。然則「心靜氣理，道乃可止。」「心處其道，九竅循理」，蓄藏精氣之關鍵在於心靈之修養。〈內業〉曰：

> 凡心之刑，自充自盈，自生自成。其所以失之，必以憂樂喜怒欲利，能去憂樂喜怒欲利，心乃反濟。……能正能靜，然後能定。定心在中，耳目聰明，四枝堅固，可以爲精舍。……不以物亂官，不以官亂心，是謂中得。

關於心中精氣之蓄藏與保守，〈內業〉強調並非刻意爲之，所謂「凡心之刑，自充自盈，自生自成」，乃是自然地萌發充實〔註67〕，其要在於排除外物的干

〔註63〕 裘錫圭曾對《管子》四篇當中的相關材料加以比對，證知《管子》四篇所用「道」「德」「精」「精氣」「靈氣」「神」「神明」等名詞均是相通的。見〈稷下道家精氣說的研究〉一文，收於《道家文化研究》第2輯。

〔註64〕 「此」，丁士涵認爲是「化」字之誤，對照〈內業〉所云「化不易氣」「一物能化謂之神」及〈心術下〉：「一氣能變曰精」均著眼「氣化」之作用，丁說近是。

〔註65〕 「此氣」原作「民氣」，據丁士涵說校改。

〔註66〕 詳見李存山：《中國氣論探源與發微》（北京：中國社會科學出版社，1990年12月），頁159～160。

〔註67〕 小野澤精一將《管子》四篇的氣論和《孟子》氣論比較，認爲《孟子》傾向以「心」（志）制約「氣」（《孟子・公孫丑上》：「夫志，氣之帥也；氣，體之充也。夫志，至焉；氣，次焉。」「其爲氣也，配義與道，無是，餒也。」），而《管子》四篇則傾向「氣」向「心」的擴張，讓「氣」本身自然萌發充實。

擾，正靜主觀意欲的偏狹躁動，內在能夠虛心靜意，則內心之精氣自然充實，耳目四肢亦因而聰明堅固。〈內業〉又曰：

> 摶氣如神，萬物備存。能摶乎？能一乎？能無卜筮而知吉凶乎？能止乎？能已乎？能勿求諸人而得之己乎？思之思之，又重思之，思之而不通，鬼神將通之。非鬼神之力也，精氣之極也。四體既正，血氣既靜，一意摶心，耳目不淫，雖遠若近。

所謂「四體既正，血氣既靜，一意摶心，耳目不淫」，仍是指主觀方面心靈收攝精氣的修養工夫，心靈修養到達一定的境界，即能產生一種「萬物備存」的神妙靈知。而這種神妙靈知的作用，乃是由於精氣涵養至極而表現出來的。

二、道德與刑名

《管子》四篇以精氣論道，認爲精氣是產生智慧的根源，其目的乃是強調道術在應世方面，尤其在君王治國方面的作用，而呈顯其爲工具性道家學說的特質。〈心術下〉曰：

> 專於意，一於心，耳目端，知遠之證。……非鬼神之力也，其精氣之極也。一氣能變曰精，一事能變曰智。……執一之君子，執一而不失，能君萬物。日月之與同光，天地之與同理。聖人裁物，不爲物使。心安是國安也，心治是國治也。治之者心也，安也者心也，治心在於中，治言出於口，治事加於民，故功作而民從，則百姓治矣。所以操者非刑也，所以危者非怒也，民人操、百姓治，道其本至也。

〈內業〉亦曰：

> 一物能化謂之神，一事能變謂之智。化不易氣，變不易智，惟執一之君子能爲此乎！執一不失，能君萬物。君子使物，不爲物使。得一之理，治心在於中，治言出於口，治事加於人，然則天下治矣。一言得而天下服，一言定而天下聽……一言之解，上察於天，下極於地，蟠滿九州。何謂解之？在於心安。我心治，官乃治；我心安，官乃安。治之者心也，安之者心也。

這兩段引文的內容相近，但互有詳略，可以相互參照。「執一」是得道的寫狀，得道之人能夠專心一意，純守精氣，「化不易氣，變不易智」，乃具有極變應化、

見小野澤精一等編著、李慶譯《氣的思想—中國自然觀和人的觀念的發展》（上海：人民出版社，1990 年 7 月），頁 56～75。

裁斷事情是非的能力。這在上文論述「道」與「精氣」時已言及之。「心安是國安也，心治是國治也」「治心在於中，治言出於口，治事加於人，然則天下治矣。」強調「治心」為「治國」的根本。此正是司馬談〈論六家要指〉評論道家的要點：「道家使人精神專一，動合無形，贍足萬物」「不先定其神，而曰我有以治天下，何由哉！」的理論依據。然則這裡所謂「執一」的「聖人」「君子」乃是特指擁有客觀政治勢位的君王。〈心術上〉曰：「心之在體，君之位也；九竅之有職，官之分也。心處其道，九竅循理。……殊形異勢，與萬物異理〔註68〕，故可以為天下始。」〈心術下〉曰：「凡在有司執制者之利，非道也。」肯定君王在客觀政治權力結構當中的至高性，由於君王處於獨特的政治勢位，為政治事務的根原（「為天下始」），不同於「循理」「執制」的官僚，因而必須「處道」而治，透過「形名」的客觀省察，亦即「循名責實」的具體運用以統治天下，〈心術下〉故曰：「聖人若天然，無私覆也；若地然，無私載也。私者亂天下者也。凡物載名而來，聖人因而財之，而天下治。實不傷，不亂於天下，而天下治。」〈心術上〉對形名之術有更加詳盡的說明，曰：

> （經）〔註69〕潔其宮，開其門〔註70〕，去私毋言，神明若存。紛乎其若亂，靜之而自治。強不能遍立，智不能盡謀。物固有形，形固有名，名當謂之聖人。故必知不言、無為之事，然後知道之紀。……是以君子不怵乎好，不迫乎惡，恬愉無為，去智與故。其應也，非所設也；其動也，非所取也。過在自用，罪在變化。是故有道之君，其處也若無知，其應物也若偶之，靜因之道也。

> （解）「潔其宮，闕其門」宮者，謂心也；心也者，智之舍也，故曰宮。潔之者，去好惡也〔註71〕。門者，謂耳目也；耳目者，所以聞見也。「物固有形，形固有名」此言名不得過實〔註72〕，實不得延名。故以形務名，督言正名，是曰聖人〔註73〕。「不言之言」，應也。應也者，以其出為之入者也。執其名，務其所以成，此應之道也〔註74〕。

〔註68〕此句原作「不與萬物異理」，據王念孫校改。

〔註69〕〈心術上〉分前後兩部分，兩相對應，前者為「經」文，後者為「解」說之文。

〔註70〕「開」，下解作「闕」，張文虎疑為「闕」字之誤，言收視返聽之義，近是。

〔註71〕「惡」原作「過」，據丁士涵說校改。

〔註72〕原無「名」字，據王念孫說增。

〔註73〕原作「姑形以形，以形務名，督言正名，故曰聖人」，據張舜徽說改。

〔註74〕原文作「應也者，以其為之人者也。執其名，務其應，所以成之應之道也。」

「無爲之道」，因也。因也者，無益無損也，以其形因爲之名，此因
之術也。名者，聖人之所以紀萬物也。……「恬愉無爲，去智與故」，
言虛素也。「其應非所設也，其動非所取也」，此言因也。因也者，
舍己而以物爲法者也。感而後應，非所設也；緣理而動，非所取也。

「潔其宮，關其門」乃是類似《莊子・人間世》所謂「無聽之以耳，而聽之
以心；無聽之以心，而聽之以氣。……氣也者，虛而待物者也。」的「心齋」
──心靈潔淨的工夫：「去私毋言」「去好惡」「恬愉無爲，去智與故」皆是「心
齋」的具體內容。心齋的極致則心靈處於一種「虛素」的狀態，「虛而待物」
「聽之以氣」，乃有超越一般智能（「若無知」）的「神明」能力──神妙明覺
的判斷能力。〈心術上篇〉進而將這種「神明」能力發揮在「以形務名，督言
正名」的作用上面，因而將「不言」「無爲」的原則落實爲「靜因」的治事方
法──以靜制動（「靜之而自治」），被動因應（「過在自用，罪在變化」）。「因
應」方法的具體運用在於「以形務名」「循名責實」（「以其形因爲之名，此因
之術也」「執其名務其所以成，此應之道也」），其根本精神乃是排除主觀成見
（「舍己而以物爲法」）而以客觀呈現的事物理則爲準據（「緣理而動」），乃能
達致「名不得過實，實不得延名」的「正名」目的。聖人藉由「正名」即可
以綱紀紛芸複雜的事物（「名者，聖人之所以紀萬物也」）。司馬談〈論六家要
指〉所論道家治術「因者，君之綱也」，由〈心術上〉所論「靜因之道」正可
以具體地印證。

三、「法出乎權，權出乎道」義釋──附論「齊法家」之法理思想

《管子》四篇所論道德之應用爲形名之術，已如上述，虛無因循、去私
無言爲正名之根本原則，亦任法之根本精神，〈白心〉曰：「天不爲一物枉其
時，明君聖人亦不爲一人枉其法。……名正法備，則聖人無事。」即強調君
王「無事」而任法，保持法律的公正性。〈心術上〉曰：

（經）虛而無形謂之道。化育萬物謂之德。

君臣父子人間之事謂之義。登降揖讓、貴賤有等、親疏之體謂之禮。

簡物小未一道，殺僇禁誅謂之法。

（解）天之道，虛其無形。虛則不屈，無形則無所低迕〔註75〕，無

義不可通，據張舜徽說校改。

〔註75〕「低迕」即抵牾也，原作「位迕」，據王引之校改。

> 所低迕故遍流萬物而不變。德者，道之舍。物得以生，生知得以職
> 道之精〔註76〕，故德者得也。得也者，其謂所得以然也。以無爲之
> 謂道，舍之之謂德，故道之與德無間，故言之者不別也。間之理者，
> 謂其所以舍也。
>
> 義者，謂各處其宜也。禮者，因人之情，緣義之理，而爲之節文者
> 也。故禮者，謂有理也。理也者，明分以諭義之意也。故禮出乎理，
> 理出乎義，義因乎宜者也〔註77〕。
>
> 法者，所以同出不得不然者也，故殺僇禁誅以一之也。故事督乎法，
> 法出乎權，權出乎道。

此言「事督乎法」，以法律作爲政治事務之準據，法律具有一體適用的普遍性
（「一道」「同出」），且法律具有強制必然性（「不得不然」），採行「殺僇禁誅」
的刑罰爲手段。就支配型態而言，乃是「法治」的型態，而偏離「禮治」或
「德治」的軌範，然則何以〈心術上〉此處卻以「道」「德」「義」「禮」「法」
前後一貫地排列呢？馮友蘭從「歷史程序的排列」的角度認爲這種前後一貫
的情形乃是說明歷史發展的各個環節，目的在肯定「法」是歷史發展的必然
結果〔註78〕。這樣的解釋顯然未契〈心術上〉的本意，因爲〈心術上〉旨在
說明影響社會政治生活的全體大用，並非只肯定法而已（詳下）。另有學者則
指出這乃是反映道、儒、法三家主張的融合〔註79〕，卻未說明這種禮法並立、
刑德兼施情況的實質內含。針對這個問題，以下略作闡述：

從道、德、義、禮、法前後一貫地排列的形式看來，和今本《老子·三
十八章》以及《韓非子·解老》所解說的三十八章將道、德、仁、義、禮一

〔註76〕張文虎云：「職、識古通假字，知字似衍。」
〔註77〕「禮出乎理，理出乎義，義因乎宜」句，原作「禮出乎義，義出乎理，理
因乎宜」。王引之云：「『禮出乎義』當作『禮出乎理』，『禮者謂有理也』，
故曰『禮出乎理』；『義出乎理』當作『理出乎義』，『理也者明分以諭義之
意也』，故曰『理出乎義』；『理因乎宜』當作『義因乎宜』，『義者各處其宜
也』，故曰『義因乎宜』。」王氏所校確當，然而郭沫若又別出新說，曰「原
文當爲『禮出乎義，義出乎理，理因乎道』，『道』因形近誤爲『宜』耳，
此與下文『事督乎法，法出乎權，權出乎道』同例。」見《管子集校》（二），
頁 420。
〔註78〕見《中國哲學史新編》第二冊（北京：人民出版社，1984 年 10 月），頁 219
～221。
〔註79〕如胡家聰：〈管子中道家黃老之作新探〉，《中國哲學史研究》，1987 年第 4 期。
及陳麗桂：《戰國時期的黃老思想》，頁 143。

貫排列的形式頗為類似，可以參照比觀以透顯道、德、義、禮、法一貫排列的實質用意。今本《老子‧三十八章》曰：「上德無為而無以為，下德無為而有以為；上仁為之而無以為，上義為之而有以為；上禮為之而莫之應，則攘臂而扔之。故失道而後德，失德而後仁，失仁而後義，失義而後禮。夫禮者，忠信之薄，而亂之首。……是以大丈夫處其厚，不居其薄……故去彼取此。」這段文字的思想內涵，在第二章論《老子》「對禮、法的批判」一節已有說解，這裡所要強調的是：在《老子》看來，由「道」（「上德」）、而「德」（「下德」）、而「仁」、而「義」、而「禮」，五種層級的精神內涵乃是從自然天成而人為造作，由內在而外在化、形式化，所謂「失道而後德，失德而後仁，失仁而後義，失義而後禮」每個層級的逐次下滑均代表道德的淪降、墮落，實寓含對仁、義、禮的批判與貶損，因而要「去彼取此」，向上超越以回歸樸厚的自然本性〔註 80〕。然而「失道而後德，失德而後仁，失仁而後義，失義而後禮」句到了《韓非子‧解老》的徵引時卻成為「失道而後失德，失德而後失仁，失仁而後失義，失義而後失禮」，增加四個「失」字原意大變，〈解老篇〉為之解說曰：「道有積而積有功〔註81〕，德者道之功；功有實而實有光，仁者德之光；光有澤而澤有事，義者仁之事也；事有理而理有文，禮者義之文也。」雖然仍承認道之本體地位，但和《老子》原意最大的差異在於：它將道視為成全德、仁、義、禮的根本原因，著重闡述道、德、仁、義、禮的本末關係，將道、德、仁、義、禮的層次看作是道的內在化、具現化作用，因而不具貶損、批判的意味。〈心術上〉和《老子》不同，〈心術上〉道、德、義、禮、法的排列顯然不具貶損、批判的意義。而就命意旨趣省察，〈心術上〉和〈解老〉的看法亦有差別：從〈心術上〉的整體內容著眼，可知〈心術上〉的主旨乃是闡述「虛而無形」之道體，以作為君王「督言正名」之統治術的依據。然而「督言正名」只是抽象的支配原則，必然落實為具體的政治功能，因而亦必然處於整體的社會、政治規範當中，〈白心〉所謂「名正法備，則聖人無事」正是說明作為政治規範的法律是否完備乃是「正名」的重要環節。〈心術上〉道、德、義、禮、法的排列，缺少「仁」而多了「法」，其用意根本不在聯繫五者的本末關係，而是在陳述支配原則、政治功能以及為了完成政治的

〔註80〕參見王煜：〈老莊論道之淪降〉一文，收於《老莊思想論集》（台北：聯經出版公司，民68年12月）
〔註81〕下「積」字原作「德」，據顧廣圻說校改。

功能所須要的社會政治規範及其原理。

　　分述如下：

　　（一）「虛而無形謂之道，化育萬物謂之德」：這個部分上文已經從宇宙生成論的角度說明其義。「虛而無形」係對「道」之本體的描述，「化育萬物」則是「德」的作用；「道」是本體，「德」為作用，體用一如，故曰「道」與「德」無別（見 46 頁）。另外，如前所述「虛而無形」之道體亦可以引申作為君王支配之原理，而「德」則如《管子‧正》所謂「愛之、生之、養之、成之，利民不德，天下親之，曰德。」乃是指涉其所發揮「利民」之政治功能。在這樣的意義下，「德」與「刑」之使用並非互斥，〈正〉開首即曰「制斷五刑，各當其名，罪人不怨，善人不驚，曰刑」可證。

　　（二）「君臣父子人間之事謂之義，登降揖讓、貴賤有等、親疏之體謂之禮」：禮、義為一體，所謂「禮者，因人之情，緣義之理，而為之節文者也」，義為社會政治結構當中人際的分位與理序，禮則是對應義之理序，並本於人情而外飾以禮式儀節。禮義規範乃是基於「人情」「義理」而成立，因此並不強調其強制必然性，其本質為「貴賤有等，親疏有體」的差別性精神。

　　（三）「簡物小未一道，殺僇禁誅謂之法」：說明法律規範之一體適用的普遍性以及強制必然性，與禮義的本質正相對反〔註82〕。然而這裡作為社會政治規範的禮義與法在功能上並不衝突：其一，在禮義規範當中即包括「君臣上下」之政治結構關係，具有為君本位之統治結構提供合乎人情、義理之理據的作用，〈君臣下〉所言「天道人情，通者質，窮者從……君臣上下之分素，則禮制立矣。……君子食於道則義審而禮明，義審而禮明則倫等不踰，雖有偏卒之大夫，不敢有幸心，則上無危矣；齊民食於力則作本，作本者眾，農以聽命。是以明君立世，民之制於上，猶草木之制於時也。」即其明證。其二，禮義乃是指涉社會政治形式結構之規範而言，而法則是實質統治之規範，兩者並非對立。所謂「法治」的支配型態，其根本特徵乃是如〈任法〉所言「不知親疏、遠近、貴賤、美惡，以度量斷之……以法制行之，如天地之無私也。」以法作為支配的齊一標準，因而超越社會政治結構之差別性的支配型態，並不必取消具有差別性的禮義規範。蕭公權即曾指出：「禮法均有

　　〔註82〕郭沫若將〈心術上〉的原文「禮出乎義，義出乎理，理因乎宜」改成「理出乎道」以與「法出乎權，權出乎道」一例，即是未能省察道乃是具有齊一性的普遍原理，而禮義之「理」，所謂「理也者，明分以諭義之意也」，乃是強調其各有其宜的分殊性，故言「理因乎宜」。

廣狹之二義。禮之狹義爲儀，法之狹義爲刑。禮法之廣義爲一切之社會及政治制度。以儀文等差之教爲維持制度之主要方法，而以刑罰爲輔，則爲『禮治』。以刑罰之威爲維持制度之主要方法，而以儀文等差輔之，則爲『法治』。故禮法之間無絕對之分界，禮治不必廢刑法，法治不必廢禮儀，《荀》《管》二家之思想正可爲吾人作明證。《荀子》屢立明刑而不失爲儒家後勁，《管子》有時明禮而不失爲法家先驅，其說亦在此。」〔註83〕。

　　以下繼續說明「法出乎權，權出乎道」的義涵。前已指出，〈心術上〉所云「簡物小未一道、殺僇禁誅謂之法」「法者所以同出不得不然者也，故殺僇禁誅以一之也」乃是說明法律規範具有一體適用的普遍性以及強制必然性。接下來即以「事督乎法，法出乎權，權出乎道」歸結，除了說明「道」是「法」的原理，「法」是「道」的體現外，並提出了「道─法」關係的中間環節─「權」。在語言的使用上，「權」具有多樣的語義：「權」的初義是秤錘，秤錘加上衡桿合爲「權衡」，是稱量物品輕重的工具。「權」或「權衡」是名詞，也可以作動詞，指稱量輕重、判別是非的標準或行爲。再加以引申，則出現「權勢」「權變」等意義〔註84〕。正因爲「權」具有多重意義，學者對此處「法出乎權」的解說因而眾說紛云。有人從「權勢」的意義理解，認爲這裡的權是指君王立法之權〔註85〕；有人從「權衡」的意義理解，權是指法所依據的權衡標準〔註86〕；有人從「權變」的意義理解，是指法必須隨著客觀形勢而改變〔註87〕。本文依據〈心術上〉的前後文義加以理解，認爲當以「權衡」之義爲是。首先，此處提出「法出乎權，權出乎道」，用「權」作爲說明從「道」之根本原理到法的具體運用的中間環節，「權」顯然已從具體工具的意義提昇爲具有「以權言道」的方法論意義──「道」是權的本體，「權」是道之應用的方法，「法」是道之應用的結果。就立法行爲而言，乃是說明法律是經由「權度」「衡定」道之原理而產生。其次，就法律之屬性而言，「事督乎法」意爲事情之是非善惡乃是以法爲準據；法爲是非之標準，乃具有「權衡」的

〔註83〕見《中國政治思想史》，頁 198～199。

〔註84〕參清・朱駿聲：《說文通訓定聲》乾部第十四。趙紀彬：〈釋權〉，《困知二錄》（北京：中華書局，1991 年 5 月）。

〔註85〕胡家聰：〈管子中道家黃老之作新探〉，《中國哲學史研究》1987 年第 4 期。

〔註86〕馮契：〈管子和黃老之學〉，《中國哲學》第十一輯。

〔註87〕馮友蘭：《中國哲學史新編》1983 年修訂本（北京：人民出版社，1984 年 10月），頁 220。

屬性與作用，故言「法出乎權」；「權衡」的作用具有一體適用的普遍性，乃是萬事萬物的總原理，故曰「權出乎道」。然則就法理義涵而言，「法出乎權，權出乎道」旨在強調：法律依據作為萬物總原理之「道」而產生，因而乃是具有一體適用之普遍性的權衡標準，基本上乃是確立法律如同「權衡」一般的規範性質，而非針對法律的實質內容。(《韓非子‧揚權》亦曾言及「衡不同於輕重……道之出也。道無雙，故曰一。」不同的是：〈心術上〉偏於說明權衡作用的普遍性，〈揚權〉則偏於說明權衡本體的獨一性。) 法令具有「權衡」一般的屬性，在《管子》「齊法家」的篇章中常見，如〈君臣上〉曰：「論法辟、權衡、斗斛，文劾不以私論，而以事為正。」〈七法〉亦曰：「尺寸也、繩墨也、規矩也、衡石也、斗斛也、角量也，謂之法。」〈七臣七主〉則曰：「法律政令者，吏民規矩繩墨也。」其用意大抵認為法律是政治事務之公共準則，因而執法必須具備客觀公正的精神〔註88〕。

雖然我們認為以「權變」或「權勢」解釋這段文字並不適切，然而並不意味其不合於法律制作的原理，而且事實上，「權變」「權勢」正是「權衡」含義向不同面向的引申。就「權變」一義而言，所謂「知道者必達於理，達於理者必明於權」(《莊子‧秋水》)「權衡」本即具有通達眾理之義，「權變」也是「權衡」行使的一種方式，權衡既針對一定時空的眾多事物的標準加以衡定，也應對時空變換所產生客觀形勢的變化加以衡量，即是「權變」。《慎子‧逸文》提到「以道變法」的說法，正說明了依據「道」的原則以立「法」，「權變」亦為重要因素。《管子‧任法》曰：「堯之治天下也，猶埴之在埏也，唯陶之所以為；猶金之在爐，恣冶之所以鑄，其民引之而來，推之而往，使之而成，禁之而止。故堯之治也，善明法禁之令而已矣。黃帝之治天下也，其民不引而來，不推而往，不使而成，不禁而止。故黃帝之治也，置法而不變，使民安其法者也。」有意提出「法治」的不同境界，其意乃是強調除了

〔註88〕 在「黃老」道家和法家的著作中，以「權衡」類比法律的性質及功能的例子也屢見不鮮，舉其大較有：「黃老帛書」《經法》：「稱以權衡，參以天當……應化之道，平衡而止，輕重不稱，是謂失道。」《慎子‧威德》：「權衡所以立公正也，書契所以立公信也，度量所以立公審也，法制禮籍所以立公義也。凡立公，所以棄私也。」《商君書‧修權》：「夫釋權衡而斷輕重，廢尺寸而意長短，雖察，商賈不用，為其不必也。故法者，國之權衡也。」《韓非子‧有度》：「審得失有法度之制者加以群臣之上，則主不可欺以詐偽；審得失有權衡之稱者以聽遠事，則主不可欺以天下之輕重。」凡此，以「權衡」作為法律的屬性及功能的類比及其含具的意義都是一致的。

講求法律的明確作用（「明法禁之令」）以獲致政治效能之外，亦應講求法律的恒常穩定性（「置法而不變」），使人民能安之若素、習以為常，以獲致更高的政治效能。然則法律之恒常穩定性的講求，突顯法律應該具有一定的專一持續性，如〈法法〉所謂「號令已出又易之，禮義已行又止之，度量已制又遷之，刑法已錯又移之。如是，則慶賞雖重，民不勸也；殺戮雖繁，民不畏也。故曰：上無固植，下有疑心；國無常經，民力必竭。」主要乃是針對制定法律者不可隨意廢立及統治者應專用法律而言，所涉及者乃是法律之形式要素，與法律內容應隨客觀時勢而變的「權變」概念並非對反。誠如美國社會法學創始者龐德（Roscoe Pound 1870～1964）所說：「法律必須是穩定的，但不可一成不變。」〔註89〕即是說明了法律的穩定性與變動性互相連結、滲透的辯證關係。法律為了發揮維持社會秩序的作用，必然講求形式上的持續性與穩定性，否則即毫無秩序可言；不過，秩序的要求乃是形式的，「變法」則涉及法律實質內容的改變，為了回應環境變遷的事實，甚或滿足公義的要求，則對法律內容本身的修正也是必須的。〔註90〕因此，雖說法律具有如同「權衡」一樣的形式屬性與功能，然而度量衡面對定形的的物體，可以一成不變，人的法律卻必須面對人事的更迭及整體情境的改變而有所調整修正，這正是強調法之「權變」的積極目的。〈正世〉所說：「聖人者，明於治亂之道，習於人事之終始者也。其治人民也，期於利民而止，故其位齊也，不慕古，不留今，與時變，與俗化。」即是強調法律之隨時而變〔註91〕。

　　至於依「道」立「法」的「權勢」義涵，相較「權衡」「權變」是關涉法律客體之形式屬性及實質內容的更動，「權勢」則是指陳蘊含於權衡、權變之主體的內在能動力量，法令的規範功能及其強制性作用正是法律之「權勢」內含的體現。《管子·心術上》曰：「心之在體，君之位也；九竅之有職，官之分也。心處其道，九竅循理。……故必知不言無為之事，然後知道之紀。殊形異勢，與萬物異理〔註92〕，故可以為天下始。」〈君臣下〉亦曰：「君之

〔註89〕　轉引自博登海默（Edger Bodenheimer）：《法理學：法哲學及其方法》（台北：結構群文化公司，民79年10月）頁365。

〔註90〕　參前引書，頁365～369。

〔註91〕　《商君書》也認為「世事變而行道異」（〈開塞〉）「當時而立法，因事而制禮，禮法以時而定，制令各順其宜。」（〈更法〉）凡此，均有見於法之「權變」義涵。

〔註92〕　此句原作「不與萬物異理」，據王念孫校改。見《管子集校》（二），頁411。

在國都也，若心之在身體也。道德定於上，則百姓化於下矣。」著眼於「道德」和政治權力結構的關係，由「道德定於上」的說法可知，「道德」的作用並未獨立於現實政治權力結構之外，相反地乃是基於客觀存在之政治結構，用以體現政治權力結構當中君王之「殊形異勢」，目的亦在於為君王取得支配臣民的效能──「九竅循理」「百姓化於下」。《管子・君臣上》曰：

> 道者，誠人之姓也〔註93〕，非在人也。而聖王明君善知而道之者也，是故治民有常道，而生財有常法。……道也者，萬物之要也，為人君者執要而待之，則下雖有姦偽之心，不敢試〔註94〕也。夫道者虛設，其人在則通，其人亡則塞者。

道是萬事萬物的總原理（「道也者，萬物之要也」），具有成全人之生存的作用，道的存在乃是超越人之主觀意志（「非在人也」），因而強調政治運作應有其客觀規律（「治民有常道，生財有常法」）。「有道之君，正其道以涖民，而不言智能聰明。……是故別交正分之謂理，順理而不失之謂道，道德定而民有軌矣。」（同上）「巧者能生規矩，不能廢規矩而正方圓；雖聖人能生法，不能廢法而治國。」（〈法法〉）〈任法〉亦曰：「君臣上下貴賤皆從法，此謂為大治。……故有為枉法，有為毀令，此聖君之所以自禁也。」均強調君王應該排除主觀之意欲智識，而順應於政治體制當中客觀之法度理則的運作。然則道的提出，其主要意義在於作為政治客觀法則的超越性依據，從而對君王的主觀意念形成約制。然而從「道」與政治權力結構的互動關係觀察：「道也者，萬物之要也，為人君者執要而待之，則下雖有姦偽之心，不敢試〔註95〕也。」顯示出政治運作之客觀規律乃是作為君王有效支配臣民的利器。這正是反應現實政治權力結構，「有生法，有守法，有法於法。夫生法者君也，守法者臣也，法於法者民也。」（〈任法〉）君王掌握國家立法主權的事實。法律的運行即是君王政治權威之體現，故〈七臣七主〉乃曰：「法令者，君臣之所共立也；權勢者，人主之所獨守也。……權斷於主則威，民信其法則親。是故明主審法愛權，下上有分。」「審法」與「愛權」實一體之兩面，法律具有普遍性作用，因即體現君王政治權威之獨斷性〔註96〕。另外，所謂「道者虛設」，說明道只

〔註93〕據戴望說，此句當讀為「成人之生也」。
〔註94〕「試」原作「殺」，據王念孫說校改。
〔註95〕「試」原作「殺」，據王念孫說校改。
〔註96〕在其他法家的著作中彰顯法令之「權勢」義涵亦多見，如《商君書・修權》
云：「國之所以治者三：一曰法，二曰信，三曰權。……權者，君之所獨制也……

是虛義性的概念，對政治法度的實質內容與功能並無決定，必須透過君王之「執要而待之」乃能發揮功能（「其人在則通，其人亡則塞」），透顯「齊法家」之道、法思想以君王為本體的特質，因而究其支配理論之實，仍未盡脫「人治」的色彩。亦即道、法對君王並不具實質約束力，能否遵循道、法之客觀運作，仍有賴君王主觀的「聖」與「明」，而無必然保證。

　　總結此節所述，「《管子》四篇」論述的主題集中在以「精氣」論道上面，藉「心靜氣理」「一意專心」的修養工夫，涵養心靈之精氣以產生神妙靈知的智慧。強調「治心」是「治國」的根本，君王即能本著「不言」「無為」的原則，「靜因」的治事方法，以行其「督言正名」的治官之術。相較而言，《經法》等四篇佚書雖亦論及「正名」之用，但其「正名」大抵乃是強調研覈名與自然宇宙及人間社會的客觀理則之相應性。而《管子》四篇則表現出較強的支配目的性，與《韓非子》〈主道〉〈揚權〉兩篇所論君王控馭臣下的「形名」術大抵相符，亦與司馬談所述道家作為「君人南面之術」的統治方法一致。另外，《管子·心術上》提出「法出乎權，權出乎道」的命題，以道為法的根本原理，強調法之一體適用的普遍性以及法的強制必然性，並提出了「道─法」關係的中間環節─「權」。本文指出這裡的「權」字具有「以權言道」的方法論意義──「道」是權的本體，「權」是道之應用的方法，「法」是道之應用的結果。大抵意為：法律之制定乃是權度、衡定道之原理而產生，法律依據道之原理乃是事物的權衡標準。因此本文傾向以「權衡」一義理解這裡的「權」字。但就法理義涵而言，從「權變」「權勢」兩個面向理解亦各有其意義：參酌《管子》書中屬於「齊法家」的篇章可知，「權衡」的面向乃是關涉法律的形式屬性，說明法律是政治事務之公共準則，因而執法必須具備客觀公正的精神；「權變」的面向則牽涉法律的實質內容，強調法律內容應該隨時而變；「權勢」則是指陳蘊含於權衡、權變之主體的內在能動力量，並體現於法律的規範功能及其強制性作用。對照政治權力結構，法律的運行即是君王政治權威的體現，對君王並不具實質的拘束力。

權制斷於君則威。……惟明主愛權重信，而不以私害法。……先王縣權衡，立尺寸，而至今法之，其分明也。……夫廢法度而好私議，則姦臣鬻權以約祿。」其旨亦是闡發法之「權衡」作用所蘊含的「權勢」內含。「權衡」是就法的性質和功能言，藉著法之客觀明分作用以維持君王的政治權威。

第三章　法家之「道—法」思想

　　根據《漢書・藝文志》的著錄，戰國法家的著作包括：《李子》（李悝）、《商君》（商鞅）、《申子》（申不害）、《處子》、《慎子》（慎到）、《韓子》（韓非）〔註1〕。現存著作較完整者只有《商君書》、《韓非子》二部而已，《申子》、《慎子》則存部分篇章的片段，其中《慎子》材料較豐富猶可討論。

　　在《漢書・藝文志》的著錄中可以發現：戰國法家皆是三晉地區或和三晉地區有關的人物，李悝相魏文侯、商鞅是衛人、申不害相韓昭侯、處子和慎到是趙人、韓非是韓人。其重要意義在於：由於地域傳統及現實背景的相近，提供學術思潮具有共同基調的可能環境〔註2〕。不過，在共同基調之外，因個人志趣、地域的流動和時間先後等因素的差異影響之下，事實上仍存在許多差異：商鞅之學術背景雖有三晉的色彩〔註3〕，然而其成就在主持秦孝公時的變法，《商君書》即是反應商鞅變法以後秦地的情況（詳下文）。另外，相較商鞅或《商君書》的事功傾向，慎到的事功色彩淡薄許多，他曾在齊國擔任純粹議政而不仕的「稷下學士」，其學和齊地學術有關。韓非則是戰國法家最後殿軍，學術有濃厚的集成味道，事功、理論兼具，統括齊地、秦地的政法思想（「商管之法」）

〔註1〕這些著作並非盡是本人所親著，不過和其人及行事有關則無庸置疑。

〔註2〕沈剛伯曾著眼社會生活的類型，提出法家思想源於衛、鄭、晉三國的說法，見〈從古代禮刑的運用探討法家的來歷〉一文，收於《沈剛伯先生文集》（台北：中央日報出版社，民71年10月）

〔註3〕例如《晉書・刑法志》《唐律疏議》均言：李悝著《法經》，商鞅傳之於秦。雖然有懷疑此說之不足信者，不過，杜正勝從政治社會情況分析，認為「自子產鑄刑書以後，經李悝集諸國法撰次《法經》，至睡虎地秦律，有一貫的發展趨勢。」肯定此說是可信的。見《編戶齊民—傳統政治社會結構之形成》（台北：聯經出版公司，民79年3月），頁259。

而予以批判性地揀選。在這三者之間，慎到的學術屬性比較特殊：《莊子・天下篇》著重論述慎到的道家思想的成分，《史記》亦將慎到放在齊地「稷下」學術的範圍討論，並謂其「學黃老道德之術」，再相較秦漢人士列舉法家人物往往以「申商」「商韓」「申韓」並稱，如《史記・李斯列傳》所謂「明申韓之術，而脩商君之法」，凡此均可見慎到和「申商韓」一系的學術有別的端倪。雖然按照《莊子・天下》和《史記》的說法，慎到之學有某種程度的道家色彩，但是因為今本《慎子》所見內容，未有涉及「形名之學」，而「道」與「形名」的聯繫則顯然是「黃老道德之學」的核心課題，因而本文仍按照《漢書・藝文志》以來的傳統說法，將《慎子》視為「法家」一員。

第一節　慎到之「道─法」思想

　　根據《史記・孟子荀卿列傳》的記載，慎到（350？～275？BC）曾在齊國為稷下學士，和齊人田駢齊名，稷下學士不任官治而職司議政，所謂「不治而議論」「著書言治亂之事以干世主」〔註4〕。現存《慎子》輯本〔註5〕，內容即以論政為主。其論政以尚法、重勢為主，《荀子・解蔽》批評「慎子蔽於法而不知賢」，〈非十二子〉又非難他「尚法而無法」；《韓非子・難勢》則徵引其論「勢」之言。《漢書・藝文志》因即著錄《慎子》於「法家」，後人亦視其為法家之「重勢」一派。然而，根據《莊子・天下》所論慎到之學術宗旨則固為道家之學，《史記・孟子荀卿列傳》謂慎到「學黃老道德之術，因發明序其指意。」亦認為慎到之學為道家之學〔註6〕。事實上，所謂「道家」「法

〔註4〕 在齊宣王、湣王時。關於齊國稷下學宮之設立、興慶及稷下學士之學風、行誼、組織、生活等，可參錢穆：〈稷下通考〉，見《先秦諸子繫年》（香港大學出版社，1956年6月）頁231～235。

〔註5〕 今存《慎子》，見於《群書治要》卷三十七所節引〈威德〉〈因循〉〈民雜〉〈知忠〉〈德立〉〈君人〉〈君臣〉七篇。另外，《意林》《太平御覽》亦引《慎子》佚文若干條。本文引用《慎子》原文根據清錢熙祚輯校之《慎子》（台北：世界書局）。

〔註6〕 《史記》謂慎到「學黃老道德之術，因發明序其指意」，由此可以推知慎到思想和漢初所謂「黃老」的思想應有某種程度的相合，然而司馬遷認為慎到之學淵源於「黃老」之學，此當辨明：漢初習以「黃老」並稱指涉「道德」之學，慎到既言道德之學，故有此說。然而，慎到為戰國中期之人，而《黃帝書》當較晚出，自不能為慎到之學的淵源。參王叔岷先生〈論司馬遷述慎到、申不害及韓非之學〉一文，見《中央研究院歷史語言研究所集刊》第54本第1分。

家」，在秦漢以前並不像「儒家」「墨家」一樣有其師承、組織而爲一種學術家派，道家、法家之分野並不明確。慎到論政固然尙法重勢，但這只是其學以應世的一面，推其學術本原，亦可以如《莊子‧天下》所言，視其爲「道家」三種型態之一型〔註7〕。因此，將慎到定位爲：「是把道家的理論向法理一方面發展」〔註8〕，「是道家思想向法家轉化的一個例證」〔註9〕，應該是可以被接受的看法。事實上，《慎子》的學術內涵與被後世視爲「法家」正宗的《商》《韓》理論即有所差別，而和《管子》部分篇章具有相當的關連〔註10〕。《管子》書爲齊學，且含括「稷下之學」，而慎到曾在齊國爲稷下學士，和齊人田駢齊名，其論著可能即在齊地完成，因此論點扣緊齊國之社會政治情況，和齊學相通也是極可能的。

一、「道」與「法」

就《莊子‧天下》關於慎到的論述及現存《慎子》之文看來，雖然慎到沒有像《老子》一樣觸及作爲現象界事物之存有依據的形上道體，並藉由心靈之「內在超越」而與超經驗的道體契合，進而獲得「知常」的明覺能力；也沒有像「黃老帛書」《道原》一樣試圖描述宇宙生成之初「虛同爲一」的本然狀態，並經由「大虛」的心靈境界與「天地之精」相通，因而獲得「察稽知極」的神妙靈知（神明）；而且其學說內容乃是針對現實政治而發，以議法論勢等實際政治理論爲主。然而，慎到學說含有「道」的理念仍是非常明確，這也正是有人將他視爲道家的理由。《莊子‧天下》曰：

　　公而不黨，易而無私，決然無主，趣物而不兩；不顧於慮，不謀於

〔註7〕 據〈天下〉所論，道家之學固有慎到、田駢、彭蒙一派，其學與被後世視爲「道家」正宗的老子、莊子有別。且老子、莊子亦有別。道家三型義理之別，可以參見唐君毅：《中國哲學原論—原道篇（一）》（台北：臺灣學生書局，民75年10月）頁269～289。唐氏認爲慎到等之學在於「棄知去己」而因循物勢之變，所謂「與物宛轉」；老子則自居虛靜，以觀物勢之變，並以柔弱自處；莊子則游心於物勢變化之中，更超越其外。

〔註8〕 郭沫若：《十批判書》（北京：人民出版社，1982年9月全集歷史編第二卷），頁167。

〔註9〕 馮友蘭：《中國哲學史新編》第二冊（北京：人民出版社，1984年10月）頁186。

〔註10〕 蒙文通從「因循」精神的線索省察《管子》〈心術〉〈內業〉與慎到思想的關連，見〈楊朱學派考〉一文，收於《古學甄微》（四川：巴蜀書社，1987年7月）另外，郭沫若亦認爲《管子》的〈法法〉、〈任法〉、〈明法〉諸篇淵源於慎到。（見《十批判書》，頁490。）

知，於物無擇，與之俱往。……齊萬物以為首，曰：天能覆之，而
不能載之；地能載之，而不能覆之；大道能包之，而不能辯之。知
萬物皆有所可，有所不可，故曰：選則不遍，教則不至，道則無遺
者矣。是故慎到棄知去己，而緣不得已，泠汰於物，以為道理。……
謑髁無任，而笑天下之尚賢也；縱脫無行，而非天下之大聖。椎拍
輐斷，與物宛轉，舍是與非，苟可以免，不師知慮，不知前後，魏
然而已矣。……夫無知之物，無建己之患，無用知之累，動靜不離
於理，是以終身無譽。故曰：至於若無知之物而已，無用賢聖。夫
塊不失道。

「大道能包之，而不能辯之」：道雖統苞萬物之理而「無遺」，似乎異於萬物
的個別性，但就功能性而言卻仍是有「能」、有「不能」，這樣的道並未具備
全幅的能力，與「有所可，有所不可」的萬物並無根本上的差別，透顯慎到
所言之「道」乃是屬於與經驗世界同層次的概念。慎到論道，以「齊物」為
宗旨，強調道體廣大包容：將萬物視為平等齊一，因而廣包無遺。莊子和慎
到均從「齊物」的觀點闡發道的本質，但二人「齊物」觀點的內涵並不相同。
《莊子》「齊物」之論的大義在於：「墮枝體，黜聰明，離形去知，同於大通，
此謂坐忘。」（《莊子‧大宗師》）透過「墮枝體、黜聰明、離形去知」——所
謂「心齋」的心靈淨化工夫，達至一種「坐忘」的精神境界。這種「坐忘」
的精神境界，在於破除小大、美醜、貴賤、死生等對待性的偏執，進而體悟
「物化」之理，安於事物自然之分，因而能「調適而上遂」「同於大通」，與
超越性道體相契，「獨與天地精神往來」「上與造物者游，而下與外死生無終
始者為友。」（《莊子‧天下》）〔註11〕。而慎到的「齊物」觀點，所謂「決然
無主，趣物而不兩」「不顧於慮，不謀於知」「棄知去己而緣不得已」，雖然表
面上也類似《莊子》「心齋」「坐忘」的工夫與心態，但其缺乏與超越性道體
相契，「同於大通」的超經驗境界。因此，其「齊物」理念的根本精神不在解
放心靈所受經驗層面的束縛，而是基於某種目的性的考量，因而主張：排除
主觀成見，不師知慮，宛如「無知之物」一般，「因循」外在客觀而必然的事
物理則，以為任事應物之根本法則（「於物無擇，與之俱往」「泠汰於物，以
為道理」「椎拍輐斷，與物宛轉」）。因為具備公平無私及不橫加分辨（「不兩」

〔註11〕 參王叔岷先生：〈論莊子之齊物觀〉，見《中國文哲研究集刊》（台北：中央研
　　　　 究院中國文哲研究所）第二期。

「無擇」）的心態，經驗世界的事物乃呈現平等齊一之存在樣態。由此可見，莊子和慎到道論本質的最大差異在於：莊子之「物化」是一種具有主體性之超越境界，而慎到之「泠汰於物」則捨棄主體性，一味「因循」外在客觀的形勢與理則。因之，〈天下〉乃譏諷慎到的理論爲「死人之理」。不過，在現實目的性的考量方面，「因循」客觀的形勢與理則自有其積極功能〔註12〕。

由上所述可知，慎到不從個人的主體性論道，而是強調道作爲外在的客觀理則的意義，其論道的「目的性」考量，主要是體現在其「因道全法」之政治理念方面〔註13〕。慎到論道強調「因循」外在之客觀理則，因而在實現政治功能方面，與持「尙賢」說者正相對反，乃排除了個人主觀資質、能力在政治事務上面的主導作用，故曰「謑髁無任，而笑天下之尙賢；縱脫無行，而非天下之大聖」「無用賢聖」。《慎子·逸文》亦曰：「夫道，所以使賢無奈不肖何也，所以使智無奈愚何也，若此，則謂之道勝矣。」政治事務有其客觀的形勢、理則，乃是超越個人主觀資質之智愚、賢不肖而獨立運作。政治效能的良窳，完全繫於此一客觀之政治形勢、理則的運作而定。《慎子·威德》曰：

> 古者工不兼事，士不兼官……言有常事也。今也國無常道，官無常
> 法，是以國家日繆。教雖成，官不足；官不足則道理匱；道理匱則
> 慕賢智；慕賢智則國家之政要在一人之心矣。

這段引文所用的「道」「理」「法」等字的意義並沒有太大的不同，同是指謂在社會政治秩序自身之內所含蘊的一種客觀的經常性理則、規範。他指出：對於「賢智」之統治者的渴慕（「尙賢」），將政治功能的完成繫於「一人之心」，乃是反映出整個客觀的政治社會法則未能建立。《慎子·知忠》曰：「明主之使其臣也，忠不得過職，而職不得過官。是以過修於身，而下不敢以善驕矜守職之吏。……官正以敬其業，和順以事其上，如此則至治已。亡國之君，非一人之罪也；治國之君，非一人之力也。將治亂，在乎賢使任職，而不在於忠也。……桀之所以亡，堯不能以爲存，然而堯有不勝之善，而桀有運非之名，則得人與失人也。……治亂安危存亡容辱之施，非一人之力也。」然則慎到與「尙賢」說者的對反，不在於他對人類賢能資質的全面否定，而是在於他認爲政治效能的獲得不是一個統治者的賢智所能決定（「桀之所以亡，

〔註12〕蒙文通認爲莊周是南方道家，主「虛無」，廢仁義法術；慎到爲北方道家，主「因循」，乃流爲法家之說。見〈楊朱學派考〉一文。

〔註13〕史華慈（Benjamin Schwartz）稱其爲「工具性的道家學說」，見〈黃老學說：宋鈃和慎到論評〉，《道家文化研究》（上海：古籍出版社）第四輯。

堯不能以爲存」「非一人之力也」），而有賴社會政治之客觀機制的建立，讓個人的主觀資質在客觀的政治社會機制之中發揮作用（「官正以敬其業」）。「教雖成，官不足」則仍然顯示慎到認爲國家政治事務運作的根本問題不在人力資源之不足，而是政治運作的客觀機制是否建立。在政治客觀機制的運作下，統治者即可「無爲而治」，根本不須具備特殊的賢智。《慎子・民雜》曰：

> 民雜處而各有所能，所能者不同，此民之情也。……是以大君因民之能爲資，盡包而畜之，無能去取焉。……君臣之道，臣事事而君無事，君逸樂而臣任勞。臣盡智力以善其事，而君無與焉，仰成而已。故事無不治，治之正道然也。……君之智，未必最賢於眾也，以未最賢而欲以善盡被下，則不贍矣。

統治者應該體現「大道能包之」廣包無遺的樣態，作爲一個「因民之能爲資，盡包而畜之」的「大君」，雖然「君之智未必最賢」，然而如能因能善任，在政治客觀機制的運作下（「臣事事」），則君「無事」，即有「事無不治」的政治效能。

在社會政治機制之客觀的運作之中，道德毫無作用，而是以某些公共、客觀的法則作爲準據。《慎子・逸文》曰：「法者，所以齊天下之動，至公大定之制也。」《慎子・威德》亦曰：

> 法雖不善，猶愈於無法，所以一人心也。夫投鈎以分財，投策以分馬，非鈎策爲均也，使得美者不知所以德，使得惡者不知所以怨，此所以塞怨望也。故著龜所以立公識也，權衡所以立公正也，書契所以立公信也，度量所以立公審也，法制禮籍所以立公義也。凡立公，所以棄私也。

這裏指出法律乃是社會政治事務的公共準則，因此法律應該如同「權衡」等器用一般，具有公正、客觀的屬性。法律是公正的，乃是作爲政治事務的普遍標準；法律是客觀的，乃可以泯除個人主觀的怨責。法律之公正性、客觀性所強調的乃是對法律對象之一體適用，「智者不得越法而肆謀，辯者不得越法而肆議，士不得背法而有名，臣不得背法而有功。我喜可抑，我忿可窒，我法不可離也；骨肉可刑，親戚可滅，至法不可闕也。」不分賢與不肖、貴與賤、親與疏，均是以法爲齊一標準。對照《莊子・天下》的敘述，道之公平無私、「決然無主」、齊物而無遺的本質，正是法之公共性、客觀性本質的寫照。然而法律的齊一平等只是形式的，其根本作用只是在於促成社會政治

生活之有序模式，所謂「非鉤策爲均也」，即意謂法律對象雖獲得形式上的平等對待，卻無法保證實質的平等。法律實質內容的良善與否在他看來實在只是次要問題，故曰「法雖不善，猶愈於無法」。顯示《慎子》由於關注在社會政治機制的客觀運作，因而強調法律的普遍性、一致性等形式要素，用以促進社會政治之有序性的現實機能，而忽略了法律實質的價值內容方面的課題。(《慎子‧逸文》：「有權衡者，不可欺以輕重；有尺寸者，不可差以長短；有法度者，不可巧以詐僞。」「棄道術，舍度量，以求一人之識識天下，誰子之識能足焉！」「厝鈞石，使禹察錙銖之重，則不識也；懸於權衡，則氂髮之不可差，則不待禹之智，中人之知莫不足以識之矣。」將法律與「權衡」等器具類比，明顯只是視法律爲一種實現政治效能的有效工具而已。)

　　荀子曾經非難慎到的法論之失，曰「尚法而無法，不循而好作〔註14〕，上則取聽於上，下則取從於俗，終日言成文典，反紃察之，則偶然無所歸宿，不可以經國定分。」(《荀子‧非十二子》)基本上是針對慎到關於禮法的來源及禮法思想忽略實質內容而發。關於禮法的來源，荀子認爲「後王之成名：刑名從商，爵名從周，文名從《禮》。」「有循於舊名，有作於新名」(〈正名〉)重視禮法來自傳統的部分內容，因而批評慎到「禮從俗，政從上」(〈逸文〉)只以現世風俗及君王意志爲準據的觀點欠缺深厚的傳統根源。更嚴重的是：慎到只注重成文法的形式要素，一以君王所定爲準，忽略法律的實質內容與正義精神(「偶然無所歸宿」)。反之，荀子則認爲法律之精神應該符合「義」的本質，因而不再側重法律乃是由君王制定的「實證」性質，故曰「布陳於國家刑法者，則舉義法也。」「加義乎法則度量」(〈王霸〉)「君子者，法之原也」(〈君道〉)並認爲依據法律而治有其侷限性，所謂「法不能獨立，類不能自行」(同上)，如「權衡」等器械一般的法律條文，只是「治之流也，非治之原也」(同上)，轉而強調「上好禮義，尚賢使能……則雖在小民，不待合符節、別契券而信，不待探籌、投鉤而公，不待衡石、稱縣而平，不待斗斛、敦概而嘖。」(同上)〔註15〕凡此，均足以突顯慎到法論在法律內容精神方面的侷限與不足，亦顯示儒、法兩家法理內涵之異趣。

〔註14〕「不循」原作「下修」，據王念孫校改。「不循」謂不循舊法也。
〔註15〕關於荀子法理思想之探討，詳見張亨先生：〈荀子的禮法思想試論〉，《臺大中文學報》第二期。

二、「道」「法」之「權勢」內涵

如上所論，《慎子》所言之「道」與「法」，宗旨在於肯定道、法是一種客觀法則。而客觀法則之有效性，不在於其內容之良善與否，《慎子》乃將客觀法則之獲得踐履，歸諸於政治體制當中客觀存在的「權勢」。《慎子·威德》曰：

> 騰蛇遊霧，飛龍乘雲，雲罷霧霽，與蚯蚓同，則失其所乘也。故賢而屈於不肖者，權輕也；不肖而服於賢者，位尊也。堯為匹夫，不能使其鄰家；至南面而王，則令行禁止。由此觀之，賢不足以服不肖，而勢位足以屈賢矣。故無名而斷者，權重也；弩弱而矰高者，乘於風也。

所謂「權」「勢」是指君王所擁有「令行禁止」的政治權威。自然界亦往往體現一些客觀的「形勢」，具有普遍的影響力，如「騰蛇遊霧」「飛龍乘雲」「矰乘於風」等。《慎子》顯然將政治「權勢」的性質及影響力與自然界的客觀形勢類比，其重要意義在於說明政治上的權勢乃是伴隨於客觀之「位」而來，強調政治權勢乃是一種超越主觀能力、非人格化的影響力。「離朱之明，察秋毫之末於百步之外，下於水尺而不能見淺深，非目不明也，其勢難睹也。」（〈逸文〉）主觀資質縱有明闇、智愚、賢不肖之別，但總是受到客觀形勢之制限。客觀形勢具有普遍、必然的影響力，同樣地，客觀的政治權勢亦能發揮「令行禁止」之普遍、必然的影響力。因此，《慎子》乃強調政治權勢在政治效能方面的積極作用，而與持「尚賢」說者對反。

《慎子》曾對政治的權勢結構有一合理的說明，《慎子·威德》曰：

> 古者立天子而貴之者，非以利一人也，曰天下無一貴，則理無由通，通理以為天下也。故立天子以為天下，非立天下以為天子也；立國君以為國，非立國以為君也；立官長以為官，非立官以為長也。

這裡提及天子、國君、官長不同的層級，《慎子》雖沒有明言分層授權的情況，但可以推想在不同的位階應各有屬於其位階的權勢，否則政治機制將喪失推進的動力。不過，這個政治權勢結構的最高層，無疑是強調「一貴」的，也就是最高的掌權者只有一個，如果較下的位階有權勢的話，也是由擁有最高政治權勢的統治者分派而下。《慎子》認為「一貴」的權勢結構才是有效發揮政治結構功能的基本要件，目的在說明最高政治權勢集中在天子之位的合理性。《慎子·德立》：「立天子者，不使諸侯疑焉；立諸侯者，不使大夫疑焉；

立正妻者，不使嬖妾疑焉；立嫡子者，不使庶孽疑焉。疑則動，兩則爭，雜則相傷，害在有與，不在獨也。」〔註16〕亦是爲政治權勢結構之「一貴論」提出說明。然則最高政治權勢乃是依附於客觀的政治結構，而非屬於個人所有，且權勢是發揮政治結構功能（「通理以爲天下」「非以利一人」）之所須，本身非目的。由此可見，《慎子》所要強調的乃是政治權勢的結構化本質及其運作之客觀性，主要功能是用來確保客觀法則能無礙地運作（所謂「通理」）。

　　上述所言君王之「通理」功能，就具體的權勢運作而言，可以析分爲兩個方面：一方面是類似近代所言國家「主權」的行使，另一方面則是「行政權」的行使。首先是「主權」的行使，制定及更動法律的權力即是。《慎子・逸文》曰：

> 治國無其法則亂，守法而不變則衰，有法而行私謂之不法。以力役法者百姓也，以死守法者有司也，以道變法者君長也。

又曰：

> 法之功，莫大使私不行；君之功，莫大使民不爭。今立法而行私，是私與法爭，其亂甚於無法；立君而尊賢，是賢與君爭，其亂甚於無君。故有道之國，法立則私議不行，君立則賢者不尊。民一於君，事斷於法，是國之大道也。

「以力役法者百姓也，以死守法者有司也，以道變法者君長也」顯然是「一貴」之政治權力結構的反映：一切政治事務的法則標準由君王制定或變更〔註17〕，官僚則依法行政，人民則服從法令、奮勉地從事生產活動，「百姓之於聖人也，養之也，非使聖人養己也。」（〈威德〉）這樣的情況顯示：「事斷於法」即等同於「民一於君」。君王的意志即代表了公共意志的體現，可以解決起於個人之私的紛亂。因此，「君立則賢者不尊」，唯有尊君才能保證行事準則具有一致性。然而「民一於君」之政治結構的合理功能在於：君王制定的法律乃是作爲統合國家一致的行事準則（「通理」），因此法律具有公共性，君王亦

─────────────

〔註16〕《呂氏春秋・慎勢》曰：「王也者，勢無敵也。勢有敵則王者廢矣。……故先王之法，立天子不使諸侯疑焉，立諸侯不使大夫疑焉，立適子不使庶孽疑焉。疑生爭，爭生亂。……周鼎著象，爲其理之通也。理通，君道也。」乃本之《慎子》〈威德〉〈德立〉之文。

〔註17〕更動法律的權力和制定法律的權力無疑是合一的。「守法而不變則衰」顯示慎到亦主張變法的必要性，然而有關慎到之變法論的材料只見於此，無法進一步討論。《呂氏春秋・察今》是有關變法論的篇章，蒙文通認爲即是取之《慎子》，惜無確證。蒙文通說見於〈略論黃老學〉一文，收於《古學甄微》。

不得任意隨興地制定或變更法律,「以道變法」即是強調君王在行使變更法律的立法權時,不得任意而行,必須合於客觀的形勢與理則。

其次,關於君王行政權之客觀運作,則是體現在君王應該「無為」的原則上面。《慎子‧威德》所謂:「聖人有德,不憂人之危也。……聖人雖不憂人之危,百姓準上而比於下,其必取己安焉,則聖人無事也。」然則「聖人無事」而有「百姓準上而比於下」的積極作用,則必須「任法」。《慎子‧君人》曰:

> 君舍法而以心裁輕重,則同功殊賞,同罪殊罰矣,怨之所由生也。……
> 大君任法而弗躬,則事斷於法矣。法之所加,各以其分,蒙其賞罰
> 而無望於君也,是以怨不生而上下和矣。

《慎子‧君臣》亦曰:

> 為人君者不多聽,據法倚數以觀得失。……官不私親,法不遺愛。
> 上下無事,唯法所在。

「法之所加,各以其分」法律具有客觀精神,君王排除主觀、偏私,「任法而弗躬」,以體現君王行政權運用的客觀性。《慎子‧逸文》又曰:

> 古之全大體者,望天地、觀江海、因山谷,日月所照,四時所行,
> 雲布風動,不以智累心,不以私累己,寄治亂於法術,託是非於賞
> 罰,屬輕重於權衡。不逆天理,不傷情性……不引繩之外,不推繩
> 之內;不急法之外,不緩法之內;守成理,因自然,禍福生乎道法,
> 而不出乎愛惡。……〔註18〕

「全大體者」相當《莊子‧天下》對慎到學說的評述當中廣包無遺而「齊萬物」之道體的化身,也和《慎子‧民雜》「因民之能為資,盡包而畜之」的「大君」相通。這裡所描繪的是一幅有法有則的宇宙圖式,透過關照自然宇宙「應機自至」「不待思而施之」(《慎子‧逸文》)之運行動作,將法律和「權衡」作為人事方面的客觀準據,建立在超越人事現象的自然律則(「天理」)基礎之上。「不以智累心,不以私累己……守成理,因自然」即等同〈天下〉所謂「棄知去己,而緣不得已,泠汰於物,以為道理。」絕棄主觀的意念智識,因循事物客觀存在的理則,以法作為政治事務「齊物」的準繩,大抵即是所謂的「因道全法」。

〔註18〕 此段《慎子》逸文,亦見於《韓非子‧大體》,文字幾乎全同,惟《韓非子‧大體》多出一段,有云「因道全法,君子樂而大姦止;澹然閒靜,因天命,持大體。……故大人寄形於天地而萬物備,歷心於山海而國家富。上無忿怒之毒,下無伏怨之患,上下交樸,以道為舍。」

綜上所述，《慎子》被認為是亦道、亦法的學者，本文基於慎到之學並未涉及「形名」之學，與「黃老」道家以「形名」之學為核心顯然有別；再加上慎到標舉君王之「勢」的法理思想，在《商》《韓》法家中獲得進一步的發展與實踐，因而將之歸於「法家」。根據《莊子・天下》對慎到之學的描述，慎到的「道」的理念乃是屬於經驗世界的層面，強調道具有廣大包容的特性，因此必須具備公平無私及不橫加分辨的心態，以體現事物存在的平等齊一，在任事上乃能排除主觀成見，「因循」客觀的事物理則。本文認為慎到這種道的理念不同於《老子》由心靈之「內在超越」而與超經驗的道體契合，進而獲得「知常」的明覺能力；也沒有像「黃老帛書」《道原》一樣經由「大虛」的心靈境界與「天地之精」相通，因而獲得「察稽知極」的神妙靈知（神明）；其「齊物」之理念與《莊子》「同於大通」的超經驗「齊物」境界亦有所不同。

再者，《慎子》本著道之理念，認為政治事務有其客觀的形勢、理則，乃是超越個人主觀資質之智愚、賢不肖而獨立運作，政治效能的良窳，完全繫於此一客觀之政治形勢、理則的運作而定，因而與持「尚賢」說者對峙。《慎子》認為政治機制的運作有其客觀法則，法律乃是公共事務的客觀標準，所謂「至公大定之制」。因為強調法律對政治機制運作有序性的功能，忽略法律實質內容良善與否的課題，因而招致《荀子》的非難。法律作為公共事務的準則，其獲得踐履的效力，《慎子》認為有賴政治機制當中客觀存在的「勢」──一種「令行禁止」的能力。基於政治結構的「一貴」論，政治的「勢」集中在君位上面。然而《慎子》重「勢」，乃是著眼於發揮政治結構的功能，因而強調君王政治權威的公共性本質及客觀化地運用，認為君王權威之運用即是體現客觀法則（「通理」）：「以道變法」以及「無為」而「任法」。

第二節　《商君書》強調「權變」之法理思想

《商君書》「法與時變」的變法理論，乃是本於商鞅在秦國變法的實際經驗，然而商鞅變法自有其歷史背景，述之如下。

春秋戰國之際，周代傳統的封建制度隨著政治社會環境的鉅變而趨於崩潰，政治社會制度面臨轉型變革，最具有戰國法家之法政意義的制度變革，首推鄭國子產「制參辟，鑄刑書」（魯昭公六年，536BC）及晉國趙鞅、

荀寅「鑄刑鼎著范宣子所爲刑書」（魯昭公二十九年，513BC）的刑法變革
〔註19〕。周代傳統封建制度，所謂「法」乃是以「禮」爲主，「禮」既是政
治社會階級性秩序的結構原理，也是政治管理的方法。「禮治」雖未排除「糾
之以政」「嚴斷刑罰」的手段，但顯然強調以禮義秩序的規範及道德教養的
感化方式爲主要手段。當面臨刑罰的裁量時，因「不爲刑辟」，故採取「議
事以制」（孔穎達《左傳正義》：「臨其時事，議其重輕，雖依準舊條，而斷
有出入。」）的方式，既缺乏固定明確的刑法內容，罪刑的裁量也不一致。
「制參辟」「爲刑書」則是將刑法的內容「成文化」固定下來，罪刑的裁量
也有了明確的依據。其次，此次刑法變革對封建制度產生更大衝擊則在「鑄
刑鼎」一事，孔子即擔憂：「民在鼎矣，何以尊貴？貴何業之守？貴賤無序
何以爲國？」「鑄刑鼎」的重要意義在於：刑法的公開化，從而促成刑法的
一致性平等的精神，進而催化瓦解傳統階級性的社會結構。「國將亡，必多
制」表明叔向、孔子反對變法的立場，然而子產則對於世變有深刻體認，
自承變法乃是爲了「救世」不得不然的措施，刑法的一致性精神即是具有
回應春秋晚期趨向「齊民化」政治社會的發展趨勢的意義〔註20〕。子產這
種變法以救世的態度，即是認爲法律必須接受世變制約的「變法觀」，和戰
國時代三晉法家的主張是一致的；而孔子、叔向與子產觀點的對立似乎也
開了儒、法對立的先聲。

　　經歷三家分晉的事件，春秋封建霸業中斷，開啓戰國時代的序幕〔註21〕，
各國紛從宗法封建的政治型態，轉化爲以君王爲中心的郡縣制國家，以應付
列國鬥爭的新形勢，因此各國紛紛興起變法的風潮。由於春秋時期各國受封

〔註19〕陳啓天將法家的成立推原於春秋時期「霸政運動」，理由之一即是著眼其在軍
　　　事、賦稅、刑法、郡縣、輔弼等方面制度的革新。見〈法家述要〉，《中國上
　　　古史待定稿》（台北：中央研究院歷史語言研究所，民74年7月），頁435～
　　　437。然而此說猶可商榷，因爲「霸政」實即變相的封建中心（錢穆：《國史
　　　大綱》，頁42。），例如：魯僖公二十七年（633BC）晉文公「大蒐以示之禮，
　　　作執秩以正其官」，孔子評論其事，曰：「夫晉國將守唐叔之所受法度，以經
　　　緯其民，卿大夫以序守之，民是以能尊其貴，貴是以能守其業。貴賤不愆，
　　　所謂度也。文公是以作執秩之官，爲被廬之法，以爲盟主。」可見晉文公雖
　　　然修正唐叔之法，但仍未脫離「貴賤不愆」的封建格局。
〔註20〕參杜正勝：《編戶齊民—傳統政治社會結構之形成》（台北：聯經出版公司，
　　　民79年3月），頁230～244。
〔註21〕勞榦：〈戰國七雄及其他小國〉，《中國上古史待定稿》第三本，頁499。

建傳統影響的程度有深有淺，魯衛最深，齊其次，晉又其次，秦楚最淺〔註22〕。
受束縛小者改革較易，故秦楚及三晉有較徹底的變法：魏文侯時李悝變法、
楚悼王時吳起變法、秦孝公時商鞅變法，而主其事者皆爲三晉法家，正可以
爲三晉法家的變法論提供實證。李悝等法家皆著重事功，且深諳「法與世變」
的道理，本著對戰國時代諸侯兼併形勢的理解，因此採行鼓勵「農戰」的政
策以爲「富國強兵」之資。《漢書‧食貨志》記載「李悝爲魏文侯盡地力之教」，
實施「平糴」之法以發展農業經濟。既可以達到勸農的目的（「使民毋傷而農
益勸」），也可以因「糴不貴而民不散」而獲得充足的兵源，這樣的措施，和
商鞅實施「內務耕稼、外勸戰死之賞罰。」以鼓勵農、戰的目的並無二致〔註
23〕。另外，李悝、商鞅也都強調以刑法作爲國家管理的主要手段。《晉書‧刑
法志》：「（李）悝撰次諸國法，著《法經》……六篇而已，然皆罪名之制也。
商君受之以相秦。」正是一脈相承，不過商鞅更進而制定連坐法並採行重罰
的手段，藉以增強刑法的效力，《史記‧商君列傳》「令民爲什伍，而相牧司
連坐，不告姦者腰斬，告姦者與斬敵首同賞，匿姦者與降敵同罰。」商鞅變
法的成效，韓非曾加以推崇，《韓非子‧定法》：「公孫鞅之治秦也，設告坐而
責其實，連什伍而同其罪，賞厚而信，刑重而必，是以其民用力勞而不休，
逐敵危而不卻，故其國富而兵強。」

　　《史記‧秦本紀》記載：「（孝公）三年，衛鞅說孝公變法脩刑，內務耕
稼、外勸戰死之賞罰。」只言其梗概，其內容詳見於〈商君列傳〉，曰：「令
民爲什伍，而相牧司連坐，不告姦者腰斬，告姦者與斬敵首同賞，匿姦者與
降敵同罰。……有軍功者各以率受上爵，爲私鬥者各以輕重被刑大小。僇力
本業耕織致粟帛多者復其身，事末利及怠而貧者舉以爲收孥。」這些具體的
變革，主要是因應當時「諸侯力政爭相併」的國際形勢，爲達到「富國強兵」
之目的，而採行的農戰政策及刑法手段。《商君書》各篇著成時間雖不一致，
但全書的思想、內容有互相串連、因襲的線索，且反映秦國從秦孝公時期由
商鞅所主導的變法以來所採行的法政措施，雖不能視爲商鞅所親著，然而卻
不妨視爲秦地「商鞅學派」的著作〔註24〕。

〔註22〕　參錢穆：《國史大綱》（台北：國立編譯館，民 63 年 9 月），頁 52～55。
〔註23〕　參見勞榦前引文及楊寬：《戰國史》增訂本（台北：谷風出版社，1986 年 9
　　　　　月），頁 198～201。
〔註24〕　參鄭良樹：《商鞅及其學派》（台北：臺灣學生書局，民 76 年 8 月），自序頁 1
　　　　　～12。

一、「變法」論及其意義

《商君書・開塞》：

> 夫利天下之民者莫大於治，而治莫康於立君；立君之道，莫廣於勝法；
> 勝法之務，莫急於去姦；去姦之本，莫深於嚴刑。……藉刑以去刑。

此段所引述的內容概括了《商君書》關於政治理論的全體大用：以君王爲國家政治之體，用來實現國家人民的共同利益；而爲了維持君王政體，則有賴刑法之用，「藉刑以去刑」表明刑罰本身只是政治的手段。進一步考求《商君書》建立此一「君王爲體，刑法爲用」之政治理論的根本理據，因「君王爲體，刑法爲用」爲商鞅實施「變法」的主要內容，因而即見於其變法理據，關於歷史發展的論述之中。《商君書・更法》：

> 慮世事之變，討正法之本。……法者，所以愛民也；禮者，所以便事也。是以聖人苟可以彊國，不法其故；苟可以利民，不循其禮。……各當時而立法，因事而制禮，禮法以時而定，制令各順其宜。……治世不一道，便國不必法古。

《商君書・壹言》：

> 聖人之爲國也，不法古，不脩（循）今，因世而爲之治，度俗而爲之法。故法不察民之情而立之則不成，治宜於時而行之則不干。

《商君書》關於「變法」的討論背景乃是起於秦孝公要「變法以治，更禮以教」（〈更法〉）。禮是社會制度、乃至風俗習慣的泛稱，法則偏指國家的政治制度與政策命令，此處禮、法並舉，即一切國家社會的制度法令、行事準則之謂，亦可以廣義的法加以含括。《商君書》認爲制度法令的設立應著眼於其「彊國」「便事」「利民」的實際功能，因而必須考慮現實的世事、民情等客觀的形勢變化以作爲修正制度法令的根據，此即所謂「慮世事之變，討正法之本」「因世而爲之治，度俗而爲之法」。不必拘泥於古代的禮法，也不能墨守當今的成規，所謂「不法古，不循今」，而應隨著歷史形勢發展的現狀而勇於變法，「禮法以時而定，制令各順其宜」。《商君書・開塞》進一步提出其對歷史發展之客觀形勢的變化及相應的制度變革的觀察：

> 上世親親而愛私，中世上賢而說仁，下世貴貴而尊官。上賢者以道相出也，而立君者使賢無用也；親親者以私爲道也，而中正者使私無行也。此三者，非事相反也，民道弊而所重易也，世事變而行道異也。

> 王道有繩……所道則異，而所繩則一也。……聖人不法古，不脩（循）
> 今。法古則後於時，脩（循）今則塞於勢。周不法商，夏不法虞，
> 三代異勢，而皆可以王，故興王有道，而持之異理。……今世彊國
> 事兼并，弱國務力守……今之民巧以僞，故效於古者先德而治，效
> 於今者前刑而法。

就其提出變法的根本理據而言，仍是強調「世事變而行道異也」，不過此處更概括地提出「理」和「勢」兩個概念：「三代異勢」即所謂「世事變」，「勢」為現實的客觀形勢；「持之異理」即所謂「行道異也」，「理」是所應採行的合宜措施。「世事變而行道異也」意謂著「理」隨「勢」變，說明了變法之根本理據在於客觀形勢的變化。這裏還提到了「王道有繩……所道則異，而所繩則一也。」說明治國應有一定的準繩，但所謂「準繩」不過取其形式的意義，相當於說國家應有一套法度規則，而這套法度規則的具體內容並非一成不變。由此，我們可以進一步說明一點：法家「變法」的主張與法之經常性（所謂「常道」「常法」）實即並非對立互斥的，因為「經常性」只是屬於形式方面的要素，「變法」卻是指涉法律實質內容的改弦更張〔註25〕。在法家著作中，《商君書》最少談及法之經常性，反映其偏重當前事功及迷信法之強制性效能的態度，不過他並不否定法應有最低限度的經常性，〈去彊〉有云「國貴少變」，意即國家的制度法令不宜輕易更動，應有一定的穩定性，因為這對發揮制度法令的功能是必須的。然而，當法律面對客觀時勢的轉移，也應隨之而改易以對應時勢之變遷，這自有其積極的功能。

　　《商君書》強調法律內容之「權變」要素，除了具有客觀「治事」方面積極應「變」的意義，也說明了君王主觀面在「政體」方面掌「權」的意義。對「勢」與「理」的掌握覺察，《商君書》歸之於聖人的「獨知之慮」，〈畫策〉曰：「聖人知必然之理，必為之時勢。」〈更法〉亦曰：「夫常人安於故習，學者溺於所聞，此兩者所以居官而守法，非所與論於法之外也。三代不同禮而王，五霸不同法而霸，故知者作法而愚者制焉，賢者更禮而不肖者拘焉。」在此，「聖人」有其特定指涉的對象，確切地講即是擁有政治上客觀勢位的「聖王」，「聖人」特指其主觀的內在資質〔註26〕。在戰國時代所謂「貴貴而尊官」，

〔註25〕詳見第二章第三節關於法之「權變」義的討論。

〔註26〕《商君書》將制度規範之制作與變更，歸諸於具有明覺智慧的「聖人」身上，而不強調制度規範成立的合法性、正當性根源。事實上，「聖人」等同於「聖

亦即「君王為體」的政治體制當中,「立法化俗」乃是君王的權責〔註27〕,君王的命令具有合法性權威,此即反映君王不僅是具有最高的統治權,實即亦是國家主權的實際擁有者,其命令即具有實證法的性質。因而「變法以治,更禮以教」的付諸實現,其權責亦屬於代表國家主權而擁有立法權的君王所有。這種體制,君王權威的合法性來自歷代相傳(〈更法〉所謂「代立不忘社稷」)的神聖性,此種類型馬克斯‧韋伯(Max Weber 1864~1920)稱為「傳統型」權威。在傳統型權威政治體制中,統治者的命令由兩種方式獲得其正當性、合法性:一種是傳統的「法度」限定了命令的內容,逾越傳統法度的範圍其正當性旋即喪失;一種則是傳統在某個程度給予統治者恣意而行的自主性,統治者只須自度命令的有效性並且不致引起被統治者的反抗〔註28〕。在法家對「變法」的倡議中,君王擁有變更傳統法度而自立新法的權限,無疑彰顯君王得以恣意而行的專斷權力。就秦孝公實際的變法經驗看來,雖然遭受來自傳統上和君王分享權力的宗室大臣的物議和挑戰,如甘龍、杜摯的反對意見及太子犯法等事,不過,由於變法產生國家富強、「山無盜賊,家給人足」的實效終能順利推行(詳見《史記‧商君列傳》)。

　　《商君書》積極運用君王變法的專斷權力以對應戰國時期的客觀局勢,產生的較大問題有二:其一,他並沒有提出一個更高階或更普遍的準則,如天志、道德、人心等,以作為制定或變更法律內容的根據,因此法律的目標、價值完全取決於君王的志向。在《商君書》當中,法律內容即完全著眼在現實的政治功能上面,以富國強兵為終極目標,因而強化君王集權領導、一元化的農戰政策及重刑手段,雖然在事功方面獲得成果,但卻使法律內容趨於獨斷、狹隘,君、民關係更形懸絕,因而失去其長治久安之功能(詳下)。其二,由於欠缺制衡君王專斷權力的制度設計,君王專斷權力的合理運用乃是建立在具有洞察客觀形勢之明覺能力、且不循私苟且的「聖王」「明君」身上為前提。唯有聖王明君才會「以道變法」(《慎子‧逸文》語),一般昏君則往

王」,具有「立法化俗」「變法以治」的合法性、正當性無庸置疑,在法家看來合法性、正當性是可以存而不論的事實,轉而關照「聖王」明覺智慧的主觀資質,藉由其明覺智慧之洞察客觀形勢以建立合理的制度規範,發揮政治最高功能。

〔註27〕《商君書‧壹言》

〔註28〕馬克斯‧韋伯(Max Weber):《支配的類型:韋伯選集 3》(台北:遠流出版公司,1989 年 1 月),頁 43~44。

往演成「以意變法」的情況，如秦二世即自謂「凡所爲貴有天下者，得肆意極欲，主重明法，下不敢爲非，以制御海內矣。」，李斯亦阿諛其意曰：「明主聖王……非有異道也，能獨斷而審督責、必深罰……拂世摩俗，而廢其所惡、立其所欲。」乃採行趙高「嚴法而刻刑」「滅大臣而遠骨肉」之議而「更爲法律」，終致官吏眾叛親離、平民揭竿起義的後果（詳見《史記·秦始皇本紀》及〈李斯列傳〉）。

二、「修權」與「明法」

基於「世事變而行道異」「三代異勢……持之異理」的歷史進化觀點，〈開塞〉得出「上世親親而愛私，中世上賢而說仁，下世貴貴而尊官」的結論。「中世上賢而說仁」就學派理論的意義而言，乃是彰顯儒家所持「尚賢」的政治體制及「德治」的政治方針爲昧於時勢，「下世貴貴而尊官」對現實政治君王及官僚系統作爲統治者的地位及其功能予以合理的肯認，表明法家「尚勢」及「法治」的主張。〈開塞〉曰：

> 民眾而無制，久而相出爲道，則有亂。故聖人承之，作爲土地貨財男女之分，分定而無制不可，故立禁；禁立而莫之司不可，故立官；官設而莫之一不可，故立君。

這段論述從政治的秩序功能著眼，「法以治民」—「官以司法」—「君以統官」三環相扣，故「聖人」立禁、立官、立君以完成維持政治秩序的功能。〈君臣〉亦曰：

> 古者未有君臣上下之時，民亂而不治，是以聖人列貴賤、制爵位、立名號以別君臣上下之義；地廣民眾萬物多，故分五官而守之；民眾而姦邪生，故立法制爲度量以禁之。是故有君臣之義、五官之分、法制之禁。……君尊則令行，官修則有常事，法制明則民畏刑。

也說到「君臣之義」「五官之分」「法制之禁」三者是完成政治秩序功能的要素。〈開塞篇〉言及君王之位作爲「一」官、立禁的政治功能，〈君臣〉亦觸及「君臣上下之義」的政治結構，君王擁有「立法明分」之權，「君好法，則臣以法事君」（〈修權〉），官僚則只有守法以發揮其「官修則有常事」的治事功能，充分流露出「君本位」之政治結構的觀念。因此，所謂君之「一」，即具有「定於一尊」的政治結構內含。政治結構的功能所面對的對象乃是普遍的公共事務，君之「一」亦必具有統合公共利益的功能，因此君王的權勢在

本質上是公共的，所謂「堯舜之位天下，非私天下之利也，爲天下位天下也。」（〈修權〉）而爲了發揮君王在政治結構中的功能，《商君書》強調尊君是發揮政治功能的根本因素，故謂「君尊則令行」。至於君之所以尊的具體方法，《商君書‧壹言》曰：

> 明君不道卑、不長亂也，秉權而立，垂法而治，以得姦於上而官無不，賞罰斷而器用有度〔註29〕。

《商君書‧禁使》亦曰：

> 人主之所以禁使者，賞罰也。……先王不恃其彊而恃其勢，不恃其信而恃其數。今夫飛蓬遇飄風而行千里，乘風之勢也；探淵者知千仞之深，縣繩之數也。故託其勢者，雖遠必至；守其數者，雖深必得。

基本出發點是君王擁有「權勢」（「秉權而立」「託其勢」）：「權勢」概念的義涵，是指君王的政治權威，亦即伴隨所處的君位而具有的「禁使」─即令行禁止的能力；而君王所以具有令行禁止的能力，乃是因爲君王掌握了賞、罰兩種「權柄」（權力資源）。君王權勢的具體運用則包括了「垂法而治」─設立法律以規範臣民，並「守其數」而「斷以賞罰」─依據法律內容施行賞罰。這也突顯了法令效力的取得乃是基於君王的政治權威及賞罰權柄的運用。〈修權〉曰：

> 國之所以治者三：一曰法，二曰信，三曰權。法者，君臣之所共操也；信者，君臣之所共立也；權者，君之所獨制也。……故立法明分而不以私害法則治，權制斷於君則威，民信其賞則事功成、信其刑則姦無端，惟明主愛權重信，而不以私害法。……凡賞者，文也；刑者，武也。文武者，法之約也，故明主任法……賞厚而信，刑重而必〔註30〕，不失疏遠，不違親近，故臣不蔽主，而下不欺上。……夫廢法度而好私議，則姦臣鬻權以約祿，秩官之吏隱下而漁民。諺曰：蠹眾而木折，隙大而牆壞。……是故明王任法去私，而國無隙蠹矣。

「法者，君臣之所共操也；信者，君臣之所共立也。」「立法明分而不以私害

〔註29〕「垂法而治」之「治」上原有「法」字，據朱師轍校刪。「官無不」之「不」字，據高亨說即「否」字，有惡義。

〔註30〕原作「賞厚而利，刑重而威必」，據《群書治要》校改。

法則治」法令雖然出自君王的制作，然而法令及其約定的刑賞應超越君王主觀意念而運作，其理據在於：君王的合理功能在於統合公共利益，促成政治社會之有序模式，本即具有公共化的屬性，而法令亦是公共準則的體現，因而應具有某種程度的客觀性、公正性，所謂「夫以法相治……愛人者不阿，憎人者不害，愛惡各以其正，治之至也。」（〈慎法〉）。不過，《商君書》強調「任法」而治，雖然具有將君王權勢之運作，納入制度化客觀法則之中的意義，然而其主要意圖，實即針對「修權」的目的，亦即透過法令的客觀運作以鞏固君王的權力，所謂「權者，君之所獨制也」「權制斷於君則威」。因為君王權勢乃體現為「垂法而治」及「斷以刑賞」〔註31〕，因此「任法」「不以私害法」並信其刑賞以發揮法令的效力及刑賞的作用，正所以保全君王的權威，君王也因而取得「臣不蔽主，而下不欺上」對臣民全面監控的效益〔註32〕；反之，「廢法度而好私議，則姦臣鬻權以約祿」，即失去君權獨制的威勢了。因此，「不以私害法」就君王「修權」的意義而言，實即貫徹法令「不失疏遠，不違親近」的普遍作用，而亦即君權的普遍作用。君權的普遍作用，實際上乃是憑依「賞厚而信，刑重而必」的制裁手段，法正是作為刑賞之施的「契約」依據。

在法律的性質與功能方面，《商君書》和《慎子》一樣，都將法律與「權衡」等度量衡儀器類比。《商君書・修權》亦曰：

> 先王縣權衡、立尺寸，而至今法之，其分明也。夫釋權衡而斷輕重、廢尺寸而意長短，雖察，商賈不用，為其不必也。故法者，國之權衡也〔註33〕，夫倍法度而任私議，皆不類者也。……故立法明分，中程者賞之，毀公者誅之。

《慎子》以法律和「權衡」類比，一方面說明法律應和「權衡所以立公正也」一般，具有客觀性、公正性；一方面也說明了法律和權衡一樣可以發揮客觀機制的功能。《商君書》亦看重法治的效能，認為法治可以彌補君王主觀資質

〔註31〕 關於〈修權篇〉之「權」的義涵，鄭良樹《商鞅及其學派》的說法並不一致，一說是衡量輕重、長短的權力，即「權衡」義；一說是指刑賞兩種「權柄」。前說見頁153～156，後說見頁247。然則「垂法而治」「斷以刑賞」實即證知「權衡」與「權柄」均是君權的具體運作。

〔註32〕 〈畫策〉：「所謂明者，無所不見，則群臣不敢為姦，百姓不敢為非，是以人主處匡床之上，聽絲竹之聲，而天下治。」其「無為而治」「無所不見」的統治境界完全是因刑法的功能發揮到極致的結果。

〔註33〕 「故法者，國之權衡也。」句，據《群書治要》增。

之不足，法律是君王施行統治的有效「工具」，故〈弱民〉曰：「聖賢在體性也，不能以相易也，今當世之用事者皆欲為上聖，舉法之謂也。背法而治，此任重道遠而無馬牛、濟大川而無舡楫……釋權衡而操輕重者。」法律的功能有如判別輕重的「權衡」、比較長短的「尺寸」等度量衡儀器一般，因此說「法者，國之權衡也。」然則用「權衡」等儀器作為事物的判準，除了具有客觀性、公正性，可以杜絕「私議」之外，《商君書》還特別看重它具有明確性、必然性，法律如果缺乏「權衡」的明確性、必然性則無法獲致法律的功能。而《商君書》所以強調法律的明確性、必然性，則和其重視刑、賞的作用有關，法律有了明確性、必然性，才能真正做到「中程者賞之，毀公者誅之」，進而發揮「賞厚而信，刑重而必」的勸、禁效果。

綜上所述，《商君書》「修權」「明法」的法理思想與《慎子》的法理思想相對較，可以發現兩者雖然同是將法律的效力建立在君王政治權威的基礎上，但兩者對君王運用政治權威的目的並不一致：《慎子》所認知的君王政治權威，是偏向於一種客觀政治結構的能動力量，君王政治權威的運用乃是體現為「通理」的目的——建構形成社會政治秩序之客觀法則，並確保這個客觀法則暢行無礙，因而強調法律作為客觀、普遍的公共準則之意義與作用。而在法律的客觀運作過程當中，君王乃隱身於幕後，以「無為」的姿態，讓客觀之公共法則無礙地運行，形成一個純任法治的政治體制，此即「因道全法」的真諦。《商君書》雖亦承認君王政治權威含具公共性本質，法律具有構築社會政治秩序之客觀、普遍法則的意義與作用，但他更強調君王擁有的賞、罰權柄在統治上的效用，因而即強調法律作為賞、罰之施準據的功能，及法律隨之必須具備的明確性與強制必然性。導致這樣的差異乃在於：《商君書》不認為君王政治權威只是政治體制之「通理」功能而已，君王政治權威之運用還應有更積極的作用（大有為）——在列國紛爭的戰國時期，以富國強兵為基礎，建立或霸或王的政治功業。這樣的權威觀念已然超出了客觀政治結構的意義，而突顯了君王個人意志的主導力量。

三、「重刑」與「作壹」

《商君書》基於「君本位」的政治結構，提出君王有效統治的關鍵在於：掌握獨制的權勢，「任法」而治，並斷以刑賞。就其合理功能而言，君王運用權勢以「立法明分」，強調法令的明確性、必然性，如「權衡」一般，本為實

現政治社會之有序模式所必須，信其刑賞也具有法律客觀性的義涵。然而，由於對戰國時期列國兼併戰爭之形勢的深刻體認，所謂「今世彊國事兼并，弱國務力守。」（〈開塞〉）以爭取事功爲目的，因而傾向強調法令的「必然」作用。而「立法明分」也不僅只是爲了維持一種社會的有序模式，更以貫徹君王之意志爲主要目的。故《商君書・畫策》曰：

> 聖人知必然之理，必爲之時勢，故爲必治之政、戰必勇之民、行必聽之令。……聖王者，不貴義而貴法，法必明、令必行則已矣。

強化君王法令作爲「必然眞理」的地位，要求人民無條件地遵守。然而「國皆有法，而無使法必行之法；國皆有禁姦邪刑盜賊之法，而無使姦邪盜賊必得之法。」（〈畫策〉）所謂「使法必行之法」亦即訴諸「賞厚而信，刑重而必」的手段。基於對人性欲望的了解，《商君書》對刑賞的效用深具信心，〈錯法〉曰：

> 人君不可以不審好惡。好惡者，賞罰之本。夫人情好爵祿而惡刑罰，人君設二者以御民之志。

〈算地〉亦曰：

> 名利之所湊，則民道之，主操名利之柄，而能致功名者，數也。聖人審權以操柄，審數以使民。

當刑賞的效用發揮到極致，甚至可以獲致一種類似「無治」而民「自治」的境況，此即《商君書・說民》所謂：「王者刑賞斷於民心，器用斷於家……故有道之國，治不聽君，民不從官。」的情況。爲了刑賞更有效地發揮控御的功能，《商君書》除了「信賞必罰」的主張外，更強調「厚賞重刑」，尤其是「行刑重其輕者」的「重刑」主張〔註34〕。因而乃提出「藉刑以去刑」「刑者，義之本也」「以殺刑之反於德」（〈開塞〉）的說法以爲重刑的酷烈自圓其說。必須辨明：刑罰是法律的強制性手段，「必罰」與「重罰」的意義有別，以「必罰」作爲強化法律制裁作用的手段，旨在確立國家法律秩序的威信，具有法律的意義且合於法律客觀性的義涵；而「重罰」則是直接訴諸強力手段的威嚇以發揮對社會人民的壓制作用〔註35〕，此即所謂「弱民」之道〔註

〔註34〕根據鄭良樹的研究，《商君書》對刑賞運用的看法並不一致，有「重刑厚賞」「重刑輕賞」「重刑不賞」等主張。見《商鞅及其學派》，頁50～59。不過，對「重刑」的認知則是一致的。

〔註35〕《商君書・畫策》：「勝民之本在制民，若治於金、陶於土也。本不堅，則民如飛鳥禽獸，其孰能制之！民本法也，故善治者，塞民以法，而名地作矣。」

36〕，實則法律作爲政治之客觀制度的意義已失，反而只是彰顯專制政治的「暴力」本質。小野澤精一曾綜括《商君書》的法思想，認爲乃始於重刑思想，推衍爲信賞必罰的規準之法，進而爲以民之好惡爲本而予統治的君王之權、術，又至於作爲構成社會名分之依據〔註37〕。實則反過來說亦可：君王以構成社會名分之依據的法令爲手段始，進而以人之好惡之情遂行法令的作用，因而講究信賞必罰，進而自然引入重刑的暴力手段。

《商君書》提出的「弱民」之道，除了採取「嚴刑」的手段以壓制人民之外，另外則是厲行使民「樸壹」的農戰政策。《商君書・壹言》曰：

> 凡將立國，制度不可不察也，治法不可不慎也，國務不可不謹也，事本不可不摶也。制度時，則國俗可化而民從制；治法明，則官無邪；國務壹，則民應用；事本摶，則民喜農而樂戰。夫聖人之立法化俗，而使民朝夕從事於農也。……夫民之從事死制也，以上之設榮名、置賞罰之明也。……治國能摶民力而壹民務者彊，能事本而禁末者富。……故聖王之治也，慎爲察務，歸心於壹而已矣。

君王權勢的運用，乃是依據時勢的變化制定合宜的法度，透過法治的行使及誹譽、賞罰手段的運用，促成價值定位的目的，此即所謂「立法化俗」。基於國家富國強兵的目標，因而厲行鼓勵農戰的政策，透過賞罰的手段使民「歸心於壹」—「喜農而樂戰」。〈農戰〉亦曰：

> 聖人明君者，非能盡其萬物也，知萬物之要也。……聖人知治國之要，故令民歸心於農，歸心於農則民樸而可正也。……君脩賞罰以輔壹教。

所謂「壹教」，即是提倡以國家目的作爲最高價值的一元化價值觀，從而壓縮社會人生的其它價值。〈靳令〉曰：

> 曰禮樂、曰詩書、曰修善、曰孝弟、曰誠信、曰貞廉、曰仁義、曰非兵、曰羞戰：國有十二者，上無使農戰，必貧至削；十二者成群，此謂君之治不勝其臣，官之治不勝其民。

囿於偏狹的現實功利觀點——富國強兵，因而將個人其它價值未被國家壓縮的情況，視爲君權效力的萎縮，著實矮化人性的主體價值。

〔註36〕《商君書・弱民》：「民弱國彊，國彊民弱，故有道之國，務在弱民。」
〔註37〕見宇野精一主編，林茂松譯：《中國思想（三）：墨家、法家、邏輯》（台北：幼獅文化公司，民66年11月），頁156。

綜合此節所述可知，從政治結構功能著眼，《商君書》與《慎子》一樣亦認爲君王權威有其公共化的屬性，政治機制的運作有其客觀法則。然而兩者對君王政治權威之運用的理念不盡相同：《慎子》強調君王政治權威的運用乃是體現爲「通理」的功能一建構形成社會政治秩序之客觀法則，因而強調法律作爲公共準則之意義與作用。而在法律的客觀運作過程當中，君王乃隱身於幕後，以「無爲」的姿態，讓客觀之公共法則無礙地運行，形成一個純任法治的政治體制，此即「因道全法」的眞諦。《商君書》則強調君王權威的體現乃在於「立法明分」以及賞、罰權柄的運用，強調法律是實施賞、罰的準據，以及法律隨之必須具備的明確性與強制必然性。導致這樣的差異乃在於：《商君書》不認爲君王政治權威之運用只是體現「通理」之功能而已，君王政治權威之運用應有更積極的作用——在列國紛爭的戰國時期，以富國強兵爲基礎，建立或霸或王的政治功業。基於現實事功的考量，《商君書》更強調「理」隨「勢」變的「變法」觀：法律的內容應隨客觀時勢的變遷而改變。本文評述認爲：「變法」有其積極應世的功能，然而在法家對「變法」的倡議中，君王擁有變更傳統法度而自立新法的權限，彰顯了君王得以恣意而行的專斷權力，產生的較大問題有二：其一，法律的目標、價值完全取決於君王的志向，因而可能缺乏人心之妥適必然性。如《商君書》所述，法律內容完全著眼在現實的政治功能上面，以富國強兵爲終極目標，因而採行一元化的農戰政策；且認爲出於聖君意志的法令，乃具有「必然眞理」的地位，爲了強化法令的必然性，因而採取重刑手段。雖然在事功方面獲得成果，但法律內容缺乏普遍人心的基礎，而趨於獨斷、狹隘，法律之效力完全寄託於其強制手段，君、民關係更形懸絕，因而失去其長治久安之功能。其二，由於欠缺制衡君王專斷權力的制度設計，君王專斷權力的合理運用，亦即「以道變法」，乃是以具有洞察客觀形勢之明覺能力、且不循私苟且的「聖王」「明君」身上爲前提。一般昏君則往往演成「以意變法」的情況，如秦二世之例即是。此即彰顯法家在立法權方面不能正本清源的盲點〔註38〕，因而「聖王」和「暴君」其實只有一線之隔。

〔註38〕參梁啓超：《先秦政治思想史》（台北：臺灣中華書局，民 51 年 6 月），頁 148 ～149。

第三節　《韓非子》之「道—法」思想

一、法之「權勢」內涵

　　在韓非之前的法家人物，各有其突出的基本論點：商鞅言法，慎到言勢，申不害言術。至於韓非，《韓非子・難勢》曰：「抱法處勢則治」；〈難三〉曰：「人主之大物，非法則術也。」強調法、勢、術三者爲治理國家不可或缺的要素，必須相依而用。故論者多謂韓非之學，乃集法家法、術、勢三派之大成。綜論韓非之學，或謂「無法則國無章，無勢則法不行，無術則勢不固」〔註39〕，有謂「因勢用術，以術行法」〔註40〕，皆有見於此。若從法、勢、術的工具性或功能性以觀，三者固可平列，然而法家學說乃是基於君主集權政體之事實，勢和君位爲一體，本身具有實體之內涵，不同於法、術二者是「人主之大物」「帝王之具也」，是增進君王統治效能的方法，亦爲鞏固君王權勢之手段，如〈姦劫弒臣〉即曰：「人主無法術以御其臣，雖長年而材美，大臣猶將得勢擅事主斷，而各爲其私急。」因此，如蕭公權即認爲法家之政治理論，君王本身爲政治之最終目的、唯一標準，君權凌駕法律之上，因此韓非之學乃是以勢爲體，他說「韓非綜合三家，以君勢爲體，以法術爲用，復參以黃老之無爲，遂創成法家思想最完備之系統。」〔註41〕。相對於主「勢核心論」者的說法，另有「法中心論」者，如王邦雄即謂「其政治思想，以法爲中心。……此一法中心思想之體系，建立於法之目的性及其價值理想，與法之標準性及其規範效能之兩大支柱之上。」〔註42〕然而在韓非思想當中，樹立法之價值、目標乃源於君王之意志；強化法之標準、規範效能則強調依賴君王握持的賞罰權柄；而法之規範、標準作用又往往強調保全君王權威、控馭大臣的目的。因此王邦雄亦承認「在實際政治的運作發用上，由於『法出乎君』而君又不必有才德之死結始終解不開，終造成君勢之抬頭，與國法之下落……法反而成爲君王專制獨斷、迫壓臣民之工具。」〔註43〕

〔註39〕陳奇猷：〈韓非學述〉，見《韓非子集釋》（台北：華正書局，民76年8月），頁8。

〔註40〕王叔岷師：《先秦道法思想講稿》（台北：中央研究院中國文哲研究所，民81年5月），頁254。

〔註41〕見《中國政治思想史》（台北：中華文化出版委員會，民43年8月），頁229～234。

〔註42〕見氏著《韓非子的哲學》（台北：東大圖書公司，民66年8月），頁220。

〔註43〕同上註，頁240。

（一）「自然」之勢與「人設」之勢

法家主法治，其實乃是以君王之「勢」爲內核，《韓非子・難勢》對法家「勢治」論的內涵有詳盡的闡發。〈難勢〉區分「勢」的運用爲「必於自然」之勢與「人之所設」之勢，其言曰：

> 夫勢者，名一而變無數者也。勢必於『自然』，則無爲言於勢矣；吾
> 所爲言勢者，言『人之所設』也。

此言「勢」是一個沒有固定的表現形式的概念〔註44〕，並強調法家所持之「勢」乃是「人之所設」之勢，而非「自然」之勢。至於「自然」之勢與「人之所設」之勢所指涉的義涵及差別爲何？則有待對〈難勢〉全文的內容加以解析才得以釐清。

在法家當中，愼到最先明確提出「勢」是影響政治效能之主要因素，而所謂「勢」乃是指統治者具有「令行禁止」能力的政治「權威」。「令行禁止」之政治權威乃是伴隨統治者客觀之「位」而獲得，「天下無一貴，則理無由通」（《愼子・威德》）乃是客觀的存在，與統治者的主觀資質無涉。因有見於「賢智未足以服眾，而勢位足以詘賢者」的政治現實，故愼子乃謂「勢位之足恃，而賢智之不足慕也」，其主要意圖乃是將政治效能的獲得建立在客觀之政治形勢與理則的運作上面（詳本章第一節），因而引發持「尚賢」說者的詰難〔註45〕。《韓非子・難勢》記載了「尚賢」說者對愼到「勢治」說的詰難，並起而爲「勢治」

〔註44〕 「權勢」是沒有定形的概念，西方社會學者多有論述，例如：馬克斯・韋伯（Max Weber）即曾說過「權力」概念是一個「無定形的概念」。丹尼斯・朗（Dennis H Wrong）更詳細地論列各種權力的形式，他認爲：基於行使權力的基礎的多樣性，「權力」表現出不同的形式，包括：武力（實際行使）、操縱、說服、權威。其中，「命令—服從」關係是構成所謂「權威」的必要條件，「權威」是指富有成效的命令或禁止。由於不同的服從動機，可以區分五種「權威」的類型：強制性的權威（武力威懾）、引誘性的權威、合法的權威、能力權威、個人權威。（另一種看法將「權力」和「權威」作本質上的區分：以武力〈包括威懾與實際行使〉爲基礎的是「權力」；以權力對象的同意、自願爲基礎的服從，一種合法的、制度化的權力則是「權威」。）參見丹尼斯・朗（Dennis H Wrong）：《權力：它的形式、基礎和作用》（Power：Its Forms，Bases，and Uses）高湘澤、高全余譯（台北：桂冠圖書公司，1994年7月）頁35～99。

〔註45〕 《荀子・解蔽》批評「愼子蔽於法而不知賢」〈非十二子〉又說愼子「尚法而無法，不循（原作「下修」，據王念孫校改）而好作。」及此處未著姓名的學者批評愼子「釋賢而專任勢」，可以視爲乃是儒家學者對法家以勢爲體、以法爲用之政治理念的質疑，韓非即是爲了迴護法家觀點乃起而辯難。

說辯護〔註46〕。（就文章的形式結構分析，〈難勢〉全文共分三段：第一段是慎子「勢治」說的論述；第二段則是持「尚賢」說者對慎子之「勢治」說的詰難；第三段則顯然是韓非爲了駁斥「尚賢」說者的論點（「客曰：『必待賢乃治』，則不然矣。」）因而提出「人之所設」之勢的說法以澄清法家「勢治」說的理論內涵並爲慎子辯護。）

持「尚賢」說者批評慎到「釋賢而專任勢」的主張，認爲專任統治者的客觀「勢位」並不能決定國家或治或亂的結果（「勢之於治亂，本未有位也」），因爲「勢者，便治而利亂者也」乃是兩面的利刃，「賢者用之則天下治，不肖者用之則天下亂」「使堯舜御之則天下治，桀紂御之則天下亂」。況且，「人之情性，賢者寡而不肖者眾，而以威勢之利濟亂世之不肖人，則是以勢亂天下者多矣，以勢治天下者寡矣」，因而主張「任賢能」而治。由此可知，「尚賢」說者和慎到一樣固深知「勢」是統治的利器，其所擔憂者乃是統治者用「勢」以爲亂罷了。就慎到學說之理論而言，乃是從「因勢行法」可以促進政治效能著眼，因而主張「任勢」，對於「任勢」可能引發的這個問題並未提出預防或減低弊端的方法，充其量只能說慎到從強調法作爲「公義」之屬性，所謂「法制禮籍所以立公義也，凡立公，所以棄私也。」（《慎子·威德》）著手，並冀望於人君能夠體認「立天子以爲天下，非立天下以爲天子也」（同上），因而排除主觀私意，「守成理，因自然」（《慎子·逸文》）「任法而弗躬」（《慎子·君人》）以客觀的公共法則爲行事準據。然則，慎到主張的政治境地，仍是強調井然有序的政治社會型態，與「尚賢」說者關注政治內容的良善究竟不同。

針對「尚賢」說者的詰難，韓非也並不能有力地辯護，曰：「抱法處勢而待桀紂，桀紂至乃亂，是千世治而一亂也。」實即承認統治者的主觀資質將影響客觀之法、勢的運作，爲其學說的盲點。不過他認爲像堯舜和桀紂用勢的情況，只是兩種極端（「兩末」）、且很少發生的特例（「堯舜桀紂千世而一出，是比肩隨踵而生也」）。他轉而提出「自然」之勢與「人之所設」（亦曰「人

〔註46〕梁啓雄《韓子淺解》：「本篇標題『難勢』，是韓子假設客人詰難慎到的勢治學說，而韓子對客人的詰難加以反駁的題目，不是韓子駁難慎到勢治學說的文題。」所見誠是。然而陳奇猷卻認爲〈難勢篇〉「乃韓子難慎子」，第二段「尚賢」的說法是韓非難慎子之辭，第三段「乃後人難韓非之辭，寫者不知，遂竄入正文。」「本應刪去。」見《韓非子集釋》，頁894。筆者認爲「抱法處勢」是法家一貫的主張（詳見下文的討論），而與儒家「尚賢」的觀點（第二段）針鋒相對，因而韓非乃起而辯護，第三段才是韓非的見解。就行文結構而言也是相當嚴謹的。陳奇猷的解釋應該是誤讀。

之所得設」）之勢的區分，強調其「勢治」主張所具有的政治功能。「尚賢」說者強調統治者的主觀資質，任憑統治者以其個人主觀資質駕御其「先天」擁有的勢位（所謂「生而在上位」）而形成堯舜則治、桀紂則亂的結果，「勢治者則不可亂，勢亂者則不可治」，這種「便治而利亂」之勢乃是「必於自然」之勢〔註47〕。反之，法家所強調的勢治，在一般大多數「上不及堯舜，而下亦不爲桀紂」之「中主」（平庸之主）的情況將發揮功能（「吾所以爲言勢者，中也」）〔註48〕，《韓非子》認爲一般中主「抱法處勢則治，背法去勢則亂」，透過法、勢的運用而改變治亂的結果，此即是「人之所得設」之勢。曰：「夫棄隱栝之法，去度量之數，使奚仲爲車，不能成一輪；無慶賞之勸、刑罰之威，釋勢委法，堯舜戶說而人辯之，不能治三家。夫勢之足用亦明矣。」〈姦劫弒臣〉亦曰：「無捶策之威、銜橛之備，雖造父不能以服馬；無規矩之法、繩墨之端，雖王爾不能以成方圓；無威嚴之勢、賞罰之法，雖堯舜不能以爲治。」然則所謂「人之所得設」之勢大抵即指勢之運用而言〔註49〕，仍是著眼於勢具有促進君王統治效能的工具性。而勢之運用的內涵則是指將「威嚴之勢」體現爲「賞罰之法」——君王擁有「慶賞之勸，刑罰之威」之權柄，並以法作爲賞罰之施的客觀準據〔註50〕。正因著眼君王統治的效能，〈難勢〉反而批評持「尚賢」說者的主張爲迂闊不實，所謂「待堯舜之賢乃治當世之民，是猶待粱肉而救餓者之說也」〈難一〉亦針對「儒者」之「尚賢」及「德化」的主張，批評曰：「舜救敗，期年已一過，三年已三過，舜有盡，壽有盡，天下過無已者，以有盡逐無已，所止者寡矣。賞罰使天下必行之，令曰『中程者賞，弗中程者誅』令朝至暮變，暮至朝變，十日而海內畢矣，奚待期年！……且夫以身爲苦而後化民者，堯、舜之所難也；處勢以矯下者，庸主

〔註47〕 這種「自然之勢」其實正點出「權勢」運用是基於擁有權勢者之個人「意志」的本質及可能表現爲赤裸裸的「暴力」。近於馬克斯·韋伯（Max Weber）爲「權力」（power）所作的素樸定義：權力乃一種「實現自己的意志的能力」。

〔註48〕 《慎子·逸文》曰：「厝鈞石，使禹察錙銖之重則不識也；懸於權衡，則氂髮之不可差，則不待禹之智，中人之知莫不足以識之矣。」與韓非認爲中主「抱法處勢則治」的說法相符。

〔註49〕 陳啓天認爲：「所謂自然之勢，指勢位的承襲言；所謂人設之勢，指威勢的運用言。」見〈韓非及其政治學〉一文，收於《韓非子校釋》附錄。

〔註50〕 梁啓超未能體認〈難勢〉的「法」乃是君王之「勢」的體現，亦作爲賞罰制裁的準據，認爲「勢治」是專制行爲，而「法治」則「專制之反面」，因而誤解韓非所云「自然之勢」是指「勢治」，「人設之勢」則指「法治」。見《先秦政治思想史》（臺北：臺灣中華書局，民51年6月），頁138～139。

之所易也。」也是強調運用以賞罰之法爲內涵的勢治，即能具有迅速、普遍而必然的政治效能，突顯法家偏於講求君王統治效能的一面。

由上所論，可知「必於自然」之勢與「人之所得設」之勢的區分，乃是《韓非子》針對「尚賢」說者的詰難，爲了闡述法家「勢治」理論的功能而提出，所謂「必於自然」之勢並非指涉慎到勢治理論之內涵。然而卻有不少學者因今本《慎子》存在「因自然」與無爲而治的說法，而誤以爲〈難勢〉所謂「必於自然」之勢乃是針對慎到之勢論而言。如王邦雄即認爲韓非「轉而以人設之勢，取代慎到自然之勢。」〔註51〕王曉波亦認爲：慎到論「勢」本於其「任自然」的思想──順應事物的客觀存在及規律，落入機械決定論，即成爲「勢治者則不可亂，而勢亂者則不可治」的「自然之勢」。反之，韓非則持「慶賞之勸，刑罰之威」的「人設之勢」，因而批評慎子的「自然之勢」〔註52〕。實際上慎子所謂「任自然」並非指用勢結果之不可扭轉，而是指用勢的過程應該排除主觀之私智私意，而依循客觀的法則，即《莊子‧天下》所謂「棄知去己而緣不得已，泠汰於物以爲道理。」本著「守成理，因自然，禍福生乎道法，而不出乎愛惡」的客觀精神，以落實眞正的「法治」─「寄治亂於法術，託是非於賞罰，屬輕重於權衡。」（《慎子‧逸文》，《韓非子‧大體》亦有此文），此即所謂「因道全法」，然而既曰「託是非於賞罰」則亦非不用「慶賞之勸，刑罰之威」。不過，《慎子》強調「任自然」「因道全法」的勢論與〈難勢〉所謂「人之所設」之勢在權勢運用方式與目的方面的觀點亦不盡相同。《慎子》強調君王之勢的公共化本質及客觀地運用，亦將法視爲公共事務的客觀準則，而君王之「勢」則是促成法令有效性的動力，用以達成「民一於君，事斷於法」的目的，並無意強化君王用勢行法，以賞罰權柄宰制天下。〈難勢〉所謂「人之所設」之勢則強調君王之「勢」的工具性作用，因而主張「後天的造勢」「積極的用勢」，所謂「君執柄以處勢，故令行禁止。柄者，殺生之制也；勢者，勝眾之資也。」（〈八經〉）通過君王的政治權威及賞罰權柄之運用，以宰制天下〔註53〕。正因如此，法主要乃是作爲君王施予賞罰之準據的意義，因而特別強調其強制必然性，與《商君書》的觀念較爲接近。

〔註51〕見王邦雄前引書，頁 86。
〔註52〕見《先秦法家思想史論》（台北：聯經出版公司，民 80 年 7 月），頁 251～252。
〔註53〕鄭良樹：《韓非之著述及思想》（台北：臺灣學生書局，民 82 年 7 月），頁 492～499。

（二）以「勢」為核心的法理思想

謂《韓非子》的法理思想乃是以君王之「勢」為內核，最根本的理由是：法律乃是君王政治權威之體現，法律內容之制訂乃出自君王個人之獨斷，法律之效力亦源於君王之政治權威。〈姦劫弒臣〉曰：「聖人者，審於是非之實，察於治亂之情也。故其治國也，正明法，陳嚴刑，將以救群生之亂，去天下之禍……此亦功之至厚者也，愚人不知，顧以為暴。……聖人為法於國者〔註54〕，必逆於世，而順於道德。」「聖人」「明君」能體察「道德」，明是非治亂的實質情形，因以制定法律。然而所謂「道德」並無具體內容，而是體現於君王的明覺之中，更可以拂逆世俗民心，此即彰顯其獨斷性。〈定法〉曰：

> 申不害言術，公孫鞅為法。術者，因任而授官，循名而責實，操殺生之柄，課群臣之能者也，此人主之所執也。法者，憲令著於官府，刑罰必於民心，賞存乎慎法，而罰加乎姦令者也，此臣之所師也。君無術則弊於上，臣無法則亂於下，此不可一無，皆帝王之具也。

〈難三〉亦曰：

> 人主之大物，非法則術也。法者，編著之圖籍，設之於官府，而布之於百姓者也。術者，藏之於胸中，以偶眾端而潛御群臣者也。故法莫如顯，而術不欲見。

先就〈定法〉與〈難三〉關於法的論述加以分析、引述。

（一）「賞存乎慎法，而罰加乎姦令」，此表明法律之規範性，是賞罰之標準。所謂「令者，言最貴者也；法者，事最適者也。言無二貴，法不兩適，故言行而不軌於法令者必禁」（〈問辯〉）更是強調法令為唯一、至高之行為準則。

（二）「編著之圖籍，設之於官府，而布之於百姓」「憲令著於官府」認為法律乃是公布的成文法，引申其義涵則寓含：就法律形式而言，法律規範具有公共性及其作用的普遍性、客觀性，以及適用對象的一致性、平等性。〈有度篇〉所謂「故繩直而枉木斲，準夷而高科削，權衡縣而重益輕，斗石設而多益少。故以法治國，舉措而已矣。法不阿貴，繩不撓曲。法之所加，智者弗能辭，勇者弗敢爭。刑過不避大臣，賞善不遺匹夫。故矯上之失，詰下之

〔註54〕「法」字下原無「於」字，據高亨說增。

邪，治亂決繆，絀羨齊非，一民之軌，莫如法；屬官威民〔註55〕，退淫殆，止詐偽，莫如刑。」將法的作用與「權衡」等度量衡器具類比，即是強調法律之普遍一致、客觀平等精神，如此乃能達成法律作為「絀羨齊非，一民之軌」的規範功能。再者，亦寓含：法律規範之內容應有其經常性、固定性、明確性，此即〈忠孝〉所謂「治也者，治常者也；道也者，道常者也。」〈五蠹〉所謂「法莫如一而固，使民知之。」的意旨。

（三）「刑罰必於民心」就法律效力而言，法律乃是具有強制必然性之規範，強調刑罰之制裁手段。〈顯學〉曰：「夫嚴家無悍虜，而慈母有敗子，吾以此知威勢之可以禁暴，而德厚之不足以止亂也。夫聖人之治國，不恃人之為吾善也，而用其不得為非也。恃人之為吾善也，境內不什數；用人不得為非，一國可使齊。為治者用眾而舍寡，故不務德而務法。夫必恃自直之箭，百世無矢；恃自圓之木，千世無輪矣。自直之箭、自圓之木，百世無有一，然而世皆乘車射禽者何也？隱栝之道用也。……故有術之君，不隨適然之善，而行必然之道。」即是強調法律乃是具有強制必然性的規範，故能使人「不得為非」，獲致普遍之政治秩序「一國可使齊」的效能。

梅仲協分析韓非的法律思想，認為韓非的法律觀念大抵近於西方近代分析法學派巨子奧斯丁（John Austin 1790～1859）的見解，只認實證法（positive law）為法學對象，而實證法則必須具備主權（sovereignty）、命令（command）、義務（obligation）、制裁（sanction）四要素。韓非的中心思想尤其強調法律的強制性與制裁力〔註56〕。梅氏所見誠是，而此正是因《韓非子》認為「威勢之可以禁暴，而德厚之不足以止亂」，以君王之政治權威及其掌握的賞罰權柄為重心之法理思想的必然結果。《韓非子‧五蠹》曰：

> 民者固服於勢，寡能懷於義……民固驕於愛，聽於威矣。……故明主峭其法而嚴其刑、必其誅也。是以賞莫如厚而信，使民利之；罰莫如重而必，使民畏之；法莫如一而固，使民知之。故主施賞不遷，行誅無赦，譽輔其賞，毀隨其罰，則賢不肖俱盡其力矣。……毀譽、賞罰之所加者相與悖繆也，故法禁壞而民愈亂。……法趣上下四相反也而無所定，雖有十黃帝不能治也。故行仁義者非所譽，譽之則

〔註55〕「屬」原作「屬」，據王念孫說校改。
〔註56〕見梅仲協：《法學緒論》（台北：華岡出版部，民56年10月），頁176～181。
梅氏並評論說：強制與制裁是法律的必要手段，但不是構成法律的本質。

害功；文學者非所用，用之則亂法。……故明主之國，無書簡之文，以法爲敎；無先王之語，以吏爲師；無私劍之悍，以斬首爲勇。是境內之民，其言談者必軌於法，動作者歸之於功，爲勇者盡之於軍。是故無事則國富，有事則兵強，此之謂王資。既畜王資而承敵國之釁，超五帝、侔三王者，必此法也。

《韓非子‧八經》亦曰：

凡治天下，必因人情。人情者，有好惡，故賞罰可用；賞罰可用則禁令可立而治道具矣。君執柄以處勢，故令行禁止。柄者，殺生之制也；勢者，勝眾之資也。廢置無度則權瀆，賞罰下共則威分。……賞莫如厚，使民利之；譽莫如美，使民榮之；誅莫如重，使民畏之；毀莫如惡，使民恥之。然後一行其法，禁誅於私。……行義示則主威分，慈仁聽則法制毀。……設法度以齊民，信賞罰以盡民能，明誹譽以勸沮。名號、賞罰、法令三隅，故大臣有行則尊君，百姓有功則利上，此之謂有道之國也。

所謂「民者固服於勢，寡能懷於義……民固驕於愛，聽於威矣。……故明主峭其法而嚴其刑、必其誅也。」「君執柄以處勢，故令行禁止」以人性「好利惡害」「趨吉避凶」的心理爲基礎，《韓非子》肯定君王之「執柄處勢」以及嚴刑峭法在建立國家政治秩序方面的效能。君王是國家「主權」的實質擁有者，「設法度以齊民，信賞罰以盡民能」乃是君王權勢之體現及權柄之運用，故曰「廢置無度則權瀆，賞罰下共則威分」，強調君王權勢專制的導向，並以此作爲建構法律之強制必然性效力的基礎。君王之權勢既體現爲法律之制定，呼應君王權威之專制，因而強調法律之「一而固」——既指法律內容必須固定而明確，也指法律運行「一行其法」之專一性與普遍、必然的作用。爲了促成法律之普遍必然的作用，因而強調賞罰權柄之運用，以提升法律之強制性效力，而賞「厚而信」、罰「重而必」無疑即是運用賞罰之最有效原則；爲了促成君王權勢的專制與法律的專一性，因而強化法律之單一價值與目標，對仁義、文學等價值採取敵視的態度，強調社會價值觀感的「誹譽」應與政治領域賞罰的運用相一致，「譽輔其賞，毀隨其罰」，難免即演成所謂「明主之國，無書簡之文，以法爲敎；無先王之語，以吏爲師」價值一元化的極端，而其唯一的目標則是「國富」「兵強」，以成就君王「超五帝、侔三王」之政治功業。前引梅仲協之說，聯繫《韓非子》和奧斯丁法理思想的共

通點，然而奧斯丁只認實證法（主權者之命令）爲法學對象的態度，其用意在於將法理學與倫理學區分開來，強調法理學是一種獨立自足關於實證法的理論〔註57〕，斷非主張國家法令之獨斷及唯一價值；再者，奧斯丁雖認爲強制性爲實證法之根本特徵，然而與《韓非子》主張的「峭法嚴刑」「厚賞重罰」之暴力手段顯然大異其趣。追討以上所論《韓非子》法理思想的根源，大抵與《商君書》乃是一脈相承（其理論之弊已於上節論之），且成爲日後秦帝國統治理論的張本。

　　考察法家所論法之意義與作用的演變，可以發現：在《慎子》一書當中，君王雖擁有「一貴」的政治權威，但強調「臣事事而君無事」的「君臣之道」（《慎子‧民雜》）君王的主要作用即是體現政治之客觀體制的有序模式，而法亦主要是作爲促進政治有序模式之公共準則（「公義」）的意義。到了《商君書》，法除了具有實現政治秩序（「立法明分」）的意義外，更強調法作爲實現國家目標之政策準則（農戰政策）的意義。所謂「權制斷於君則威」（《商君書‧修權》）則突顯了君王專制的統治型態，強化君王的意志作用，賞罰的施行成爲統治的主要動力，君王憑藉賞罰以驅使人民貫徹其意志，實現國家的目標。至於《韓非子》，其法理思想如上所述，大體近於《商君書》；而如〈有度〉所謂「審得失有法度之制者加以群臣之上，則主不可欺以詐僞；審得失有權衡之稱者以聽遠事，則主不可欺以天下之輕重。……故明主使法擇人，不自舉也；使法量功，不自度也。……則君臣之間明辨而易治，故主讎法則可也。……故明主使其群臣不遊意於法之外，不爲惠於法之內，動無非法。法者所以禁過外私也〔註58〕，嚴刑所以遂令懲下也。威不貳錯〔註59〕，制不共門。」以法作爲行事之客觀準則，「君臣之間明辨」，確保君王擁有獨制權威之政治體制，亦《商君書》理論之所含。但另一方面，〈定法〉也指出：「公孫鞅之治秦也，設告相坐而責其實，連什伍而同其罪，賞厚而信，刑重而必，是以其民用力勞而不休，逐敵危而不卻，故其國富而兵強。然則無術以知姦，則以其富強也資人臣而已矣。」一方面肯定商鞅之法治措施在國家富強目標的成果，另一方面乃從君王的立場認爲君王權力與利益並未因此獲得確保。我們可以說：《商君書》對君權獨制的強調傾向功能性的考量，基本

〔註57〕　參博登海默（Edger Bodenheimer）著，鄧正來、姬敬武譯：《法理學—法哲學及其方法》（北京：華夏出版社，1987年12月）頁113。
〔註58〕　此句原作「法所以凌過遊外私也」，據陳奇猷說校改。
〔註59〕　「貳」原作「貸」，據劉師培說改。

上是爲了國家發展的整體目標，因此法令之普遍作用係針對驅使一般百姓共赴國家目標。而《韓非子》則又關照「君臣異利」的現實，有見於大臣及君王近習之人對君王政治權威的重大威脅，如〈備內〉所言「犯法爲逆以成大姦者，未嘗不從尊貴之臣也。然而法令之所以備，刑罰之所以誅，常於卑賤，是以其民絕望，無所告愬。……偏借其權勢則上下易位矣，此言人臣之不可以借權勢也。」〔註60〕，因而在以確保君王政治權力不被大臣蠶食的考量之下，法除了作爲促成政治秩序、實現國家目標之規準的意義，亦強調其作爲維護君王個人政治權力之獨制的作用。

爲了確保君王權威之獨制及君王本身之利益，《韓非子》因而乃更援引申不害察姦之「術」的理論。在開首〈定法〉及〈難三〉的兩段引文當中，最突出的特點即是將「法」與「術」並列。大抵說明了「法」與「術」兩者之運用原則及適用對象有所差別：「術」是人主所執而密用，「法」則是透過官府而明佈；君用「術」以督考臣下，官行「法」以驅使百姓。而所謂「帝王之具」「人主之大物」，乃突顯「法」「術」兩者運用之本體同出於帝王、人主，皆是君王專制統治控御臣下與驅使百姓的手段、工具而已。「術者，因任而授官，循名而責實，操殺生之柄，課群臣之能者也」大抵「術」即是指用人唯才、考課功績的方法，其主要目的乃是防備大臣及君王近習之人之結黨營私，確保君王權勢之獨制。而「法」則是透過法令之公布及刑罰的手段，用以維持國家之秩序、實現國家之目標。〈和氏〉所謂：「主用術則大臣不得擅斷，近習不敢賣重；官行法則浮萌趨於耕農，而游士危於戰陳。」說明了採取「法」與「術」分進合擊之雙軌方法，各自的目的與功能。顯示君王一方面是立法、明法以確立國家秩序與目標的統治者，另一方面亦必須用術以確保君王本身的政治權力與利益不被大臣、近習所奪，以維持權威獨制的政治體制。

綜上所述，《韓非子》集法家勢、法、術之論的大成，在三者之中係以勢爲核心。本文分析《韓非子‧難勢》的內容發現：所謂「必於自然」之勢並非如某些學者所認爲乃是用以指涉愼到之勢論，然而《韓非子》強調「人之所設」之勢，在勢之運用方面確與愼到不同：愼到所論「勢」的運用是促成法令效能的動力，用以達成「民一於君，事斷於法」的目的，並無意強化君王用勢行法，以賞罰權柄宰制天下。而〈難勢〉所謂「人之所設」之勢則強

〔註60〕 參見楊日然：〈韓非法思想的特色及其歷史意義〉，《臺大法學論叢》第 1 卷第
2 期。

調君王之「勢」的工具性作用，因而主張「後天的造勢」「積極的用勢」，通過君王的政治權威及賞罰權柄之運用，以宰制天下。此與《商君書》的用勢觀念接近。就《韓非子》之法理思想而論，乃是強調法作為君王統治的有效工具：法律的內容出自君王之獨斷，為了實現君王之意志與建立政治之功業，因而強化法令為唯一、至高標準；法律乃是君王權威之體現，為了維護君王專制之權威，因而強調法的內容應「一而固」；以君王權威及賞罰權柄之運用為支配手段，因而強調「嚴刑峭法」，賞厚而重、刑重而必。凡此，與《商君書》的法理思想相近，然而猶有不同。考察法家所論法之意義與作用的演變，可以發現：在《慎子》一書當中，君王雖擁有「一貴」的政治權威，但君王權威乃是以體現政治機制之有序模式為目的，因而法亦是作為促進政治有序模式之公共準則（「公義」）的意義。到了《商君書》，法除了具有實現政治秩序（「立法明分」）的意義外，更強調法作為實現國家目標之政策準則（農戰政策）的意義，連帶強化君王的意志作用，賞罰的施行成為統治的主要動力，君王憑藉賞罰以驅使人民貫徹其意志，實現國家的目標。至於《韓非子》，其法理思想如上所述，大體近於《商君書》，然而《商君書》對君權獨制及賞罰的使用傾向功能性的考量，基本上法令之普遍作用係驅使一般百姓共赴國家目標。而《韓非子》則又關照大臣及君王近習之人對君王政治權威的重大威脅，因而在以確保君王政治權力不被大臣蠶食的考量之下，法除了作為促成政治秩序、實現國家目標之規準的意義，亦強調其作為維護君王之利益及政治權威之獨制的作用，因而乃更援引申不害「術」的理論。

二、「法」與「術」之上通於「道」

韓非固為戰國時期法家集大成之殿軍，《韓非子》中並含藏道家之學理，由書中有〈解老〉〈喻老〉之篇疏解《老子》所言「道德」之內涵，〈主道〉〈揚權〉闡述「道德」「形名」之說，〈大體〉等篇亦有「因道全法」之說即可得知〔註61〕。熊十力謂「韓非援道以入法，其形而上學之見地亦猶是道家也」〔註62〕牟宗三

〔註61〕《韓非子》書中：〈解老〉以論「道」為主；〈主道〉〈揚權〉二篇著重「道」和「形名」的關係；〈大體〉等篇則明確地將「道」和「法術」聯繫起來。雖重點不同，但均可以作為探索道家、法家思想之關連性的材料。〈觀行〉〈安危〉〈守道〉〈用人〉〈功名〉〈大體〉等六篇為一組作品，鄭良樹有詳細討論，可以成立，見《韓非之著述及思想》（台北：臺灣學生書局，民82年7月），頁262～276。

〔註62〕見《韓非子評論》（台北：臺灣學生書局，民67年10月），頁16。

亦謂韓非「由乾枯的理智與君術，遂把道家的道吸收進來以爲體……以之運術而行法。」〔註63〕道家的「道」乃是「弘大而無形」的虛體，就政治意義而言，並無法獨立自足，法家進而採之以爲體，道遂產生其特殊的意義與作用。

（一）「道」「德」與「理」

《韓非子・揚權》曰：

> 夫道者，弘大而無形；德者，覈理而普至。至於群生，斟酌用之，萬物皆盛，而不與其寧。

《韓非子・解老》亦曰：

> 道者，萬物之所然也，萬理之所稽也。理者，成物之文也；道者，萬物之所以成也。……物有理不可以相薄，故理之爲物之制，萬物各異理。萬物各異理而道盡稽萬物之理，故不得不化；不得不化，故無常操；無常操，是以死生氣稟焉，萬智斟酌焉，萬事廢興焉。天得之以高，地得之以藏，維斗得之以成其威，日月得之以恒其光，五常得之以常其位，列星得之以端其行，四時得之以御其變氣，軒轅得之以擅四方，赤松得之與天地統，聖人得之以成文章。道與堯舜俱智，與接輿俱狂；與桀紂俱滅，與湯武俱昌。……功成天地，和化雷霆，宇內之物，恃之以成。凡道之情，不制不形，柔弱隨時，與理相應。萬物得之以死，得之以生；萬物得之以敗，得之以成。……無定理，非在於常所，是以不可道也。聖人觀其玄虛，用其周行，強字之曰道。

〈解老〉乃是以《老子》爲文本而加以詮釋之作，謂「道者，萬物之所然也」「功成天地，和化雷霆，宇內之物，恃之以成。」說明道乃是天地萬物存在之本原；「道者，弘大而無形」「凡道之情，不制不形，柔弱隨時」「聖人觀其玄虛，用其周行，強字之曰道。」說明道是超經驗、感官，沒有形質的本體，以非強制而柔弱的方式，普遍作用於萬物。謂「天得之以高，地得之以藏，維斗得之以成其威，日月得之以恒其光，五常得之以常其位，列星得之以端其行，四時得之以御其變氣，軒轅得之以擅四方，赤松得之與天地統，聖人得之以成文章。」說明自然宇宙與人事之現象均是根據道的作用而存在。凡此，和《老子》的說法差異並不大。然而就道內在於萬物之「德」，亦即道與萬物的關係則頗有差異。

〔註63〕見《政道與治道》（台北：臺灣學生書局，民 80 年 4 月），頁 41。

謂「德者，覈理而普至」強調「道」之內在化作用（「德」）乃體現於普遍地稽覈萬物之「理」。「萬物各異理」「理者，成物之文也」「凡理者，方圓、短長、麤靡、堅脆之分也。」所謂「理」，乃是指事物的形質屬性而呈顯出各自條分縷析之文理者。萬物具有殊異之「理」，而「道者……萬理之所稽也」「道盡稽萬物之理」，道乃是綜覈萬物之理的總原理。「理之為物之制」「理定而物易割也」，「理」實質決定事物存在的樣態，而所謂「凡道之情，不制不形……與理相應」「道與堯舜俱智，與接輿俱狂；與桀紂俱滅，與湯武俱昌。」「萬物得之以死，得之以生；萬物得之以敗，得之以成。」「道」雖然作用範圍較「理」廣泛而「無常操」，但並非是較「理」更為高階的本體，這由道的作用完全只是與死生、成敗等背反之理相應可知。唐君毅即認為「韓非之連道理以成名，則重在即事物之理以說道」〔註64〕馮友蘭也認為「（韓非）他認為『道』不是離開『理』而獨立存在的；『理』也不是離開事物而獨立存在的。作為事物的總規律的『道』，以及作為事物特殊規律的『理』，都存在於事物之中。」〔註65〕然則道體之存在，乃是透過事理之體現而被人心所「意想」而存在〔註66〕，這種經由心靈之「想象」所建構的存在體，縱然不是虛構，也斷然不具實質之生化能力而為紛芸萬象之創造者，而只是萬物之存在的形式依據罷了，與《老子》書中的道便大相逕庭。《老子·五十一章》：「道生之，德畜之，長之育之，亭之毒之，養之覆之。生而不有，為而不恃，長而不宰：是謂玄德。」所論之道，雖不佔有、不居功、不主宰，卻是實質決定事物之生成長養，具有創造能力的實體。正因〈解老〉所論之道只是萬物存在之形式依據，因而道雖然亦為人類心靈超越活動的嚮往標的，但因其不具實質的創造性，因而也就不具解脫心靈束縛之意義，萬物亦只能受「定理」所裁制而不具備自身性。而道的基本作用既是與現實客觀存在之理則相應，因而對現實存在之社會政治法則乃給予肯定，所謂「道有積而積有功〔註67〕，德者道之功。功有實而實有光，仁者德之光；光有澤而澤有事，義者仁之事也；事有理而理有文，禮者義之文也。」上述〈解老〉之道論，既與《老子》所

〔註64〕見《中國哲學原論─原道篇（一）》，頁428。
〔註65〕見《中國哲學史新編》第二冊，頁443。
〔註66〕「意想」一詞出自〈解老〉，〈解老〉曰：「人希見生象也，而得死象之骨，案其圖以想其生也，故諸人之所以意想者皆謂之象也，今道雖不可得聞見，聖人執其見功以處見其形，故曰「無狀之狀，無物之象。」
〔註67〕下「積」字原作「德」，據顧廣圻說校改。

謂「道之尊，德之貴，夫莫之令而常自然」，強調萬物具有其自身性，道之「不有」「不恃」「不宰」「莫之令」的特性，正爲人類經由心靈超越工夫而與道相契，以體現萬物之自身性提供保證，且即以此原則作爲批判反省社會政治之制度法則的標的不同（詳第二章第一節），也與《莊子》所謂「天地與我並生，萬物與我爲一」之「齊物」觀，強調超越死生、成敗、美醜等背反觀念之拘執，因而獲得心靈解脫相去甚遠（詳第三章第一節）。

上述謂〈解老〉仍認「道」是心靈超越活動之嚮往標的，雖不具心靈解放之意義，卻有一定的功能性。就人類心靈主體之體「道」修「德」而言，〈解老〉曰：

> 德者，内也……言其神不淫於外也。神不淫於外則身全，身全之謂德。德者，得身也。凡德者，以無爲集，以無欲成，以不思安，以不用固……虚則德盛。

> 一於其情，雖有可欲之類，神不爲動。……身以積精爲德……治身而外物不能亂其精神。

> 聖人愛寶其神則精盛。

> 鬼不祟人則魂魄不去，魂魄不去而精神不亂，精神不亂之謂有德。

> 聰明睿智，天也；動靜思慮，人也。人也者，乘於天明以視，寄於天聰以聽，託於天智以思慮。……書之所謂治人者，適動靜之節，省思慮之費也。所謂事天者，不極聰明之力，不盡智識之任。苟極盡則費神多，費神多則盲聾悖狂之禍至，是以嗇之。嗇之者，愛其精神，嗇其智識也。……聖人之用神也靜，靜則少費，少費之謂嗇。……知治人者其思慮靜，知事天者其孔竅虛。思慮靜，則故德不去〔註68〕；孔竅虛，則和氣日入，故曰『重積德』。

〈喻老〉亦曰：

> 空竅者，神明之戶牖也。耳目竭於聲色，精神竭於外貌，故中無主。
> 中無主則禍福雖如丘山，無從識之。

以上所引〈解老〉〈喻老〉之文描述人類內在心靈主體之修「德」工夫與結果，大抵使用「德」「精」「和氣」「神」「精神」「神明」幾個術語。經由分析比對可知：「神」指人類內在之心靈主體，「神」充滿靈動之活力即謂之「精神」，

〔註68〕 「則」字據王先慎校增。

具有聰明叡智則謂之「神明」。然而「神」要充滿活力與睿智，則必須「精」盛，因而必須透過修持與涵養的工夫，所謂「無為」「無欲」「不思」「不用」「一於其情……神不為動」「用神也靜」「思慮靜」「孔竅虛」，大抵不外透過「虛」「靜」「一」之修養工夫，排除物欲之誘惑及減損「聰明之力」「智識之任」以「愛其精神，嗇其智識」，使「神不淫於外」「精神不亂」。經過一番修持涵養的工夫，而產生「精神」之靈動活力的作用，即可謂之「精盛」。就其為體道的結果而言，即可謂之「德」（「道有積而積有功，德者道之功」），故曰「積精為德」「虛則德盛」。所謂「死生氣稟焉」，「氣」是生命現象的要素，而「和氣」大抵乃是有別於「血氣」〔註69〕之「氣」，而為構成精神活力之要素。正因「精」與「和氣」之獲得，對精神修養主體而言，具有體「道」之「德」的意義，馮友蘭因而特別強調「德」「神」與「精」「氣」的聯繫，認為「〈解老〉是與《管子》四篇，即稷下黃老之學相通的，把精神解釋為一種細微的物質—"精氣"」並認為「韓非所說的"道"也就是"氣"或"精氣"」「是構成萬物的物質實體」〔註70〕的確，〈解老〉這裡以「精」或「和氣」說明構成人類生命及精神作用之本質（「德」），和「《管子》四篇」可以相通，且同樣是從心靈方面著眼，強調精氣在維持精神暢旺、增進智慧之明覺方面的作用，然而，正如我們在第二章第三節已經指出：精氣的存在與獲得乃是主觀的體驗，其性質為何已不可指，判斷其為「物質實體」並無根據。再者，基本上「精氣」與「道」的聯接乃是建立在心靈主體修養的作用上面，在有關對客觀事物之存在本體的描述當中，例如「道者，弘大而無形；德者，覈理而普至。至於群生，斟酌用之，萬物皆盛，而不與其寧。」「道」與「精氣」是否完全等同，亦不無疑問。然而〈解老〉所強調的不外是體道者透過「思慮靜」「孔竅虛」的修養工夫，排除物欲之惑亂其心，亦捨棄主觀智識的成見，體現虛闊無形之樣態，經由「空竅」作為「神明之戶牖」，即能「乘於天明以視，寄於天聰以聽，託於天智以思慮。」獲致判斷事理是非、得失之「神明」，乃能趨福避禍，甚而「兼有天下」，〈解老〉所謂：「……積德而後神靜，神靜而後和多，和多而後計得，計得而後能御萬物……戰易勝敵則兼有天下，論必蓋世則民人從。」由此即可證知：〈解老〉的道基本上乃是基於

〔註69〕 〈解老〉有云：「民少欲則血氣治而舉動理」可知「血氣」基本上屬於生理層面，而必須予以對治者。

〔註70〕 前引馮書，頁 436～442。

功能性的目的，且不具備心靈解放之意義。〈喻老〉曰：

> 夫物有常容，因乘以導之，因隨物之容。故靜則建乎德，動則順乎
> 道。……不乘天地之資，而載一人之身；不隨道理之數，而學一人
> 之智，此皆一葉之行也。……以一人力，則后稷不足；隨自然，則
> 臧獲有餘。故曰：「恃萬物之自然而不敢爲也」

以「靜則建乎德，動則順乎道」理解《老子》所謂的「自然」：強調「德」之
建立在於解銷主觀之意欲作爲（所謂「一人之身」「一人之智」），因而在有所
作爲時能順應、因隨於客觀的「道理之數」。〈解老〉亦曰「嗇之謂術也生於
道理。夫能嗇也，是從於道而服於理者也。」也是強調對客觀事理的遵從與
順服，完全未觸及萬物之「自身性」，因而謂之不具備心靈解放之意義。且如
〈解老篇〉曰：「夫緣道理以從事者無不能成……大能成天子之勢尊，而小易
得卿相將軍之賞祿。夫棄道理而忘舉動者，雖上有天子諸侯之勢尊，而下有
猗頓、陶朱、卜祝之富，猶失其民人而亡其財資也。」〈喻老〉曰：「聖人無
常行也……隨時以舉事，因資而立功，用萬物之能而獲利其上。」其對客觀
事理之順從乃著眼於功能性，章章其明矣。

（二）「因道全法」

　　上述謂〈解老〉〈喻老〉之論體「道」修「德」，因而「從於道而服於理」，
乃著眼於功能性考量，考量政治功能，因而強調必須遵循政治之客觀「法度」，
此即所謂「因道全法」。〈解老〉曰：

> 聖人之於萬事也，盡如慈母之爲弱子慮也，故見必行之道，見必行
> 之道則明，其從事亦不疑。……短長、大小、方圓、堅脆、輕重、
> 白黑之謂理，理定而物易割也。……故欲成方圓而隨其規矩，則萬
> 事之功形矣，而萬物莫不有規矩……聖人盡隨於萬物之規矩……夫
> 能自全也而盡隨於萬物之理者，必且有天生。

「道」作爲「法」的依據，可以分從立法原則及行法原則理解。在立法原則
方面：體道之聖人有獨知之「神明」，因而得以體察「必行之道」以制定法律，
雖逆世拂俗，亦有其理據也。〈姦劫弒臣〉所云：「聖人者，審於是非之實，
察於治亂之情也。故其治國也，正明法，陳嚴刑，將以救群生之亂，去天下
之禍，使強不陵弱，眾不暴寡，耆老得遂，幼孤得長，邊境不侵，君臣相親，
父子相保，而無死亡係虜之患，此亦功之至厚者也，愚人不知，顧以爲暴。……

聖人爲法於國者〔註71〕，必逆於世，而順於道德。」即謂「聖人」體察「道德」，明是非治亂的實質情形，因以制定法律。雖亦標榜慈愛救民之用，然而就其立法原則乃可以拂逆世俗民心，此即彰顯其獨斷性。立法的獨斷性，此乃反應政治權力結構君王專制之統治機制的客觀事實。另一方面從行法原則來看，則道即成爲法具有客觀規律之性質的依據，對「人治」的統治型態形成一種規約。前引〈解老〉之文既曰：「凡道之情，不制不形……與理相應」〈喻老〉之文亦曰「靜則建乎德，動則順乎道。……以一人力，則后稷不足；隨自然，則臧獲有餘。」此處又曰「聖人」「能自全也而盡隨於萬物之理」「盡隨於萬物之規矩」。所謂「自全也」即「靜則建乎德」「神不淫於外而身全」之意，然則「自全」並非凝寂不動之意，而是「不制不形」，亦即捨「人爲」而從「天生」，排除主觀之智識能力，遵循事物「自然」之客觀理則，此即所謂「動則順乎道」「與理相應」「盡隨於萬物之理」。「理之爲物制也」「理定而物易割也」，因而即以「理」作爲裁斷物體小大、白黑、方圓等屬性的客觀準據。而法即是政治事務之是非、善惡的客觀理據。「理」如同成就方圓之「規矩」，而「法」亦如稱量輕重之「權衡」也。〈大體〉曰：

> 不以智累心，不以私累己；寄治亂於法術，託是非於賞罰，屬輕重
> 於權衡；不逆天理，不傷情性……不引繩之外，不推繩之內；不急
> 法之外，不緩法之內；守成理，因自然，禍福生乎道法而不出乎愛
> 惡……因道全法，君子樂而大姦止；澹然閒靜，因天命，持大體。……
> 故大人寄形於天地而萬物備，歷心於山海而國家富。上無忿怒之毒，
> 下無伏怨之患，上下交樸〔註72〕，以道爲舍。〔註73〕

〔註71〕「法」字下原無「於」字，據高亨説增。

〔註72〕「樸」原作「撲」，據陳奇猷説校改。

〔註73〕這段引文「禍福生乎道法而不出乎愛惡」句之前半，亦見於錢熙祚輯校之《慎子‧逸文》，目前尚無法斷定這段文字著作權誰屬。不過，筆者頗疑《韓非子》之〈觀行〉至〈大體〉六篇和《慎子》有密切的關聯。除了此處〈大體〉引文之重出外，尚有其它理由：這六篇爲一個整體，在《韓非子》書中不論是篇幅、内容、用語，皆頗爲特出，這一點可以參看鄭良樹《韓非之著述及思想》一書的考證。另外從思想方面看，〈功名〉強調「勢位」的政治功能，且如所云「人主者，天下一力以共載之，故安；眾同心以共立之，故尊。」與《慎子‧威德》所謂「身不肖而令行者，得助於眾也」強調勢之公共性本質相應，又如〈安危〉所云「明主之道忠法，其法忠心」「安國之法，若饑而食，寒而衣，不令而自然也」〈功名〉：「得人心則不趣而自勸」與《慎子‧逸文》所謂「法非從天下，非從地出，發乎人間，合乎人心而已」均強調法必須合

所謂「因道全法」，基本上乃是將君王制定法視爲超乎人類主觀而有其必然性的客觀規律，因而得以與自然宇宙之律則相通。此則有賴體道的君王「澹然閒靜」，排除主觀意欲智識之作用，「寄形於天地」，「歷心於山海」，如自然界一樣無心作爲，「因天命，持大體」，因循「自然」之「成理」，落實在政治事務上面即是以法作爲是非、善惡之客觀準繩。推究「因道全法」主張的用意，所謂「上下交樸，以道爲舍」，乃是有意推高法治作用的境界，法既成爲一種經常性、普遍性之政治法則，政治運作全然是無心而爲，無爲而成，君臣上下毫無機心，一切政治事務統歸於客觀理序之中而齊之以法。然而這種齊之以法的政治境界，最重要的仍是爲了實現政治社會的秩序與國家發展目標，所謂「君子樂而大姦止」「萬物備」「國家富」。亦爲了君王遂行有效之統治，〈飾邪〉曰：「夫舍常法而從私意，則臣下飾於智能，臣下飾於智能則法禁不立矣。……鏡執清而無事，美惡從而比焉；衡執正而無事，輕重從而載焉。夫搖鏡則不得爲明，搖衡則不得爲正，法之謂也。故先王以道爲常，以法爲本，本治者名尊，本亂者名絕。……智能單道，不可傳於人；而道法萬全，智能多失。夫懸衡而知平，設規而知圓，萬全之道也。明主使人飾於法，知道之故〔註74〕，故佚而有功。」強調「以道爲常，以法爲本」是君王統治的「萬全之道」，具有實現「無爲而治」「佚而有功」的政治效能。然則「因道全法」只是工具原理，仍是以促成君王之權威獨制爲目的，其獲致「無爲而治」的政治效能，究其實亦是「任勢」使然。此即〈有度〉篇所謂「舍己能，而因法數，審賞罰。先王之所守要，故法省而不侵，獨制四海之內……朝廷群下，直湊單微，不敢相踰越。故治不足而日有餘，上之任勢使然也。」因此，提出「因道全法」之命題，一方面乃具有節制君王主觀意念，政治機制依循客觀法則運作之意義，對現實之「人治」的統治機制產生一定的規約作用；另一方面，「因道全法」基本上乃是工具原理，以君王權威獨制爲目的，其能夠對君王的意志形成規約的作用，即在於有助君王利益的獲得。

　　上引〈飾邪〉之文所謂「以道爲常，以法爲本」主要乃是針對君王應「明法制，去私恩」，捨智能而任法禁，其意在強調法律之經常性模式，有助於政治秩序之實現。這種形式秩序的講求，與法家在法律實質內容積極主張變法的態

　　乎人心。凡此，與《韓非子》的主體思想，主張主權者命令的法思想及強調賞、罰之用的權勢觀，有所不同。不過，這種差別並非涉及本質的矛盾，因而亦無法認定這些篇章必不屬於《韓非子》的篇章。

〔註74〕原作「明主使民飾於道之故」，據王渭說改。

度並不衝突。《韓非子》變法之主張多見，如〈心度〉曰：「治民無常，唯治爲法。法與時轉則治，治與世宜則有功。故民樸而禁之以名則治，世知維之以刑則從。」〈五蠹〉亦曰：「聖人不期脩古，不法常可，論世之事，因爲之備。……事因於世，而備適於事。」所謂「治民無常」乃是指法律內容必須隨時而轉，因世而異，與講求法律形式秩序之經常性不相違背，形式秩序之「常」與實質內容之「變」兩方面對法律目的之完成各有功能，前已論之，在此不再詳述（參見第二章第三節）。所謂「法與時轉」「治與世宜」的變法觀點，基本上與《商君書》的變法理論類同（請參見第三章第二節）。然而〈解老〉乃曰：

> 凡法令更則利害異，利害異則民務變，務變之謂變業。故以理觀之，事大眾而數搖之則少成功，藏大器而數徙之則多敗傷，烹小鮮而數撓之則賊其澤，治大國而數變法則民苦之，是以有道之君貴靜而重變法〔註75〕。

所謂「重變法」意爲不輕易變法，因此純就語句的解釋而言，與變法之主張本不衝突；另外，就學理而言，〈解老〉所強調的是法律形式秩序之功能，而法家之變法則針對法律實質內容具有應變的功能言，兩者亦非矛盾。兩者所不同者，乃在於態度與價值取向：〈解老〉所謂「以理觀之」乃是著眼一般的理則，「數變法則民苦之」亦是以百姓一般的心理爲考量；至於法家之主張變法，如〈南面〉所言「凡人難變古者，憚易民之安也。夫不變古者，襲亂之跡；適民心者，恣姦之行也。……人主者，明能知治，嚴必行之，故雖拂於民心，立其治。」與〈解老〉的考量正相反，其所重者乃是一時的現實政治效能，因而不惜違逆民心而勇於變法。這種態度與價值取向的差異乃是「黃老」道家與法家理論同中有異的關鍵所在。

（三）「道」「德」與「刑名」

所謂「術」，在《韓非子》中乃是泛指一切君王用人行政，增進統治效能的方法〔註76〕。《韓非子》之論「術」乃前有所承，主要當來自申不害。申不害之「術」論，根據《韓非子》的稱引，如〈外儲說右上〉引申子曰：「上明見，人備之；其不明見，人惑之。其知見，人惑之；不知見，人匿之。其無欲見，人司之；其有欲見，人餌之。故曰：吾無從知之，惟無爲可以規之。」「獨視者謂明，獨聽者謂聰。能獨斷者，故可以爲天下主，」又〈定法〉曰：

〔註75〕 「而」原作「不」，據王先慎校改。重，猶難也，意謂不輕易變法。
〔註76〕 參陳啓天：〈韓非及其政治學〉一文，收於《韓非子校釋》附錄。

「申不害言術。……術者，因任而授官，循名而責實，操殺生之柄，課群臣之能者也。」基本要義乃是君王本著「無爲」「靜因」之心術，並採行對臣下之任用及考課的方法，以遂行其「獨斷」之統治。《韓非子》所論之「術」，在範圍上可能較申不害所論爲廣泛，然而基本主體即是申不害所論的「無爲」之主術與考課臣下之「形名」術。〈二柄〉曰：

> 明主之所導制其臣者，二柄而已矣。二柄者，刑、德也。何謂刑、德？曰：殺戮之謂刑，慶賞之謂德。爲人臣者畏誅罰而利慶賞，故人主自用其刑德，則群臣畏其威而歸其利矣。……人主將欲禁姦則審合刑名：刑名者，言與事也〔註77〕。爲人臣者陳而言，君以其言授之事，專以其事責其功。功當其事，事當其言，則賞；功不當其事，事不當其言，則罰。

〈難二〉曰：

> 人主雖使人，必以度量準之，以刑名參之。事遇於法則行〔註78〕，不遇於法則止；功當其言則賞，不當則誅。以刑名收臣，以度量準下，此不可釋也，君人者焉佚哉！

所謂「刑名」之術，即是〈定法〉所謂「因任而授官，循名而責實，操殺生之柄，課群臣之能者也」乃是君王考課臣下之功過並配合法律及賞罰的實施，用以控御臣下的主要行政手段。然而其根本困難在於：君王以一人之智能聰明如何能監控臣下雜多隱微的作爲呢？曰「君人者焉佚哉！」亦其來有自。因而有待提出一個根本原理以作爲運「術」的原則，故其論「形名」之術乃援引「道者，弘大而無形；德者，覈理而普至。」以爲說。《韓非子‧揚權》曰：

> 道者，下周於事，因稽而命，與時生死，參名異事，通一同情。故曰：道不同於萬物，德不同於陰陽，衡不同於輕重，繩不同於出入，和不同於燥溼，君不同於群臣。凡此六者，道之出也。道無雙，故曰一。是故明君貴獨道之容。君臣不同道，下以名禱，君操其名，臣效其形，形名參同，上下和調也。
>
> 用一之道，以名爲首，名正物定，名倚物徙。故聖人執一以靜，使名自命，令事自定。……上以名舉之，不知其名，復脩其形，形名參同，用其所生，二者誠信，下乃貢情。……聖人之道，去智與巧，

〔註77〕「者」上原無「刑名」二字；「與」原作「異」。據陶鴻慶校改。

〔註78〕「事」上原有「以」字，據顧廣圻校刪。

> 智巧不去，難以爲常。……因天之道，反形之理，督參鞠之，終則有始，虛以靜後，未嘗用己。……審名以定位，明分以辯類。……是非輻湊，上不與構。虛靜無爲，道之情也；參伍比物，事之形也。……去喜去惡，虛心以爲道舍……上固閉內扃，從室視庭，咫尺已具〔註79〕，皆之其處，以賞者賞，以刑者刑，因其所爲，各以自成。……主上不神，下將有因。……凡治之極，下不能得，周合刑名，民乃守職。……主失其神，虎隨其後。……主施其法，大虎將怯；主施其刑，大虎自寧。法刑苟信，虎化爲人，復反其眞。

《韓非子・主道》亦曰：

> 道者，萬物之始、是非之紀也。是以明君守始以知萬物之源，治紀以知善敗之端，故虛靜以待〔註80〕，令名自命也，令事自定也。虛則知實之情，靜則知動者正。有言者自爲名，有事者自爲形，形名參同，君乃無事焉，歸之其情。……去好去惡，臣乃見素；去舊去故，臣乃自備。……是故去智而有明，去賢而有功，去勇而有強。群臣守職，百官有常，因能而使之，是謂習常。故曰：寂乎其無位而處，漻乎莫得其所。明君無爲於上，群臣竦懼乎下。
>
> 道在不可見，用在不可知。虛靜無事，以闇見疵。……掩其跡，匿其端，下不能原；去其智，絕其能，下不能意。……不謹其閉，不固其門，虎乃將存；不愼其事，不掩其情，賊乃將生。……散其黨，收其餘，閉其門，奪其輔，國乃無虎；大不可量，深不可測，周合刑名，審驗法式，擅爲者誅，國乃無賊。

這裡所述乃是將天地萬物存在依據的「道」，應用爲君王統治術的原理。分述於下：

（一）「道─萬物」關係等同「君─臣民」關係，「明君守始以知萬物之源，治紀以知善敗之端」，君王乃是作爲事物之存在及其是非善惡的根本源頭，「道無雙，故曰一」肯認君王權威之獨制性，此即所謂「獨道之容」。

（二）作爲事物是非善惡之總原理的君王必將「下周於事」，面對紛芸複雜的事物而能「覈理而普至」，則是掌握事物之「名」爲首要，所謂「用一之道，以名爲首，名正物定，名倚物徙。」所謂「名正」即是指「君操其名，

〔註79〕「咫尺」上原有「參」字，據高亨說校刪。
〔註80〕「待」下原有「令」字，據蒲阪圓等說刪。

臣效其形，形名參同」之名實相符情形而言。然則欲達至「正名」以治的效能，則有賴君王心靈之修養以排除主觀具有喜惡智巧的侷限，亦即以「道」為根本原則，所謂「虛靜無為，道之情也」：一則「無為」以使能，所謂「去智而有明，去賢而有功，去勇而有強。群臣守職，百官有常，因能而使之，是謂習常。」；一則「虛靜」以正名，所謂「虛靜以待，令名自命也，令事自定也。虛則知實之情，靜則知動者正。有言者自為名，有事者自為形，形名參同，君乃無事焉，歸之其情。」

（三）以上所述「循名究理」（《經法‧名理》語）之事若能周備，即能具有知人明事之「神明」能力，配合賞、罰權柄的實施，即能有效地控御臣下，避免權威為那些如虎之大臣、近習所篡奪，此即達到「循名復一，民無亂紀」（《十大經‧成法》語）的目的了。基本上，這套「道德─形名」理論，在《經法》等四篇佚書及「《管子》四篇」當中已經成形，然而《韓非子》則表現較明確的目的性，將之運用於對大臣、近習之朋黨為姦的防備手段上，因而顯得更加深刻、嚴酷，亦具有較濃厚之陰謀術數之氣味。

總結上論，《韓非子》除了集法家理論之大成外，也參引道家的「道」「德」之說作為其行「法」用「術」之理據。〈解老〉〈喻老〉二篇以《老子》為文本加以詮釋，然而轉化之跡甚明：即事物之「理」以說「道」，將「道」理解為「盡稽萬物之理」的總原理是其最大特徵。本文認為〈解老〉所述道體，乃是透過事理之體現而被人心所「意想」而存在，這種經由心靈之「想象」所建構的存在體，並不具備實質之生化能力而為紛芸萬象之創造者，而只是萬物存在的形式依據，與《老子》書中的道具有創造能力的實體大異其趣。因〈解老〉所論之道只是萬物存在之形式依據，因而道雖然亦為人類心靈超越活動的嚮往標的，但因其不具實質的創造性，因而也就不具解脫心靈束縛之意義，萬物亦只能受「定理」所裁制而不具備自身性。與《老子》認為人類可以經由心靈超越工夫而與道相契，以體現自身性，且據此而批判現存社會政治之法則不同，也與《莊子》強調超越死生、成敗、美醜等背反觀念之拘執，體會「天地與我並生，萬物與我為一」的「齊物」境界，因而獲得心靈解脫相去甚遠。〈解老〉以「道」作為心靈超越活動之嚮往標的，乃著眼於功能性的考量。強調體道者透過「思慮靜」「孔竅虛」的修「德」工夫，以「空竅」為「神明之戶牖」，獲致判斷事理是非、得失之「神明」，乃能趨福避禍，甚而「兼有天下」。一方面，以「靜則建乎德，動則順乎道」理解《老子》所

謂的「自然」：《老子》之「自然」強調萬物的自身性，具有心靈解放之意義；〈解老〉〈喻老〉所謂「順乎道」「隨道理之數」，則強調對客觀事理的遵循，進而從「守成理，因自然」的理念落實爲政治上「因道全法」之主張。以道爲法的依據，法律之制定仍舊肯認君王的獨斷性，反應政治權力結構君王專制的客觀事實，但就行法原則而言，則強調法律作爲客觀規律之屬性，對君王形成規約。推究「因道全法」主張的用意，乃是將政治運作統歸於無心作爲的客觀理序之中而齊之以法，用以實現政治社會的秩序與國家發展目標，同時亦具有促成君王權威獨制的作用。本文另外對〈解老〉「貴靜而重變法」與法家強調變法的差異提出說明，認爲這種差異並非本質的矛盾，而是態度與價值取向的不同。另一方面，「德者，覈理而普至」即應用爲統治者的「形名」之「術」。在這方面，亦是基於君王權威獨制的事實，而以君王具有「獨道之容」爲其預設前提，強調君王透過「虛靜」「無爲」乃能達到「正名」以治的政治效能。這般理論，亦見於《經法》等四篇佚書及「《管子四篇》」，然而《韓非子》則表現較明確的目的性，將之運用於對大臣、近習之朋黨爲姦的防備手段上，因而顯得更加深刻、嚴厲，亦具有較濃厚之陰謀術數之氣味。

第四章　結　論

　　本文的主要內容乃是分別對「黃老」道家和法家的文獻有關「道－法」聯繫的理論內涵加以析論，總結全文主要論點如下：

　　（一）《老子》「道法自然」之義涵：「道法自然」可說是貫穿《老子》的存有學、倫理學以至於政治支配原理的重要觀念。就存有學的意義而言，「道法自然」在強調道體之沖虛玄德，道的運作以「自然」為法則，「自己如此」地存在是存有的本質。倫理學方面，則是認為人可以透過「致虛極，守靜篤」的致極工夫，與大道相契，體證沖虛的「玄德」，回歸生命存在的「自然」本性。至於政治支配原理方面，《老子》將「道－萬物」的支配關係，推演至政治領域之「君－民」支配關係：道只對萬物施予形式的支配，而賦予萬物自主、自律發展的「自身性」；同樣地，所謂「輔萬物之自然而不敢為」，君王也應以「清靜」「無為」為其統治之根本法則，藉由「無名之樸」的政治氛圍，引領百姓「見素抱樸」，即能「自正」「自化」，獲得政治的效能。構成一種「無為而無不為」的政治模式。

　　（二）《老子》「道法自然」之說，就其倫理學的內涵而言，強調人類可以透過「內在」之「超越」的途徑與道相契，回歸其生命充美自足的「真樸」本性，所謂「常德乃足，復歸於樸」。基於此，乃體現其以人之自然樸性為本質的「自然法」理念，因而對儒家宣稱具有「自然法」性質之社會規範－「禮」，批駁其完全出於人為制作、且流於外在形式。另外，針對「實證法」的部分，由於《老子》以「玄德」之作用為政治支配的最高原則，強調清除百姓的智巧機詐，恢復其「真樸」本性，進而警覺「法令滋彰」將導至智巧詐偽，因而否定了「實證法」的價值，尤其對刑殺的強制手段不表贊同。

（三）《經法》等四篇佚書「道」的觀念，對「黃老」道家思想發展的歷程而言，轉化的成分遠多於承繼的成分，和《老子》思想的根本精神有重大差異。《經法》等四篇佚書以道為現象界存在之本原，道具有無形、無為、整全而絕對等屬性，與《老子》相類。然而，「道」的義涵卻有明顯轉化，大抵可以「內在化」或「形而下化」的趨勢稱之：一則道偏於作為宇宙演化本原之意義，一則強調道作為自然宇宙之普遍規律、理則之義。道之規律具有客觀必然性，實質支配萬物生存發展，所謂「執道循理」，萬物只能被動地因應客觀的律則。道雖具有解釋萬物存在的意義，但人並無由透過生命的超越而獲得主體性，與《老子》認為道只是形式上支配萬物，而人得以透過超越的心靈境界體現其自身性大異其趣。另外，「道─萬物」之支配關係，引伸為「君─民」之支配關係，《經法》等四篇佚書認為：道作為君王支配臣民的支配法則，君王必須透過「弗為主」之「大虛」心靈，體會「無形」「無名」之存有境界，而與「天地之精」相通，因而具有「察稽知極」的「神明」能力，掌握自然宇宙和人間社會的規律、法則。所謂「物自正也，名自命也，事自定也」，意為透過事物各自呈現的「形名」，客觀地研覈其理則（「循名究理」），依據法度律令之標準，以斠別事物之是非，達到支配的目的。這種「名正法備」之支配型態，亦與《老子》訴諸「無名之樸」的支配型態迥不相侔。

（四）《經法》等四篇佚書以「天人合一」的觀點，提出「參以天當」的說法，強調人為法律和自然宇宙之經常性規律的共通性，人事的運作除了遵循自然宇宙的規律之外，亦必須建立人間社會的法度規則，以對治錯雜紛陳的人事現象，此即所謂「稱以權衡」。「道生法」的提出，以道作為人為法律的依據，強調法律的制定與運行必須超越法律制定者的主觀意志，而體現為公共政治事務之客觀準則，因而制定法律者亦必須「自引以繩」。雖然《經法》等四篇佚書意圖建立人為制定法之非人格的根原，並將君王納入法律規範的體系之中；然而它仍然是現實政治體系的產物，能否將「法」提升為「道」的層次，主要關鍵仍在君王身上，亦即必須仰賴一位具有明覺能力的「聖王」身上。另一本和黃老道家有關的古籍《鶡冠子》就提出「賢生聖，聖生道，道生法」的說法，正說明「道生法」最終仍是取決於人的因素。再就法理思想而言，《經法》等四篇佚書所謂「道生法」的理念，乃是基於「天人合一」之思想模式，將君王制定的「實證法」和自然界的理序比類並觀，肯定「實證法」的價值，將之視為自然律的一部分。然而它並未表現出「自然法」的

理念：強調法律等同於「權衡」「儀表」等工具性規準，突顯了法律運作的有序模式，因此偏向表現形式結構方面的意義，對法律的實質內容並未觀照。「道」的提出只是強化了法律的有序性、規範性，並不具有作為人為制定法之正義與否之價值判準的意義。基於上述說明，《經法》等四篇佚書的「道生法」理念和《老子》「道法自然」實大異其趣。

　　（五）《經法》等四篇佚書肯認君王政治權威的「獨制性」，君王是實質制定法律的主體，以及以「正道」「明法」保全君王之政治權威等方面，實與法家以君王政治權威為核心的「法治」思想相契。不過，《經法》等四篇佚書和《商》《韓》法家在君王支配方式的說法有其殊異處：《商》《韓》法家強調以君王「令行禁止」的「勢」為根本，運用賞、罰的權柄，而以法令為賞、罰的惟一依據，支配效能的獲得在於賞、罰的強度，因而主張「厚賞重罰」。法令是施予賞、罰的依據，因而亦強調其客觀必然性，然而因為法令是作為賞、罰的依據，自然只有「以繩引人」而無君王「自引以繩」的考量。反之，《經法》等四篇佚書則認為君王政治權威之運用應「守天地之極」，以其「至神之極，見知不惑」的明覺能力達成支配的效能，雖然亦有「事斷於法」的強制性作用，但核心理念乃是以一種「虛而無形」的心靈樣態，觀照事物各自呈現的「形名」，客觀研覈其實質理則。既認為君王應「守天地之極」，而人間社會的法則正是自然宇宙法則的一部分，自然便引出了君王「自引以繩」的說法。由於支配方式的差異，導致君、民的關係亦有不同：在《商》《韓》的理論中，君王擁有絕對的政治權威，運用「厚賞重罰」的權柄驅使人民，君、民的關係相當懸絕緊張；相對地，《經法》等四篇佚書所述的君王，雖然也擁有絕對的政治權威，然而君王乃是「與天地同極」，政治權威的運作強調遵循自然宇宙和人間社會的理序。天與人為一體，君與民的關係也是和諧的。

　　（六）「《管子》四篇」論述的主題集中在以「精氣」論道上面，藉「心靜氣理」「一意專心」的修養工夫，涵養心靈之精氣以產生神妙靈知的智慧。強調「治心」是「治國」的根本，君王即能本著「不言」「無為」的原則，「靜因」的治事方法，以行其「督言正名」的治官之術。相較而言，《經法》等四篇佚書雖亦論及「正名」之用，但其「正名」大抵乃是強調研覈名與自然宇宙及人間社會的客觀理則之相應性。而《管子》四篇則表現出較強的支配目的性，與《韓非子》〈主道〉〈揚權〉兩篇所論君王控馭臣下的「形名」術大抵相符，亦與司馬談所述道家作為「君人南面之術」的統治方法一致。另外，

《管子・心術上》提出「法出乎權，權出乎道」的命題，以道爲法的根本原理，強調法之一體適用的普遍性以及法的強制必然性，並提出了「道─法」關係的中間環節─「權」。本文指出這裡的「權」字具有「以權言道」的方法論意義──「道」是權的本體，「權」是道之應用的方法，「法」是道之應用的結果。大抵意爲：法律之制定乃是權度、衡定道之原理而產生，法律依據道之原理乃是事物的權衡標準。因此本文傾向以「權衡」一義理解這裡的「權」字。但就法理義涵而言，從「權變」「權勢」兩個面向理解亦各有其意義：：參酌《管子》書中屬於「齊法家」的篇章可知，「權衡」的面向乃是關涉法律的形式屬性，說明法律是政治事務之公共準則，因而執法必須具備客觀公正的精神；「權變」的面向則牽涉法律的實質內容，強調法律內容應該隨時而變；「權勢」則是指陳蘊含於權衡、權變之主體的內在能動力量，並體現於法律的規範功能及其強制性作用。對照政治權力結構，法律的運行即是君王政治權威的體現，對君王並不具實質的拘束力。

（七）《愼子》被認爲是亦道、亦法的學者，本文基於愼到之學並未涉及「形名」之學，與「黃老」道家以「形名」之學爲核心顯然有別；再加上愼到標舉君王之「勢」的法理思想，在《商》《韓》法家中獲得進一步的發展與實踐，因而將之歸於「法家」。根據《莊子・天下》對愼到之學的描述，愼到的「道」的理念乃是屬於經驗世界的層面，強調道具有廣大包容的特性，因此必須具備公平無私及不橫加分辨的心態，以體現事物存在的平等齊一，在任事上乃能排除主觀成見，「因循」客觀的事物理則。本文認爲愼到這種道的理念不同於《老子》由心靈之「內在超越」而與超經驗的道體契合，進而獲得「知常」的明覺能力；也沒有像「黃老帛書」《道原》一樣經由「大虛」的心靈境界與「天地之精」相通，因而獲得「察稽知極」的神妙靈知（神明）；其「齊物」之理念與《莊子》「同於大通」的超經驗「齊物」境界亦有所不同。《愼子》本著道之理念，認爲政治事務有其客觀的形勢、理則，乃是超越個人主觀資質之智愚、賢不肖而獨立運作，政治效能的良窳，完全繫於此一客觀之政治形勢、理則的運作而定，因而與持「尚賢」說者對峙。《愼子》認爲政治機制的運作有其客觀法則，法律乃是公共事務的客觀標準，所謂「至公大定之制」。因爲強調法律對政治機制運作有序性的功能，忽略法律實質內容良善與否的課題，因而招致《荀子》的非難。法律作爲公共事務的準則，其獲得踐履的效力，《愼子》認爲有賴政治機制當中客觀存在的「勢」──一種

「令行禁止」的能力。基於政治結構的「一貫」論，政治的「勢」集中在君位上面。然而《愼子》重「勢」，乃是著眼於發揮政治結構的功能（「通理以爲天下」），因而強調君王政治權威的公共性本質及客觀化地運用，認爲君王權威之運用即是體現客觀法則：「以道變法」以及「無爲」而「任法」。

（八）從政治結構功能著眼，《商君書》與《愼子》一樣亦認爲君王權威有其公共化的屬性，政治機制的運作有其客觀法則，並將法律的效力建立在君王政治權威的基礎上，但兩者對君王運用政治權威的目的並不一致：《愼子》所認知的君王政治權威，是偏向於一種客觀政治結構的能動力量，君王政治權威的運用乃是體現爲「通理」的目的——建構形成社會政治秩序之客觀法則，並確保這個客觀法則暢行無礙，因而強調法律作爲客觀、普遍的公共準則之意義與作用。而在法律的客觀運作過程當中，君王乃隱身於幕後，以「無爲」的姿態，讓客觀之公共法則無礙地運行，形成一個純任法治的政治體制，此即「因道全法」的眞諦。《商君書》雖亦承認君王政治權威含具公共性本質，法律具有構築社會政治秩序之客觀、普遍法則的意義與作用，但他更強調君王擁有的賞、罰權柄在統治上的效用，因而即強調法律作爲賞、罰之施準據的功能，及法律隨之必須具備的明確性與強制必然性。導致這樣的差異乃在於：《商君書》不認爲君王政治權威只是政治體制之「通理」功能而已，君王政治權威之運用還應有更積極的作用（大有爲）——在列國紛爭的戰國時期，以富國強兵爲基礎，建立或霸或王的政治功業。這樣的權威觀念已然超出了客觀政治結構的意義，而突顯了君王個人意志的主導力量。基於現實事功的考量，《商君書》雖不否認法度的經常性、穩定性，但實際上更強調「理」隨「勢」（時勢）變的「變法」論。本文評述認爲：「變法」有其積極應世的功能，然而在法家對「變法」的倡議中，君王擁有變更傳統法度而自立新法的權限，彰顯了君王得以恣意而行的專斷權力，產生的較大問題有二：其一，法律的目標、價值完全取決於君王的志向，因而可能缺乏人心之妥適必然性。如《商君書》所述，法律內容完全著眼在現實的政治功能上面，以富國強兵爲終極目標，因而採行一元化的農戰政策；且認爲出於聖君意志的法令，乃具有「必然眞理」的地位，爲了強化法令的必然性，因而採取重刑手段。雖然在事功方面獲得成果，但法律內容缺乏普遍人心的基礎，而趨於獨斷、狹隘，法律之效力完全寄託於其強制手段，君、民關係更形懸絕，因而失去其長治久安之功能。其二，由於欠缺制衡君王專斷權力的制度設計，君王專斷

權力的合理運用，亦即「以道變法」，乃是以具有洞察客觀形勢之明覺能力、且不循私苟且的「聖王」「明君」身上為前提。一般昏君則往往演成「以意變法」的情況，如秦二世之例即是。此即彰顯法家在立法權方面不能正本清源的盲點。

（九）《韓非子》集法家勢、法、術之論的大成，在三者之中係以勢為核心，實則以勢為核心乃是本文所討論諸家的共通點〔註1〕，差別只在對勢的運用方式迭有不同罷了。本文分析《韓非子‧難勢》的內容發現：所謂「必於自然」之勢並非如某些學者所認為乃是用以指涉慎到之勢論，然而《韓非子》強調「人之所設」之勢，在勢之運用方面確與慎到不同：慎到所論「勢」的運用是促成法令效能的動力，用以達成「民一於君，事斷於法」的目的，並無意強化君王用勢行法，以賞罰權柄宰制天下。而〈難勢〉所謂「人之所設」之勢則強調君王之「勢」的工具性作用，因而主張「後天的造勢」「積極的用勢」，通過君王的政治權威及賞罰權柄之運用，以宰制天下。此與《商君書》的用勢觀念接近。就《韓非子》之法理思想而論，乃是強調法作為君王統治的有效工具：法律的內容出自君王之獨斷，為了實現君王之意志與建立政治之功業，因而強化法令為唯一、至高標準；法律乃是君王權威之體現，為了維護君王專制之權威，因而強調法的內容應「一而固」；以君王權威及賞罰權柄之運用為支配手段，因而強調「嚴刑峭法」，賞厚而重、刑重而必。凡此，與《商君書》的法理思想相近，然而猶有不同。考察法家所論法之意義與作用的演變，可以發現：在《慎子》一書當中，君王雖擁有「一貫」的政治權威，但君王權威乃是以體現政治機制之有序模式為目的，因而法亦是作為促進政治有序模式之公共準則（「公義」）的意義。到了《商君書》，法除了具有實現政治秩序（「立法明分」）的意義外，更強調法作為實現國家目標之政策準則（農戰政策）的意義，連帶強化君王的意志作用，賞罰的施行成為統治的主要動力，君王憑藉賞罰以驅使人民貫徹其意志，實現國家的目標。至於《韓非子》，其法理思想如上所述，大體近於《商君書》，然而《商君書》對君權獨制及賞罰的使用傾向功能性的考量，基本上法令之普遍作用係驅使一般百姓共赴國家目標。而《韓非子》則又關照大臣及君王近習之人對君王政治權威的重大威脅，因而在以確保君王政治權力不被大臣蠶食的考量之下，

〔註1〕《老子‧五十一章》所言：「道生之，德畜之，物形之，勢成之」似乎在某種程度也承認客觀之「勢」的作用。

法除了作爲促成政治秩序、實現國家目標之規準的意義，亦強調其作爲維護君王之利益及政治權威之獨制的作用，因而乃更援引申不害「術」的理論。

（十）《韓非子》除了集法家理論之大成外，也參引道家的「道」「德」之說作爲其行「法」用「術」之理據。〈解老〉〈喻老〉二篇以《老子》爲文本加以詮釋，然而轉化之跡甚明：即事物之「理」以說「道」，將「道」理解爲「盡稽萬物之理」的總原理是其最大特徵。本文認爲〈解老篇〉所述道體，乃是透過事理之體現而被人心所「意想」而存在，這種經由心靈之「想象」所建構的存在體，並不具備實質之生化能力而爲紛芸萬象之創造者，而只是萬物存在的形式依據，與《老子》書中的道具有創造能力的實體大異其趣。因〈解老〉所論之道只是萬物存在之形式依據，因而道雖然亦爲人類心靈超越活動的嚮往標的，但因其不具實質的創造性，因而也就不具解脫心靈束縛之意義，萬物亦只能受「定理」所裁制而不具備自身性。與《老子》認爲人類可以經由心靈超越工夫而與道相契，以體現自身性，且據此而批判現存社會政治之法則不同，也與《莊子》強調超越死生、成敗、美醜等背反觀念之拘執，體會「天地與我並生，萬物與我爲一」的「齊物」境界，因而獲得心靈解脫相去甚遠。〈解老〉以「道」作爲心靈超越活動之嚮往標的，乃著眼於功能性的考量。強調體道者透過「思慮靜」「孔竅虛」的修「德」工夫，以「空竅」爲「神明之戶牖」，獲致判斷事理是非、得失之「神明」，乃能趨福避禍，甚而「兼有天下」。一方面，以「靜則建乎德，動則順乎道」理解《老子》所謂的「自然」：《老子》之「自然」強調萬物的自身性，具有心靈解放之意義；〈解老〉〈喻老〉所謂「順乎道」「隨道理之數」，則強調對客觀事理的遵循，進而從「守成理，因自然」的理念落實爲政治上「因道全法」之主張。以道爲法的依據，法律之制定仍舊肯認君王的獨斷性，反應政治權力結構君王專制的客觀事實，但就行法原則而言，則強調法律作爲客觀規律之屬性，對君王形成規約。推究「因道全法」主張的用意，乃是將政治運作統歸於無心作爲的客觀理序之中而齊之以法，用以實現政治社會的秩序與國家發展目標，同時亦具有促成君王權威獨制的作用。本文另外對〈解老〉「貴靜而重變法」與法家強調變法的差異提出說明，認爲這種差異並非本質的矛盾，而是態度與價值取向的不同。另一方面，「德者，覈理而普至」即應用爲統治者的「形名」之「術」。在這方面，亦是基於君王權威獨制的事實，而以君王具有「獨道之容」爲其預設前提，強調君王透過「虛靜」「無爲」乃能達到「正名」以

治的政治效能。這般理論，亦見於《經法》等四篇佚書及「《管子四篇》」，然而《韓非子》則表現較明確的目的性，將之運用於對大臣、近習之朋黨爲姦的防備手段上，因而顯得更加深刻、嚴厲，亦具有較濃厚之陰謀術數之氣味。

透過上述對「黃老」道家與法家著作有關「道—法」聯繫之理論內涵全面探析考察，其所透顯的學理及學術發展的意義，舉要如下：

（一）在道論方面

「黃老」道家所述之「道」明顯有所轉折：《老子》論「道」的義涵著重其爲具有創生作用的形上實體，並以道之「玄德」作用解釋萬物的存在，因而賦予萬物「自身」存在的可能，人可以透過心靈超越的歷程與創生實體相契，獲得物界命限的解脫。《經法》等四篇佚書論「道」的義涵則有形下化的趨向，雖亦以道爲萬物存在之本原，但乃是強調道作爲自然宇宙普遍、必然之規律、理則之義，實質支配萬物生存發展，人無由透過生命的超越而獲得主體性，與《老子》道論主要精神並不相同。道作爲人之心靈超越的標的，乃是基於功能性的考量，尤其是作爲統治者獲得神妙靈知以行其「督言正名」之術的根據。「《管子》四篇」及《韓非子·解老》所論「道」的義涵大抵和《經法》等四篇佚書相近，然而猶有小異：「《管子》四篇」集中論述主觀心靈涵養「精氣」以體道的方面，〈解老〉雖也論及存神養氣，但更偏重「道」「理」之範疇，強化了從客觀事理以論道的方面。

以上所述「黃老」道家論道的諸般義涵，部分在法家著作中亦有所呈現：其中道作爲普遍、必然之理則的意義，在《愼子》與《韓非子·大體》等篇被強調作爲「法」的依據，然而以《愼子》爲例，其「道」的理念乃是屬於經驗世界的層面，由客觀之精神以體現道之廣包特性及事物之平等齊一，因而缺乏與超經驗道體相契的精神境界，亦即牟宗三先生所謂「表現客觀精神，不表現『獨化』的天地精神」〔註2〕，此與《老子》「歸根復命」之「玄鑒」、《莊子》「同於大通」之「齊物」、《經法》等四篇佚書「守天地之極」之「神明」的超驗性俱不同。另外，《韓非子》亦汲取了「黃老」道家作爲「心術」之義的道，以爲其以「術」控御群臣之依據。

（二）在法理方面

「道—法」聯結的說法，提出了「道」作爲「法」的依據，就法理而言亦

〔註2〕見《政道與治道》（台北：臺灣學生書局，民80年4月）頁40。

迭有轉折：《老子》所提「道法自然」之命題，具有以人心之「自然」樸性爲本質之「自然法」理念，因而對出於人爲意志之制定法予以否定——批判被儒家視爲「自然法」的禮義規範是人爲造作，對國家法令的功能亦加以否定。然而此下「黃老」道家的文獻則未觸及「自然法」的理念，因而對人爲制定法內容對「人性」價值之影響等方面的「自然法」課題不加思索，完全只著眼其社會政治之功能而直接予以肯定。《經法》等四篇佚書之「道生法」說，認爲「道」是人間社會法則的依據，從「天人合一」的觀點，強調人爲法和自然律的共通性，法律既是自然宇宙之整體理序的一部分，則是超越法律制定者的主觀意志，而爲公共政治事務之客觀準則，因而制定法律者亦必須「自引以繩」。《管子‧心術上》則提出「法出乎權，權出乎道」的命題，以道爲法的根本原理，認爲法律之制定乃是權度、衡定道之原理而產生，強調法之一體適用的普遍性以及法的強制必然性。本文認爲「道生法」等說法基本上都只是強化法律之「規範性」的形式要素，而非涉及法律之實質內容，因而與《老子》之「自然法」理念不合。雖然《經法》等四篇佚書從「參以天當」的理據認爲「執道者」亦應「自引以繩」，似乎君王亦是法律作用的對象，與法家略有不同〔註3〕，然而從道與政治權力的互動以觀，所謂「執道者生法」即等同「君生法」，法律之制定出自聖王明君之獨斷，且法律即是君王權威之體現，藉以獲致支配效能並保全權威，與法家以「勢」爲核心之法理思想並無本質差異。

　　就法家之法論而言，大抵亦將法律視爲公共政治事務之客觀法則，其中《愼子》與《韓非子‧大體》等篇之「因道全法」理念，亦透過觀照自然宇宙的規律，本著「守成理，因自然」的客觀精神，實踐法律之客觀運作，與「黃老」道家之法理最切。《商》《韓》則因價值取向態度的別出，引發用「勢」觀念的改變，因而對法律功能與屬性的見解遂有所差異：「黃老」道家和《愼子》基本上強調社會政治有序化的價值，認爲君王政治權威的運用乃是體現爲「通理」的功能，法律即作爲公共理則之意義與作用，因而亦強調其客觀、公正的屬性。《商》《韓》法家的主要思想則基於對現實事功的考量，法除了作爲實現政治秩序的功能外，更強調其作爲實現國家目標之政策準則的意義，連帶即強化君王的意志作用，君王權威乃體現爲賞、罰權柄的運用，以驅使人民貫徹其意志，實現國家的目標，而法律即是作爲賞、罰之施的準據，

〔註3〕這裡所謂法家不包括《管子》當中的「齊法家」，因「齊法家」也有類似君王「自引以繩」的說法，詳見本書第二章第三節附論「齊法家之法理思想」

因而強調其明確性與強制必然性。另外，因對現實事功的追求，遂強調「理」隨「勢」變的觀點，在法律的實質內容上積極主張「變法」，和「黃老」道家不輕易變法的態度〔註4〕亦有別。

雖然「黃老」道家和法家對法理的認知有此差異，但兩者以君王權威爲法律主體的見解則無不同。探究「黃老」道家和法家的法理思想，大抵顯露出如下的特徵：對法律功能之認知偏於關切法律對君王之支配效能及保全君王權威的影響，因此法律的工具性至爲明顯，對法律的規範功能及經常性、普遍性、一致性等形式要素有所發揮，但對法律內容的良善與否則置而不論。雖然強調法律之規範性，對君王主觀之「欲得意從」形成某種程度的規約作用，但是受限於現實政治權力結構的因素，一則君王既擁有制定法律的國家主權，則得以隨意廢立法律，法律功能的發揮完全取決君王主觀資質的明覺與否，並無客觀必然的保證，更何況要君王「自引以繩」呢？《經法》等四篇佚書訴諸「天殃」「天誅」的懲戒，對君王是否起拘束作用亦值得懷疑。一則如《經法》等四篇佚書雖然對君王權威之運用有「參於天地，合於民心」的主張，《愼子・逸文》亦有「法非從天下，非從地出，發乎人間，合乎人心而已」的說法，但其強調「合於民心」，乃是針對支配功能的考慮，並非重視「人心」之價值；且法律的制定既出於君王意志之獨斷，則法律的內容、目標、價值完全取決君王的志向，是否合於人心之妥適性，並無必然的保證，因而如《商君書》所述，法律內容以富國強兵爲終極目標，因而採行一元化的農戰政策及重刑手段，即顯然缺乏普遍人心的基礎。

（三）支配理論方面

就「道—法」聯結諸說所呈現的支配理論而言。《老子》所論之「道」雖亦具有政治支配理則的作用，但大體如牟宗三先生所說，乃是使人君「忘掉權位的無限，進而成爲道化人格的圓滿自足之絕對與無限」〔註5〕，落實於政治情境則是以「無名之樸」的渾化狀態，體現人民之眞樸本性而「自正」「自化」，因以獲得支配效能。這種支配理論，縱使並非無政府主義，亦近於放任的政治主張。

相較《老子》提出的道含具賦予人民「自身性」的意義，《經法》等四篇

〔註4〕「黃老帛書」《稱》：「凡變之道，非益而損，非進而退，首變者凶。」《韓非子・解老》亦曰：「有道之君貴靜而重變法」
〔註5〕見《政道與治道》（台北：臺灣學生書局，民80年4月）頁34。

佚書「道」的提出顯然具有不同的意義：大意爲與道合一之君王透過「大虛」之心境與「天地之精」相通，掌握自然宇宙和人間社會之理則而具有「察稽知極」的「神明」能力。其所謂「物自正也，名自命也，事自定也」，即是透過事物各自呈現的「名」，客觀地研竅其理則，以斟別事物之是非，達到支配的目的。這種支配模式，大抵亦「《管子》四篇」及《韓非子》〈主道〉〈揚權〉所強調。這種支配模式，就其「循名究理」之運作過程，以及與法相輔爲用，甚且要求君王「自引以繩」而言，乃具有某種程度的客觀精神，與法家「法治」支配型態之精神相通。不過，《經法》等四篇佚書從「與天地同極」的支配原理當中，提煉出君王「自引以繩」及「刑德相養」「合於民心」等觀念，則非《商》《韓》法家支配理論之所含。

　　法家的支配理論係以現實政體之君權獨制爲根本，認爲法律的效力乃是基於君王「令行禁止」之「勢」，但隨著對用勢認知的差異，法家「法治」之支配型態必須區分：《愼子》對政治權威的認知基本上是屬於客觀政治結構層面的意義，認爲君王政治權威的運用乃是體現政治結構之有序模式之「通理」功能，在法律的運作過程當中，君王乃是以「無爲」的姿態，讓客觀的法則無礙地運行，政治結構的有序模式即是支配效能的展現。《商君書》以及《韓非子》的主要思想則強調君王權威的運用在於以法令爲標準，積極地運用賞、罰的權柄，以「厚賞」「重罰」爲手段，實現政治有序、國家富強、君權獨制的支配效能。這樣對政治權威的運用已經超乎客觀政治結構的運作常態了，而逼近君王個人意志的充極展現。

　　《經法》等四篇佚書強調君王應「無執」「無處」「無爲」「無私」，據以「循名究理」「以法爲符」的支配理論，顯然遠於《商》《韓》「厚賞」「重罰」的支配理論，而近於《愼子》的「因道全法」理論，但追究《經法》等四篇佚書的理論宗旨，道主要是作爲君王統治「術」的依據，支配效能之獲得繫於君王之「神明」，基本上仍是十足「人治」的色彩，與《愼子》的精神又復不同。

　　綜括上述所言，就君王政治權威之運用方式的差異加以斟別：「黃老」道家除了《老子》將政治權威收攝於「無名之樸」的渾化之境當中而「知止」外，基本上是將政治權威的運用與自然律的支配合而爲一，呈顯出客觀運作與「威」「德」並濟的主要精神；《愼子》對政治權威的運用，則是內置於客觀政治結構的有序模式之中，最能表現官僚機制的客觀精神；《商》《韓》則是將政治權威的運作由政治機制的客觀運作當中，導向君王個人意志的貫

徹，流露專制政體的暴力色彩。

　　雖然就支配型態而言，「黃老」道家、《愼子》、《商》《韓》呈現三脈分流的情形，然而三者同是以君王爲本位則可以相通。「黃老」道家的支配理論就其目的而言，所謂「循名復一」「貴獨道之容」，道實即與君王專制的政體相附和，道的提出主要乃是作爲君王提昇支配效能的利器。強調「執道者」必須「自引以繩」，也是著眼「見知天下而不惑」的支配功能，並未著眼藉由法律之客觀化以提升支配之正當性的可能。同是著眼提升君王支配之效能，正是「黃老」道家與法家支配理論可以接合的原因所在。「黃老」道家和法家建構的支配理論雖有歧異，但並非專制理論本質的對立。就以秦漢實際的統治情形來看：《史記》記載秦始皇施政「剛毅戾深，事皆決於法，刻削毋仁恩和義……急法，久者不赦。」另外亦謂秦二世的施政「法令誅罰，日益刻深」顯然是承襲《商》《韓》之支配理論，固是君王專制理論的體現；漢初施政以「黃老」治術爲理論指導，「周秦之敝，罔密文峻。……漢興，掃除煩苛，與民休息。至於孝文，加之以恭儉。」（《漢書‧景帝紀》）基本上乃是以「黃老」之清靜、無爲，矯正秦法嚴苛之弊。和《經法》等四篇的支配理論最切者當屬漢文帝的治術：一方面史書稱道漢文帝恭儉自制、慈惠百姓等德政，一方面他也「好刑名之言」，所言「法者，治之正也，所以禁暴而率善人也」強調法是政治事務的準據〔註6〕，馮唐則直接批評文帝時的「文吏」之治「奉法必用……法太明、賞太輕、罰太重」（《史記‧張釋之馮唐列傳》）。由這個例子可知：漢初「黃老」之治除了清靜無爲、德惠愛民寬緩的一面，實另有「漢承秦制」，體現專制之支配型態嚴苛的一面〔註7〕。兩方面綜而觀之，則「黃老」道家的支配型態當近於「開明專制」的典型——執掌絕對的王權，而以開明自期〔註8〕，而此亦彰顯出君王是否有道，乃取決其自身的涵養而無客觀保證。

〔註6〕《史記‧張釋之馮唐列傳》所記張釋之判「犯蹕」罰金一案，所云「法者，天子所與天下公共也」和《經法》所謂執道者「自引以繩」的精神正相符。

〔註7〕參林聰舜：《西漢前期思想與法家的關係》（台北：大安出版社，1991 年 4 月）頁 25～32。郭沫若亦認爲「秦與漢的政治實爲一貫……其不同處在秦尚法而漢尚術。」見《十批判書》，頁 187。

〔註8〕黃仁宇即認爲「文景之治」的施政不外是「開明專制」（benevolent despotism）的典型。見氏著《赫遜河畔談中國歷史》（台北：時報文化公司，民 78 年 10 月），頁 44～46。

徵引書目

一、古籍及校注

1. 《老子註譯及評介》，陳鼓應著。北京：中華書局
2. 《莊子校詮》，王叔岷著。台北：中央研究院歷史語言研究所。
3. 《莊子解》，清・王夫之著。台北：里仁書局。
4. 《馬王堆漢墓帛書（壹）》，北京：文物出版社。
5. 《黃帝四經今註今譯》，陳鼓應著。台北：臺灣商務印書館。
6. 《管子校正》，清・戴望著。台北：世界書局。
7. 《管子集校》，郭沫若著。北京：北京人民出版社。（郭沫若全集本）
8. 《慎子》，清・錢熙祚輯校。台北：世界書局。
9. 《商君書解詁定本》，朱師轍著。台北：世界書局
10. 《韓非子校釋》，陳啓天著。台北：臺灣商務印書館。
11. 《韓非子集釋》，陳奇猷著。台北：華正書局。
12. 韓子淺解，梁啓雄著。台北：臺灣學生書局。
13. 《四書集注》，宋・朱熹著。台北：世界書局。
14. 《荀子集解》，清・王先謙著。北京：中華書局。
15. 《呂氏春秋集釋》，陳奇猷著。台北：華正書局
16. 《淮南鴻烈集解》，劉文典著。台北：文史哲出版社。
17. 《春秋左傳注》，楊伯峻著。台北：漢京文化公司。
18. 《史記會注考證》，日人・瀧川龜太郎著。台北：漢京文化公司。
19. 《漢書補注》，清・王先謙著。台北：藝文印書館。
20. 《十七史商榷》，清・王鳴盛著。台北：藝文印書館。

二、學術論著

1. 《中國哲學原論（導論篇)》，唐君毅著。台北：臺灣學生書局。

2. 《中國哲學原論（原道篇卷一)》，同上。

3. 《中國哲學十九講》，牟宗三著。台北：臺灣學生書局。

4. 《才性與玄理》，同上。

5. 《政道與治道》，同上。

6. 《中國哲學史》，馮友蘭著。（未著出版社）

7. 《中國哲學史新編》，馮友蘭著。北京：北京人民出版社。

8. 《中國哲學之精神及其發展（上)》，方東美著，孫智燊譯。台北：成均出版社。

9. 《新編中國哲學史》，勞思光著。台北：三民書局。

10. 《中國思想史論集續編》，徐復觀著。台北：時報文化公司。

11. 《中國思想（三）：墨家、法家、邏輯》，宇野精一主編、林茂松譯。台北：幼獅文化公司。

12. 《中國之科學與文明》，李約瑟著。台北：臺灣商務印書館。

13. 《十批判書》，郭沫若著。北京：北京人民出版社。（全集本）

14. 《青銅時代》，同上。

15. 《讀子卮言》，江瑔著。台北：泰順書局。

16. 《戰國子家敍論》，傅斯年著。台北：國立臺灣大學。（傅孟眞先生集）

17. 《先秦政治思想史》，梁啓超著。台北：臺灣中華書局。

18. 《中國政治思想史》，蕭公權著。台北：聯經出版公司。

19. 《先秦道法思想講稿》，王叔岷著。台北：中央研究院中國文哲研究所。

20. 《周秦道論發微》，張舜徽著。台北：木鐸出版社。

21. 《氣的思想—中國自然觀和人的觀念的發展》，小野澤精一等編著，李慶譯。上海：上海人民出版社。

22. 《中國氣論探源與發微》，李存山著。北京：中國社會科學出版社。

23. 《莊老通辨》，錢穆著。台北：東大圖書公司。

24. 《老莊思想論集》，王煜著。台北：聯經出版公司。

25. 《老莊新論》，陳鼓應著。台北：五南圖書公司。

26. 《莊子哲學及其演變》，劉笑敢著。北京：中國社會科學出版社。

27. 《先秦道家「道」的觀念的發展》，楊儒賓著。台北：國立臺灣大學文史叢刊。

28. 《先秦法家思想史論》，王曉波著。台北：聯經出版公司。

29. 《秦漢新道家略論稿》，熊鐵基著。上海：上海人民出版社。

30. 《漢代思想史》，金春峰著。北京：中國社會科學出版社。

31. 《西漢前期思想與法家的關係》，林聰舜著。台北：大安出版社。

32. 《黃老之學通論》，吳光著。浙江：浙江人民出版社。

33. 《戰國時期的黃老思想》，陳麗桂著。台北：聯經出版公司。

34. 《黃帝四經與黃老思想》，余明光著。黑龍江：黑龍江人民出版社。

35. 《商鞅及其學派》，鄭良樹著。台北：臺灣學生書局。

36. 《韓非之著述及思想》，同上。

37. 《韓非子評論》，熊十力著。台北：臺灣學生書局。

38. 《韓非子的哲學》，王邦雄著。台北：東大圖書公司。

39. 《韓非的法治思想及其歷史意義》，蔡英文著。台北：文史哲出版社。

40. 《漢代道家的政治思想和直覺體悟》，那薇著。山東：齊魯書社。

41. 《儒釋道與內在超越問題》，湯一介著。江西：江西人民出版社。

42. 《老子哲學之詮釋與重建》，袁保新著。台北：文津出版社。

43. 《歷史與思想》，余英時著。台北：聯經出版公司。

44. 《國史大綱》，錢穆著。台北：國立編譯館。

45. 《先秦諸子繫年》，錢穆著。香港：香港大學出版社。

46. 《中國上古史待定稿》，台北：中央研究院歷史語言研究所。

47. 《編戶齊民─傳統政治社會結構之形成》，杜正勝著。台北：聯經出版公司。

48. 《戰國史》（增訂本），楊寬著。台北：谷風出版社。

49. 《偽書通考》，張心澂著。香港：友聯出版社。

50. 《諸子考索》，羅根澤著。台北：泰順書局。

51. 《古學甄微》，蒙文通著。四川：巴蜀書社。

52. 《梅園論學集》，戴君仁著。台北：臺灣開明書店。

53. 《困知二錄》，趙紀彬著。北京：中華書局。

54. 《法學緒論》，梅仲協。台北：華岡出版社。

55. 《法理學：法哲學及其方法》，博登海默著。台北：結構群文化公司。

56. 《自然法─法律哲學導論》，登特列夫著，李日章譯。台北：聯經出版公司。

57. 《法律的理念》，羅伊德著，張茂柏譯。台北：聯經出版公司。

58. 《支配的類型：韋伯選集3》，馬克斯韋伯著。台北：遠流出版公司。

59. 《權力：它的形式、基礎和作用》，丹尼斯朗著，高湘澤、高全余譯。台北：桂冠圖書公司。

60. 《政治哲學》，傑拉爾德著，李少軍、尚新建譯。台北：桂冠圖書公司。

三、單篇論文

1. 陳榮捷，〈戰國道家〉，《中央研究院歷史語言研究所集刊》第 44 本第 3 分。

2. 唐蘭，〈黃帝四經初探〉，《文物》1974 年第 10 期，〈馬王堆出土老子乙本卷前古佚書的研究──兼論其與漢初儒法鬥爭的關係〉，《考古學報》1975 年第 1 期。

3. 鍾肇鵬，〈黃老帛書的哲學思想〉，《文物》1978 年第 2 期，〈論黃老之學〉，《世界宗教研究》1981 年第 2 集。

4. 裘錫圭，〈馬王堆老子甲乙本卷前後佚書與"道法家"──兼論心術上、白心為慎到田駢學派作品〉，《中國哲學》第 2 輯，〈稷下道家之精氣說的研究〉，《道家文化研究》第 2 輯，〈馬王堆帛書老子乙本卷前古佚書并非黃帝四經〉，《道家文化研究》第 3 輯。

5. 簡永華，〈黃帝道家的三個基本概念──"道""理"、"法"〉，《中國哲學史研究》1986 年第 4 期。

6. 沈清松，〈漢墓出土黃帝四經所論道法關係初探〉，《漢代文學與思想學術研討會論文集》，台北：文史哲出版社，1991 年。

7. 閻鴻中，〈試析黃老帛書的理論體系〉，《國立臺灣大學歷史學系學報》第 15 期。

8. 蕭萐父，〈黃老帛書哲學淺議〉，《道家文化研究》第三輯。

9. 康韻梅，〈從經法等佚書四篇與韓非子思想的關係論黃老之學本於黃老之說〉，《中國文學研究》第 6 期。

10. 金谷治，〈法思想在先秦的發展〉，《中國文化集刊》第一輯。上海：復旦大學出版社。

11. 王叔岷，〈論司馬遷述慎到、申不害及韓非之學〉，《中央研究院歷史語言研究所集刊》第 54 本第 1 分，〈論莊子之齊物觀〉，《中國文哲研究集刊》第 2 輯。

12. 余敦康，〈論管仲學派〉，《中國哲學》第 2 輯。

13. 胡家聰，〈管子中道家黃老之作新探〉，《中國哲學史研究》1987 年第 4 期。〈黃老帛書「經法」的政治哲學──兼論淵源于稷下之學〉，《中國哲學史研究》1988 年第 4 期。

14. 馮契，〈管子和黃老之學〉，《中國哲學》第 11 輯。

15. 池田知久，〈中國思想史中的「自然」概念──做為判斷既存的人倫價值的「自然」〉，《中國人的價值觀國際研討會論文集》，台北：漢學研究中心，1992 年。

16. 張亨，〈「天人合一」觀的原始及其轉化〉同上。〈荀子的禮法思想試論〉，《臺大中文學報》第 2 期。

17. 林文雄,〈老子法律思想研究〉,《臺大法學論叢》第 4 卷第 2 期。

18. 史華慈,〈黃老學說:宋鈃和慎到論評〉,《道家文化研究》第 4 輯。

19. 楊日然,〈韓非法思想的特色及其歷史意義〉,《臺大法學論叢》第 1 卷第 2 期。

20. 沈剛伯,〈從古代禮刑的運用探討法家的來歷〉,《大陸雜誌》第 47 卷第 2 期。

21. 馬漢寶,〈自然法之現代的意義〉,臺大法學院《社會科學論叢》第 17 輯。

荀子的人性論與理想社會研究

鍾曉彤　著

作者簡介

鍾曉彤，民國 71 年生。私立東吳大學哲學碩士，碩士論文《荀子的人性論與理想社會研究》。
2010 年 8 月結束國科會專任助理的工作，2011 年欲赴美繼續深造。目前研究範圍以先秦儒家荀
子思想為主，日後將擴展到宋、清儒學，以及當代新儒家。

提　　要

　　　本論文目的在證成荀子以心作為道德實踐的主體，並且成功開展一條更容易實踐的道德理
論。證成的方式是以荀子的人性論與理想社會的關係作為研究主體，探討荀子是否能從人性論
中合理的建構理想社會，以實踐他的道德理想。因此在第二章與第三章中，將分別剖析荀子的
人性論與理想社會的結構，在第四章中，透過層層比較人性論與理想社會的關係，以證明荀子
能以心知禮的方式，走出另一條不同於孟子的道德實踐之路。本論文將指出道德內在性並非是
完成道德實踐的唯一路徑。雖然荀子的心缺少當下自覺悟德的能力，但是卻具有自我主宰的主
動力以及超越性的能力，筆者認為這足以建構不同於孟子的道德實踐理論。

目

次

第一章　緒　論

第一節　　研究動機與目的

　　先秦時期的學者面對一個動亂的時代，多數學者無不力求解決亂象之道。以儒、墨、道、法四家相比，儒家學者特別重視個人修養與國家之間的關係，[註1] 他們相信個人的道德實踐有助培養社會的正面風氣，如孔子說：「修己以安人，修己以安百姓」(《論語・憲問》)。之後，荀子承繼孔子道德實踐的精神，強調君主治國不能脫離「德治」，如荀子指出君王拔擢人才需要以「德」為標準，「論德而定次」(《荀子・正論》)。但是在探討德的根源上，荀子不認為德根源於人的心性，如孔子所說：「天生德於予」(《論語・述而》)、孟子：「盡其心者，知其性也；知其性，則知天矣」(《孟子・盡心上》)，荀子的「德」是遵守禮的結果，而「禮」是聖人以心向外觀察、學習所創造的外在規範，目的是為了解除因為人的情欲所造成的亂象。當社會因此恢復秩序時，荀子稱之為「德」，如荀子在〈富國〉中引〈康誥〉言：「弘覆乎天，若德裕乃身」說明天子依禮富民，當人民的欲望滿足時，就不會產生爭執，而天子以禮維繫社會秩序的做法可稱為「德治」。換言之，荀子是從外在的角度談道德實踐。學者一般認為，荀子與孔、孟以道德內在性作為道德實踐的根源相較，孔、孟在理論上具有保障個人道德落實於國家社會的必然性，而荀子則缺少道德實踐的強度。[註2] 大多學者認同荀子以「心知」開出德行之路的意義，不過普遍認為因為荀子遺漏了心的「道德自覺」能力，所以不認為

〔註 1〕 蔡仁厚《孔孟荀哲學》(台北：學生書局，1984 年)，頁 5～6。
〔註 2〕 何淑靜《孟荀道德實踐理論之研究》(台北：文津出版社，1988 年)，頁 3～4。

荀子能成功以「心知」作爲道德實踐的主體。〔註3〕

　　然而令筆者好奇的是，也許「道德內在性」並非是唯一確保道德實踐可行的路徑，或許荀子以認知心作爲知禮的主體，開出的是一條更容易掌握德行的學說。〔註4〕基於此動機，促使筆者以荀子的人性論與理想社會的關係作爲研究課題，企圖還原荀子以人性論作爲建構德治社會理論基礎的意義。

　　筆者將從四個方向探討兩者的關係：1. 外在規範與人性的關聯；2. 理想社會與人性的關聯；3. 理想人格與人性的關聯；4. 理想人格與理想社會的關聯。目的就是希望透過層層分析、比較，反省荀子的人性論能否合理的建構以禮義法度爲根據的德治社會。

第二節　　研究範圍與方法

一、研究範圍

　　歷代學者對《荀子》一書的眞僞大致可分爲三種看法：基本肯定；基本否定；部分否定，〔註5〕除了第一種基本肯定認爲《荀子》三十二篇皆爲可信材料之外，第二、三種基本認同《荀子》中〈大略〉以下六篇屬於漢儒僞作。除此之外〈勸學〉、〈修身〉、〈不苟〉、〈非十二子〉、〈王制〉、〈富國〉、〈王霸〉、〈天論〉、〈正論〉、〈禮論〉、〈樂論〉、〈解蔽〉、〈正名〉、〈性惡〉十四篇可信爲荀子本人所作，其中又以〈天論〉、〈解蔽〉、〈正名〉、〈性惡〉四篇最爲可靠，〔註6〕至於其他篇章則出於弟子所記，以及有某些篇章多錯雜到他家說法。然而我認爲我們可以〈天論〉、〈解蔽〉、〈正名〉、〈性惡〉所呈現的整體思想爲參照，只要其餘各篇同樣展現出荀子思想的整體精神，那麼即使有錯篇的問題，但仍不妨礙對荀子思想的認識，如韋政通指出：「我認爲，現在我們研究某一家的思想，並不可能單指某一個人，實無異是在研究一個學派，其他究竟哪些思想是屬於某一個人的，已無法確知」。〔註7〕這說明我們研究

〔註3〕　諸如韋政通《荀子與古代哲學》（台灣：商務書局，1997 年），頁 219、李哲賢《荀子之核心思想──「禮義之統及其現代意義」》（台北：文津出版社，1994 年），頁 196～197、何淑靜前揭書，同上註，頁 3～4。

〔註4〕　見李哲賢前揭書，同註3，頁 197。

〔註5〕　關於三種觀點的詳細論述，可參考廖名春《荀子新探》（台北：文津出版社，1994 年），頁 55。

〔註6〕　張西堂《荀子眞僞考》（台北：明文書局，1994 年），頁 27。

〔註7〕　見韋政通前揭書，同註3，頁 293。

的是荀學，而不是限定在「荀子」本人。因此本論文除了〈大略〉以下六篇之外，其他篇章皆在取材範圍內。

二、研究方法

本論文目的在處理「荀子的人性論與理想社會的關係」，研究方法分為三種：文獻分析法、邏輯分析法、系統研究法。透過文獻分析法，可以讓我們把握荀子使用概念的內涵；透過邏輯分析法，在預設荀子的思想具有一致性的前提下，組合文獻分析法找到的各個概念，使我們對荀子的思想有整體性的了解；最後緊扣著研究目的，透過系統研究法，將文獻分析和邏輯分析得出的各種概念與論題作為材料，完成本論文的研究。從研究步驟來看，三個研究方法有階段性，由先到後分別為：文獻分析法，邏輯分析法，系統研究法；從研究的互動性來看，三個步驟不能割離，彼此兼具抽離與組織，提問與解答的過程。

以下分別說明三個研究方法：

（一）文獻分析法

意即對荀子思想的掌握，必須研讀相關的文獻資料。把握文獻資料的步驟有二：

1. 本論文使用到的文獻，除了《荀子》一書之外，也包括記載荀子相關史實的文獻資料，如司馬遷在《史記・孟子荀卿列傳》中記載：「荀卿嫉濁世之政，亡國亂君相屬，不遂大道，而營於巫祝，信機祥，鄙儒小拘，如莊周等，又滑稽亂俗。於是推儒墨道德之行事興壞，序列著數萬言而卒。」以及能夠跟荀子思想進行對照的文獻資料，如《孟子》。閱讀跟荀子有關的文獻資料，有助筆者對荀子生平與性格的理解；收集能夠成為荀子思想對照組的文獻資料，則有助筆者對荀子思想的掌握。例如荀子對孟子性善論的批評，如何批評？批評是否恰當？荀子批判的主要用意是什麼？不過以上只是透過二手的文獻資料把握荀子思想，要真正理解荀子的思想，仍然必須回到《荀子》一書。

2. 筆者對荀子思想的掌握，來自對《荀子》各篇章的研讀與理解。每個篇章都有荀子多次使用的概念，如「天」、「學」、「善」、「惡」、「性」等。以「天」來說，荀子觀察的天是自然的，沒有人格意志。但是荀子在〈修身〉提到：「天其不遂乎」有許多學者認為荀子的思想有矛盾，不符合自然之天的

觀點。不過廖名春認爲，「天其不遂乎」由「人有此三行」決定，荀子說：「老老而壯者歸焉，不窮窮而通者積焉，行乎冥冥，施乎無報，而賢不肖一焉，人有此三行，雖有大過，天其不遂乎？」(《荀子・修身》)因此荀子的語意重心在強調人爲，而非強調天意，也可以視爲加強語氣的表達方式。〔註8〕因此，透過文獻分析，更能使我們了解《荀子》中各種概念的內涵。

（二）邏輯分析法 〔註9〕

預設荀子思想具有一致性，概念與概念之間勢必具有聯繫，與互通的關係。值得強調的是，筆者是經過學者考證後才做出荀子思想具有一致性的預設。經過學者考證，可知〈天論〉、〈解蔽〉、〈正名〉、〈性惡〉是荀子所著，因此可以透過此四篇展現出荀子的整體思想，此外除了〈賦〉以下六篇爲漢儒僞作之外，雖然另外二十二篇有錯篇的疑慮，但是也能展現出跟〈天論〉、〈解蔽〉、〈正名〉、〈性惡〉相同的思想，因此可作爲研究的材料。〔註10〕至於筆者讀《荀子》一書的方法，先分別理解各篇的文意，以及各個概念的意義，最後再將各篇進行彙整，而後架構出荀子的思想原貌。如荀子「制天」的觀點，如果我們只是從文字表面理解：「從天而頌之，孰與制天命而用之」(《荀子・天論》)將易於陷入荀子有「人定勝天」的思想。〔註11〕但是如果考慮到荀子在〈樂論〉中對天和樂的論述，就會發現荀子認爲「治天」必須以「和諧」作爲前提，〔註12〕而不以「勝天」作爲治天的目的。

〔註8〕見廖名春前揭書，同註5，頁184～185。

〔註9〕傅偉勳《從創造的詮釋學到大乘佛學》（台北：東大圖書公司，1990年），頁23～24。

〔註10〕考證部分參照張西堂前揭書，同註6，頁27～28。

〔註11〕譚宇權在《荀子學說評論》中提到，荀子戰勝「天行」的論點有三：(1) 不崇拜自然，要設法控制與征服。(2) 不順從自然，要改變驅使。(3) 不盲目歌頌或崇拜自然，要深入了解才能掌握自然。譚宇權《荀子學說評論》(台北：文津出版社，1994年)，頁261～263。依照荀子〈天論〉的說法，只有 (3) 符合荀子原意：「從天而頌之，孰與制天命而用之」。至於 (1)、(2) 點，若參照荀書中其他篇章的論點，如〈樂論〉，可以發現荀子沒有要征服或改變「天行」的觀點，反而提出天與人文社會皆得和諧的觀點。人可以爲了利用自然界的各種資源滿足生活所需，但是作爲必須依循禮義：「君者，善羣也。羣道當則萬物皆得其宜，六畜皆得其長，羣生皆得其命。」(《荀子・王制》)，以此觀之制天是爲了使萬物有秩序，而不是改變「天行」。

〔註12〕荀子說：「故樂者，天下之大齊也，中和之紀也。」、「故鼓似天，鐘似地，磬似水，竽笙簫和筦籥似星辰日月，鞉柷拊鞷椌楬似萬物。」(《荀子・樂論》)可以看出荀子將樂和天地的和諧做一類比。

（三）系統研究法

本論文的研究目的是釐清荀子人性論與理想社會的關係，以解答荀子如何透過其人性論的建構，達到秩序性社會的建立。以此作爲主軸，以文獻分析與邏輯分析得出的各個概念、論題作爲材料，將荀子的各種概念、論證匯整，找出之間的關係。如構成理想社會的方法，在於聖人制禮、樂、法，以此對一般人施教，使其成爲士，君子，聖人。一般人能夠成聖，是因爲聖人與一般人的人性內涵相同，「材性知能，君子小人一也」（《荀子·榮辱》），而心又是人性內涵的一部分，「人何以知道？曰：心」、「凡以知，人之性也，可以知物之理也」（《荀子·解蔽》）。因爲聖人與眾人都同有學習、認知的能力，所以眾人可接受聖人以心制定的禮法，化性成僞。荀子即以「性僞」作爲建立理想社會的理論基礎。

第三節　研究內容與架構

本論文主要探討荀子能否以人性論合理的落實「德治」的理想，以建構理想社會。簡單來說荀子的「德」就是滿足人民的情欲，使人民感到安樂，以建立有秩序的社會。荀子認爲無秩序的社會狀態來自人的欲望有「不知足」的特質，當人滿足了基本的生理欲求之後，還會希望得到更多的享受，但是在物質不多而欲望無窮的情況下，會造成爭奪所以必然產生混亂。荀子指稱，一般人會因爲欲望而任意支配自己行爲的原因，是因爲他們心知的能力不足，無法看到欲望所帶來的「蔽」。但是聖人不同，聖人心知的能力在一般人之上，所以可以透過觀察，找到問題的癥結出在人情欲望的惡，而以心創造禮作爲改變人情欲望的方法，所以荀子的「心」是「認知心」，與孟子的「道德心」不同。眾人以認知心學習聖人所創造的禮來導節過多的欲求，合理的滿足情欲以獲得安樂，這對荀子而言就是「德治」的展現，而眾人依禮行事，就是道德實踐。依此可知，雖然荀子對心的認識與孟子不同，但也能成就道德的實踐。

由此看來，荀子以心作爲制禮的主體，以欲望做爲形成禮的原因。因此「心知」與「欲」在荀子的人性論中佔有很重要的地位。故第二章對荀子的「人性論」主要探討的重點會放在「心知」與「欲」的互動。當欲望凌駕在心知上時會造成「惡」的結果，當心知接受禮的教化控制欲時，會產生化性起僞的「善」，而化性起僞就是建立理想社會的關鍵。在結構處理上，本章將

先處理荀子對天的認知與荀子之前的人性觀，以此展現荀子的思想與之前學者同與不同之處。其次再分析「人性論」的內涵，分別釐清荀子人性論中的概念：「心知」、「能」、「情欲」，以及之間的互動關係。之後透過聖人與一般人化性的過程，說明「性」與「性偽」的關係，以及證明化性起偽是實現理想社會的關鍵。

第三章從「達成理想社會的方法」、「理想社會型態的剖析」、「理想人格的描述」三方面分析荀子的理想社會。荀子以禮作為維繫社會秩序的根據，然而依照荀子的人性觀，使禮在外在規範或內在修養的功能受到限制。從禮的外在規範性來說，因為人心缺少道德自覺，且人性容易受情欲影響為惡，所以禮必需要有很強的規範力量。但是傳統的禮並不具有強制的規範力，所以荀子以「法」補足禮。從禮的內在修養來說，因為禮缺少內在道德的基礎，所以禮因為缺少根源而無法有效發揮，因此荀子提出樂作為禮在修養上的補充。依此可知，荀子一方面以性惡作為「禮」存在的條件，一方面又以樂、法補充禮的不足。並且，荀子也透過對禮、樂、法的層層補充與說明，建構出他心中的理想社會。關於荀子理想社會的型態，其組成的概念以「明分使群」、「禮制」、「德治」為主。對荀子而言，以禮可使社會有分，而君王因為明分所以能使群，建立「明分使群」的結構價值保護人民，使人民生活富足安樂，此即是「德治」。此外，荀子學說的現實意義在治國，而治國的標準是「禮」，所以他的理想人格——「聖人」、「君子」、「士」的一言一行都必須符合「禮」。筆者將說明「思」、「言」（辨）、「行」這三個概念與禮的關係，荀子指出若「聖人」、「君子」、「士」皆以禮為標準且持續專一的學習，當他們位居高位時，則可以透過自我道德的實踐而成為勤政愛民的官員。

第四章透過「外在規範與人性的關係」、「理想社會與人性的關係」、「理想人格與人性的關係」、「理想人格與理想社會的關係」的分析，說明荀子合理的從人性論建構他的社會理想，以此展示以智成德之路的可行性。但是荀子為了以「心知」保障「外在規範」對社會的效用，所以要求現實中的君王必須符合他對聖人形象的要求，如此反而成為落實理想的困難。

最後在結論的部分，除了總結與反省筆者對荀子的研究之外，也探討荀子的理論在現代社會的應用，並以此為基調說明筆者對未來研究方向的期待。

第二章　荀子的人性論

第一節　　天人關係

　　荀子的天論在人性論與理想社會的關係中，有兩個存在的意義：其一，從生生的角度來看，人屬於天（自然）的一部分，所以荀子以「天情」、「天官」、「天君」指稱人之情、官能、心；其二，從「天人之分」的角度來看，荀子劃分了人道與天道，並且認爲在此脈絡下的天道有著圓滿人道的意義。其三，荀子從分疏天人關係上，說明人性不本具道德，以此與先前儒者認爲人性本具道德的觀點作出區隔。

壹、天的內涵

　　荀子在〈天論〉中，將與「天」有關的概念分成「天行」、「天職」、「天功」、「天情」、「天官」、「天君」、「天養」、「天政」八個子概念。我們可以就這八個子概念，對荀子天的理解如下。

一、天道是自然的規律、常則

　　荀子說：「天行有常，不爲堯存，不爲桀亡。」（《荀子・天論》），王先謙對「天行」的解釋爲天自有常行之道，即天道〔註1〕，荀子在〈天論〉中有提到：「天有常道矣。」，蔡仁厚表示，荀子所說的常道是自然的法則、自然的秩序。〔註2〕荀子說：「天行有常，不爲堯存，不爲桀亡。應之以治則吉，應

〔註1〕王先謙《荀子集解・考證》（台北：世界書局，2005年），頁284。
〔註2〕蔡仁厚《孔孟荀哲學》（台灣：台灣學生書局，1984年），頁370。

之以亂則凶。彊本而節用，則天不能貧。養備而動時，則天不能病，脩道而不貳，則天不能禍。……受時與治世同，而殃禍與治世異，不可以怨天，其道然也。」（《荀子·天論》），天不會因為人的作為而改變天體運行的規律，替人製造禍福。同時人也必須體認，要保全其生不能依靠天，而是來自平時合於禮義的行爲，以因應天災。

二、天是自然的，不具人格性、道德性〔註3〕

從荀子對「天行」的論述，可以知道因為天沒有意志所以不會爲了人而改變運行規律：「天不爲人之惡寒也，輟冬；地不爲人之惡遼遠也，輟廣。」（《荀子·天論》）。了解天有常道，並且與人相分者爲至人，荀子說：「明於天人之分，則可謂至人矣。不爲而成，不求而得，夫是之謂天職。」（《荀子·天論》），廖名春說，明於天人相分並非代表天與人毫無關係，而是了解天與人各有職分、職能。〔註4〕因此，即使至人的思慮、能力、理解力皆強，但是也不會想取代天的職份，所以荀子提到：「如是者，雖深其人不加慮焉，雖大不加能焉，雖精不加察焉，夫是之謂不與天爭職」（《荀子·天論》）。但是，所謂的「天職」並不代表天有意志與作爲，因爲荀子已經說「天職」是：「不爲而成，不求而得」（《荀子·天論》），「爲」與「求」正是意志的作用，〔註5〕天「不爲」、「不求」無意志的使「萬物各得其和以生，各得其養以成」（《荀子·天論》），就是天的職分，也是天的功效，即天功。

三、天即客觀現實的自然界，人是自然界的一部分

從荀子對「天行」與「天職」的描述，我們可以知道荀子對天的看法爲：天是自然，沒有意志，並且人不能改變天的規律。但是，荀子所言的天到底是什麼呢？荀子說：「列星隨旋，日月遞炤，四時代御，陰陽大化，風雨博施，萬物各得其和以生，各得其養以成。」（《荀子·天論》），荀子把列星運轉、日月遞照，四時變化、陰陽風雨、萬物生成，皆統稱於「天」，〔註6〕因此荀子所言的天，其實就是我們熟悉的自然界。自然界的構成，並非如畫家作畫一般造作而成，而是「皆知其所以成，莫知其無形」（《荀子·天論》），對此

〔註 3〕人格天如墨子：「天之所欲則爲之，天所不欲則止。」《墨子·法儀》；道德天如孟子：「盡其心者，知其性也；知其性，則知天矣。」《孟子·盡心上》。

〔註 4〕廖名春《荀子新探》（台北：文津出版社，1994 年），頁 189。

〔註 5〕見蔡仁厚前揭書，同註2，頁 370。

〔註 6〕見廖名春前揭書，同註4，頁 176。

荀子稱爲「天功」。我們無法掌握自然界構成的奧妙，所以荀子認爲：「不見其事，而見其功，夫是之謂神。」在此處，人因爲沒有辦法掌握天如何形成的原因，故稱天功爲「神」。此外荀子說：「天職既立，天功既成，形具而神生。」（《荀子·天論》），荀子把人性分成「天情」、「天官」、「天君」三個部分，將人的活動稱爲「天養」、「天政」，從荀子將人性、人的活動與天進行聯繫的方式來看，可推知荀子認爲人是自然界中的一部分。

　　荀子說：「天職既立，天功既成，形具而神生，好惡喜怒哀樂藏焉，夫是之謂天情。耳目鼻口形能各有接，而不相能也，夫是之謂天官。心居中虛，以治五官，夫是之謂天君。」（《荀子·天論》），「耳目鼻口形」稱爲「天官」，即「形具而神生」的「形」，而「好惡喜怒哀樂」則是藉由形體與外物相接所產生的各種反應，稱爲「天情」。天情是依賴「天官意物」（《荀子·正名》），與天君的判別：「將待天官之當簿其類然」（《荀子·正名》）而產生。

四、天具有和諧的特性

　　依照荀子的觀點，天不會因爲人文社會的混亂而改變運行的規律，所以荀子說：「日月星辰瑞曆，是禹桀所同也，禹以治，桀以亂，治亂非天也。」（《荀子·天論》）。但是荀子也說：「繁啓蕃長於春夏，畜積收藏於秋冬」（《荀子·天論》），人文社會的平與亂當然無關於天，但是基本生活所依賴的條件仍舊來自於天，所以荀子提出「天養」、「天政」。人與其他物相比「有氣有生有知有義」（《荀子·王制》），所以「最爲天下貴也」（《荀子·王制》），可以「財非其類以養其類」（《荀子·天論》），擁有「天養」的能力。人有能力利用自然界中的物資，作爲供應自身的條件，但也必須「順其類」，不「逆其類」（《荀子·天論》）。直言之，荀子提出「制天」的說法，並非征服自然的意思，而是制天以達到社會整體的和諧。荀子在〈樂論〉中提到樂具有深化人性的功能，並且各種樂器鳴奏必須形成合諧：「故樂者，天下之大齊也，中和之際也。」，荀子續將鼓比喻爲天，鐘比喻爲地，磬如水，竽笙簫和如同星辰日月，鞉柷拊鞷椌楬喻爲萬物，〔註7〕以此可以看出荀子將樂類比爲天，隱含著人文社會與天的和諧關係。因此，荀子認知的天，不只是機械性的自然界，同時也包含對人文精神提升的要求，使人文社會達到和諧。

〔註7〕《荀子·樂論》。

貳、天人關係

一、天性與人性皆為自然，且天不作為人性的根源

荀子說：「不為而成，不求而得，夫是之謂天職」(《荀子・天論》)，我們所看到的天，並非有意的「為」與「求」，因此天的職分不具人格意志，只是自然的展現。當時思想家普遍接受天有意志的想法，如孟子說：「繼世而有天下，天之所廢，必若桀紂者也」(《孟子・萬章上》)，孟子認為，桀紂之所以被推翻，來自兩人的暴行無法合於天德。天人之間的關係，在人修德以知天德，人性來自於天，人與天的關係以「德」作為連結。〔註8〕荀子不認為天有意志，他提到：「天行有常，不為堯存，不為桀亡。」(《荀子・天論》)，天體的運行，不會因為愛護堯的聖賢保持規律，也不會因厭惡桀的暴虐，而改變運行的規律，降禍在桀的身上。既然荀子不認為天有意志，因此自然也不認為人性是「天之所與我」(《孟子・萬章上》)。人性不是來自天的給予，但是人的形神則是來自天的流行生養，荀子表示：「天職既立，天功既成，形具而神生，好惡喜怒哀樂藏焉，夫是之謂天情。耳目鼻口形能各有接，而不相能也，夫是之謂天官。心居中虛，以治五官，夫是之謂天君。」(《荀子・天論》)，將人的形神以「天官」、「天情」、「天君」相稱，可以看出荀子藉天之自然的特性，說明人是天的一部分：「不可學，不可事之在天者，謂之性」(《荀子・性惡》)，因此人性為自然。

二、天人之分：各有其職，各有規律

荀子提到：「明於天人之分，則可謂至人矣。」(《荀子・天論》)，廖名春曾經針對天人之間的關係，究竟是「有所分」還是「相分」提出解釋。他認為荀子所提的「分」，是名詞，代表「職分」，所以「天人之分」是天與人各有不同的職分，各有其特殊的規律性。〔註9〕關於「天人之分」的「分」字詞性問題，筆者推測廖名春以「職分」說明「天人之分」之「分」字的目的，主要指出荀子認為天人各有其職，人以自身能力建立有秩序的社會，所以從職分的角度來看天人有區別。荀子說：「先王之道，仁之隆也，比中而行之，

〔註8〕 孟子回應公都子如何形成大人與小人之分的疑問。孟子說：「從其大體為大人，從其小體為小人。……耳目之官不思，而蔽於物。物交物，則引之而已矣。心之官則思；思則得之，不思則不得也。此天之所與我者，先立乎其大者，則其小者不能奪也。此為大人而已矣」《孟子・告子上》說明主導人思慮的心，來自「天之所與我」。

〔註9〕 見廖名春前揭書，同註4，頁189。

曷謂中？曰：『禮義是也』。道者非天之道，非地之道，人之所以道也，君子之所道也」（《荀子·儒效》），在〈儒效〉中荀子把道分成先王之道與天道，並且合於先王之道即合於禮義，禮義是「先王制」以「分其亂」（《荀子·禮論》），所以人道可以視爲「若其所以求之道則異矣」（《荀子·榮辱》），道是求之而得。因此，以荀子的思想來看，天道是自然運行的常則、規律，人道是後天建立而成，故天道與人道自然不同。

荀子把人道與天道作出區隔，目的在破除一般人認爲天有意志，且有能力決定人之禍福的觀點，以及對天的變異感到恐懼的迷信。荀子認爲，如果人相信自己的禍福必須依賴天之惡欲，就會喪失自給自足的能力，故荀子說：「錯人而思天，則失萬物之情」（《荀子·天論》）。至於人面對自然變異的態度應該爲：「怪之，可也；而畏之，非也」（《荀子·天論》），他強調自然的變異是「物之罕至者也」（《荀子·天論》），因此天地之變不足以畏，反而應對「人祅」產生恐懼。〔註10〕荀子提出三種「人祅」，指出造成民不聊生的原因都出自人的作爲，而非天象的變異。所以荀子說：「日月星辰瑞曆，是禹桀之所同也，禹以治，桀以亂，治亂非天也。」（《荀子·天論》），可以看出荀子認爲人文社會的治亂，應該由聖人建立禮義制度，而不是依附於天之下。

不過，按照先前提出的論點，人是自然界的一部分，所以人的形神依賴「天職」與「天功」而生。人與天既無法割離，但是荀子卻將人道與天道形成區別，究竟人道與天道有什麼關係？以下將試作說明。

三、知天道以完成人道

從生生的角度來看，人屬於天內涵的一部份；從人文社會的角度來看，荀子從天道區分出人道。人與天既有所分，亦有所合，故荀子在〈天論〉中提到「知天」與「不求知天」兩種認識天的方向。「天」可以作爲認識的對象，即各種自然現象；與產生自然現象的原因。荀子認爲當人能掌握各種自然現象，與其運行的規律時，就是「知天」。「知天」可以使人能：「志於天者，已其見象之可以期」、「志於地者，已其見宜之可以息」、「志於四時者，已其見數之可以事」、「志於陰陽，已其見知之可以治」（《荀子·天論》），在「知天」的意義下「人道」得以完成。不過，因爲人認識能力的有限，所以荀子強調，對天的了解只限於可以掌握的自然現象，產生自然現象的原因則是人無法掌握的，因此荀子說：「聖人不求知天」（《荀子·天論》），以及「夫

〔註10〕熊公哲《荀子今註今譯》（台灣：商務書局，1995年），頁339。

是之謂不與天爭職。天有其時，地有其財，人有其治，夫是之謂能參。」(《荀子·天論》)。

　　天道包含「不可知之天」與「可知之天」兩者，天之於人的生養：「萬物各得其和以生，各得其養以成。」(《荀子·天論》)是「不可知之天」。至於「可知之天」，則是人能「物畜而制之」、「制天命而用之」、「應時而使之」、「騁能而化之」、「理物而勿失之」(《荀子·天論》)的對象，人能裁有用於人之物，對人有用就是宜。〔註11〕所以「知天」能宜於人道的完成：「天地合而萬物生，陰陽接而變化起，性偽合而天下治」(《荀子·禮論》)。性指人的本性，偽則是人文社會中文理隆盛的狀態，而社會治平的原因在聖王制禮義，換言之，禮義是達成理想社會的重要條件：「治之要在於知道」(《荀子·解蔽》)所以知道就是知禮義之道。至於如何「知道」？荀子說：「心知道」(《荀子·解蔽》)。依照(《荀子·天論》)將人性分成「天情」、「天官」、「天君」三者，且「天君」即「心」，因此心內涵於人性。心知禮義，而禮義又來自人之偽。因此，釐清性跟偽之間的關係，可作為理解荀子理想社會的關鍵。此處涉及的問題有三個：性的定義？性的內涵？性與偽的關係？以下分而論之。

第二節　人性的內涵

壹、荀子以前「人性」的主張

　　一般人認為荀子人性論為儒家的歧出，至少與荀子之前儒家的人性看法相比，的確開展出不同以往的人性觀。透過哲學史使我們了解周朝是人文意識覺醒的時代，他們逐漸脫離商人因為宗教信仰而消解人主體性的問題，意識到即使天與人的性命有直接的聯繫，然而天不會無條件的包容人的一切作為，若人想要得到天命，就必須保護好天所賦予人的使命，也就是「德」。〔註12〕這個時期的「德」有兩個意義：一、「德」代表具體的道德行為，如(《尚書·康誥》)中「克明德慎罰。不敢侮鰥寡」。二、彰顯天人之間的內在關聯。雖然周人脫離商人的信仰模式，但是依照傳統還是認為人的性命來自天，因此即使人有道德自覺，但是道德自覺的根源也來自天。徐復觀稱此時的道德意識是向上承擔與實現，而不是由內自轉，所以只可說

〔註11〕見蔡仁厚前揭書，同註2，頁382～383。
〔註12〕徐復觀《中國人性論史·先秦篇》(上海：三聯書店，2001年)，頁18～28。

是後來性善的雛型，也為後來的文化帶來深刻的影響。〔註13〕

到了孔子，因為同時受到傳統文化的影響與現實社會的衝擊，所以一方面以「仁」作為實現德行的主體，承繼傳統將天道與人性結合的觀點，說：「天生德於予」（《論語‧述而》）。一方面又注重禮對社會的實際效用，企圖以禮恢復周初的禮制社會。正因為孔子思想蘊含了兩個觀點，所以分別影響孟子將人的心性作為客觀禮的根源，與荀子側重禮的實際效用。如韋政通說：

> 孔子之仁是由周文之反省而悟得，反省悟得之仁，即正所以成就周文，使周文就現實世界的效用，獲得一道德理性的基礎；亦即使個體的生命與客觀的法度之間，提供了貫通諧和之依據。……孔子對周文通過自覺的反省，而善言禮之價值與意義；孟子就孔子所言者更進一步轉到人的心性上來，專就禮的根源處立論；荀子則直契周公制禮與孔子從周之義，特側重禮之客觀效用，復就禮制典憲而言禮之統類。〔註14〕

韋政通最後提到荀子「直契周公制禮與孔子從周之義，特側重禮之客觀效用」一句，我認為彰顯出荀子將人性與社會道德的聯繫。因為如果拋開傳統天人的內在關係，可發現社會和諧的狀態就是「德」的具體展現。無論周公或孔子，究其思想的真正目的也是為使社會和諧，百姓生活安樂。依照荀子務實的個性，他更重視的是周公與孔子兩位賢者思想的現實意義。也可說除了天人關係之外，荀子也承繼了傳統對「德」的看法。此外荀子也沒有忽略道德實踐的根源，只是他不如孔、孟從人心的當下自覺談德的根源，而認為人要經由學習中提升智慧，以節化造成惡的情欲，成就道德的實踐。關於荀子人性論的細部研究，在之後的章節中會逐一呈現，以下再略談與荀子同時代的人性觀，以及對荀子人性觀的影響。

當時的人性觀可分為兩種：「人性無善無不善」與「人性本善」。前者從經驗現象觀察人性，將人性定義在"生命型態的展現"。代表人物為告子，指出人性的價值為「無善無不善」；後者從人的本質定義人性，從經驗觀察到的事實中向後尋求人共同的特質。代表人物為孟子，以見「孺子將入於井」（《孟子‧公孫丑上》）感到不忍心之情感指出人本具有惻隱之心，以此推出人性本善之說。必須說明的是，荀子以前對人性的看法，除了「無善無不善」與「本

〔註13〕見徐復觀前揭書，同上註，頁29。
〔註14〕韋政通《荀子與古代哲學》（台灣：商務書局，1997年），頁2。

善」之外，還有「性可以為善，可以為不善」以及「有性善，有性不善」兩種，〔註15〕不過，因後兩種人性立場，缺少更多的文獻作為佐證，因此本文先著重探討孟子與告子的人性觀對荀子人性觀所產生的影響。

告子的「生之謂性」為自然情欲以及其他生命特徵表現。雖然告子側重「食、色」的欲望，但是他不僅提出「食、色，性也」（《孟子·告子上》）還提出「仁內義外」之說，所以「生之謂性」所涵蓋的範圍很廣。告子說：「食、色，性也。仁，內也。義，外也。」，告子解釋「仁內義外」為「吾弟則愛之，秦人之弟則不愛也……故謂之內。長楚人之長，亦長吾之長……故謂之外。」（《孟子·告子上》），可見告子所言的「仁，內也」並不如同孟子所言根植於心的內在道德之性，其「內」、「外」是一種「門內」與「門外」親疏遠近的實際分別，即告子只把愛親人的愛視為「仁」，與孟子把將愛親人之愛推展出愛全體人之愛的「仁」的觀點不同，「親親而仁民，仁民而愛物」（《孟子·盡心上》）。但是無論如何，告子視「仁義」為人的情感，代表自然情感之愛。因此「生之謂性」的內容不只限定在單純的求生表現，這是因為告子把人性視為自然之材，所以包括仁愛的情感也是自然的表現，故告子言「人無善無惡」。

孟子不認同告子對從「生之謂性」的角度定義人性，他認為人性應該與動物性有分別，從孟子反問告子犬、牛之性與人性相等與否的問題上，可發現孟子要突顯人性的獨特性，並且以仁義等德行作為分辨人跟萬物的不同之處，孟子說：「人之所以異於禽獸者，幾希。庶民去之，君子存之。舜明于庶物，察于人倫，由仁義行，非行仁義也」（《孟子·離婁下》）。所以孟子修正告子的「仁內義外」應為「仁義皆內」，即仁義道德因子根植於人性，如此人才可會有「仁」、「義」之情。但是孟子也不反對以「生」作為人性內容的說法，孟子在〈盡心下〉提到耳、目、口、鼻生理反應為人性的內容，只是並不足以作為人性與其他物性的差異，故言：「君子不謂性也」，而仁、義、禮、智等德行才是君子所認知的人性，故人性本善。

綜觀孟子與告子的人性觀，可知孟子探求人性的本質，而告子從外在客觀上界定人性。相對而言，孟子從狹義的角度觀察人性，而告子從廣義的角

〔註15〕四種人性觀出自孟子與公都子的對話。公都子曰：「告子曰：『性無善無不善也。』或曰：『性可以為善，可以為不善，是故文武興則民好善，幽厲興則民好暴。』或曰：『有性善，有性不善，是故以堯為君而有象，以瞽瞍為父而有舜，以紂為兄之子且以為君，而有微子啟、王子比干。』今曰『性善』，然則彼皆非歟？」（《孟子·告子上》）

度觀察人性。之後，荀子分別擷取這兩種人性的觀點，提出新的人性觀。簡而言之，荀子一方面以「心知」作為分辨人與萬物不同的地方，界定出人性的本質。一方面視人性為自然之材，所以「心」與基本的人情欲望，同屬客觀經驗中的自然存在。所以，即使人情欲望中有造惡的特質，也是自然而然的為惡，並且人的情感可以在心的學習與指導下，轉化「惡」為對社會有助益的「善」。這個觀點與告子相近，告子提到：「性，猶杞柳也；義，猶桮棬也」（《孟子·告子上》），以人性為自然之材，而仁義為後天培養而成的說法，正與荀子在〈性惡〉中提到：「枸木必將待檃栝烝矯然後直」相近。荀子與告子不同的地方在於，依照人的自然之性，必然導致惡果，而告子則相信人性的善惡來自外在的影響，而不是來自於人性。

透過以上分析，可知荀子的人性觀多少受到孟子與告子對人性看法的影響，並且相應於當時的現實情況，提出新的人性觀。關於荀子對人性的說法，以下續而言之。

貳、「人性」的內涵

一、「人性」的定義

（一）自然義

在〈性惡〉篇中，荀子對「性」有明確的定義：「凡性者，天之就也，不可學，不可事。」按照先前對天的理解，天是客觀現實的自然界，所以「凡性者，天之就也」意即人性是天生本有，並且為「不可學，不可事」的自然質素。人性如同「直木不待檃栝而直者，其性直也，枸木必將待檃栝烝矯然後直者，以其性不直也。」（《荀子·性惡》）樹木不待外力作用，自然展現出直與曲，就是樹木天生之性，故荀子說：「性者，本始材朴也」（《荀子·禮論》）、「不事而自然者謂之性」（《荀子·正名》）可藉此看出人性為自然。

（二）普遍義

因為荀子認為人性是人生而即有，因此只要是人，性的內容皆同，所以荀子提到：「凡人之性者，堯舜之與桀跖，其性一也；君子之與小人，其性一也。」（《荀子·性惡》）即使人可以區分為聖賢與暴君、大盜，君子與小人，他們也都擁有相同的人性，因此人性是普遍的。關於於人性的內容，荀子說：

性者，天之就也；情者，性之質也；欲者，情之應也。（《荀子·正名》）

> 生之所以然者謂之性。性之和所生，精合感應，不事而自然者謂之
> 性。性之好惡喜怒哀樂謂之情。（《荀子‧正名》）

> 凡以知，人之性也，可以知，物之理也。（《荀子‧解蔽》）

蔡仁厚認爲荀子人性論的內容，不外乎：感官的本能；生理的欲望；心理的反應，因此他認爲荀子論人性，只在動物性上停留，因此人性自然爲惡。〔註16〕但是荀子有提到：「治之要在於知道」（《荀子‧解蔽》），且「仁義法正有可知可能之理，然而塗之人也，皆有可以知仁義法正之質，皆有可以能仁義法正之具。」（《荀子‧性惡》）正因爲塗之人與聖人皆有「可以知」之「質」，所以塗之人才可以通過「學」的過程成爲聖人。因此，荀子人性的內容，絕對不只在動物性上言性，必須加上心徵知的能力，人性的內容才會完整。

二、人性的內涵

（一）感官本能、心、情欲是人生而即有

荀子在〈天論〉中提到「天情」、「天官」、「天君」三者是自然而成，以〈性惡〉中對人性的定義來看，「天情」、「天官」、「天君」三者符合「天之就」的標準，因此可將「天情」、「天官」、「天君」視爲人性內容的一部分。此外，荀子在〈正名〉提到：「性者，天之就也；情者，性之質也；欲者，情之應也」，並且「欲不可去，性之具也」，荀子認爲人之情、欲都是人天生即有，因此人性的內容應包括「天官」、「天君」、「天情」、「欲」。

1.「天官」是人的感官本能，能向外知覺

「天官」的具體內容爲耳、目、鼻、口、形體，屬於人的感覺器官。耳、目、鼻、口、形體的能力分別爲聽、見、聞、味、感受冷熱輕重。「天官」可以與外界接觸，形成各種不同的感受，這些感受就是人與禽獸皆有的感官知覺，因此荀子說：「禽獸有知而無義，人有氣有生有知亦有義」（《荀子‧王制》）。

2. 心

（1）心有徵知的能力

荀子在〈解蔽〉提到：「人何以知道？曰：心。……心生而有知，知而有異」，荀子表明心知的能力是天生具有，並且此處的「知」是接續於「知道」之後，因此不會是人與禽獸皆有的感官之「知」，而是「徵知」。荀子說：「心

〔註16〕見蔡仁厚前揭書，同註2，頁389～392。

生而有知，知而有異」，心能掌握物物的差異性，必須透過「天官意物」且「待天官之當簿其類」，然後才可緣耳分辨聲音「清濁調竽奇」的差異，以及制定「清濁調竽奇」（《荀子·正名》）之名。因此，心徵召萬物以知之的能力是人天生具有，故為人之本性。

（2）心的自主性

對荀子來說，心的徵知能力可以發揮作用，主要原因在於心有主動知物的特性。因此荀子在「禁」、「使」、「奪」、「取」、「行」、「止」之前都加上「自」，用來展現心有主動、自由認知的特質。荀子說：「以其不可道之心取人，則必合於不道人而不知合於道人」（《荀子·解蔽》），心在尚未認知「道」的情況下，所做的選擇也不會合於「道」，換言之，如果心沒有接受正確的指引，就會做出不正確的選擇與決定。這似乎說明荀子認為無論心有沒有接受「道」，都有自我決定與選擇的能力。因此，我們可以發現「心」天生擁有自我主宰的能力，而心的自我主動主宰能力，可能會受到各種主觀或客觀的影響，而做出錯誤的判斷，但是當心接受正確的指引時，就會做出正確的選擇。正因為心具有主動的特性，所以才可以作為解除蔽端的主體，因此荀子認為「心」是「形之君也，而神明之主也」（《荀子·解蔽》）。

（3）心有容受性、兼知性、能動性

荀子提到：「人生而有知，知而有志，志也者，藏也。」（《荀子·解蔽》）根據北大哲學系《荀子新注》中對「藏」的解釋為「記憶」。〔註17〕王先謙將「藏」視為包藏，〔註18〕兩個解釋都指出心有容受萬物的性質，因此荀子會言：「心容」（《荀子·解蔽》），這就是心的容受性。

此外，荀子提到心能兼知，他說：「心生而有知，知而有異。異也者，同時兼知之，兩也。」（《荀子·解蔽》）人生下來就開始認識萬物，萬物有千百種，一物有各種不同面象，而人可以認識各種不同的事物，證明心有兼知的特性。比方說白石，白色由目見，石的堅硬由手觸，透過天官意物使心同時接收「白」與「堅」，而徵知為「堅白石」，就是心的兼知性。

最後是心的能動性。荀子認為心有主動能動性與被動能動性。前者說明心有主動認知的能力。後者則說明心受到外物影響時也會產生回應，只是並非有意識的回應。荀子說：「心臥則夢，偷則自行，使之則謀，故心未嘗不動

〔註17〕北大哲學系《荀子新注》（台北：里仁書局，1983年），頁421。
〔註18〕見王先謙前揭書，同註1，頁365。

也」(《荀子・解蔽》)，荀子認為心時時刻刻都在運動，他以「夢」、「行」、「謀」三方面證明心主動與被動的能動性。

（4）心有能虛、能壹、能靜的能力

荀子在〈解蔽〉中除了說明心除了有容受性、兼知性、能動性之外，還提到心有能虛、能壹、能靜的能力，因此可以接受禮義與師法之化，化性成偽，對此荀子謂之「大清明」(《荀子・解蔽》)。關於心能虛的能力，荀子言：「不以所已藏害所將受，謂之虛」，意指心能夠無限的認識各種事物，而不會受到已經認識對象的限制。此處「虛」也就是心的「兼知」能力。至於「壹」，荀子在〈解蔽〉中提到：「不以夫一害此一謂之壹」，意指雖然心可以容納和認識各種事物，但是認知的對象卻不會產生混淆。同時荀子續而言之：「小物引之則其正外易，其心內傾，則不足以決庶理矣。故好書者眾矣，而倉頡獨傳者，壹也」(《荀子・解蔽》)，倉頡可以在造字上突出於眾人，是因為倉頡比眾人更專心在造字的工作上，而不會因為其他干擾而動搖其心志。這不但說明了當心面對各式各樣的認識對象，不會茫無頭緒的認知，而能夠專注於特定的認識對象上，所以心擁有能夠專一的能力之外，同時指出因為心天生擁有自我主宰的能力，即意志力，所以可以專一。至於「靜」，荀子說：「故心未嘗不動也，然而有所謂靜，不以夢劇亂知，謂之靜。」(《荀子・解蔽》)先前提到荀子的心有主動與被動的能動性，除此之外他更進而指出，雖然心會不時的活動，但是卻擁有不被雜亂的思緒或混亂夢境影響的能力，所以荀子言：「不以夢劇亂知，謂之靜。」不過此處「不以夢劇亂知」不是指作夢的當下，而是清醒之後不會受到夢境干擾思緒，也可推知心的認知能力能夠超然於各種不利思辯的混亂情況。統合荀子的「虛」、「壹」、「靜」，可以發現雖然心需要經過「虛」、「壹」、「靜」的修養功夫才可成為大清明之心，然而如果心本身不具備能虛、能壹、能靜的能力，就不會達到「虛」、「壹」、「靜」的「大清明」境界。並且，因為心有容受、兼知、能動的特性，所以在學習認知的過程中，經過不斷的專一、整合，而能層層超越於本來的認知狀態。因此荀子雖然強調心的認知能力，「人何以知道？曰：心」(《荀子・解蔽》)，但是其認知心並非只是單純的具有「認知」的能力而已。事實上當荀子言心能認知的時候，已經預設心先天具有主動主宰的能力、意志力，以及容受、兼知、能動的特性，與能虛、壹、靜的能力，所以心才能夠經由認知學習的過程解除各種蔽，而成為化性起偽的主體。

（5）心術之患

　　心的自主、儲藏、兼容、能動等各種特性只是達到徵知的條件，並不確保徵知是否正確。荀子指出造成錯誤認識的原因在於：「蔽於一曲」（《荀子·解蔽》），故荀子舉出十蔽說明在認識的過程中，常常會因為情欲的影響、執著事物的某一面、外在環境的影響，而造成錯誤的認識。荀子曾在〈解蔽〉中舉出各種例子說明心在認識的過程中會發生的錯誤，以及造成錯誤的原因，以下分別舉之以說明：

　　甲、蔽於情、欲

　　　　昔人君之蔽者，夏桀殷紂是也；桀蔽於末喜斯觀，而不知關龍逢，

　　　　以惑其心而亂其行。紂蔽於妲己飛廉，而不知微子啓，以惑其心而

　　　　亂其行。

桀、紂分別寵信末喜斯觀、妲己飛廉，只聆聽寵妃、寵臣之言，而不信任忠言勸諫的關龍逢、微子啓。桀、紂喜見美色、聽讒言，為了滿足耳目感官與心之好欲，因此造成「羣臣去忠而事斯，百姓怨非而不用，賢良退處而隱逃」（《荀子·解蔽》）的身死國亡之禍。這就是在認識的過程中，受到情欲的影響產生片面性，而無法進行全面的認識。

　　　　昔人臣之蔽者，唐鞅奚齊是也。唐鞅蔽於欲權，而逐戴子，奚齊蔽

　　　　於欲國，而罪申生。唐鞅戮於宋，奚齊戮於晉。逐賢相而罪孝兄，

　　　　身於刑戮，然而不知，此蔽塞之禍也。

唐鞅、奚齊排除異己，為了權勢所帶來的名利福祿，反而造成身死之禍。荀子透過「人臣之蔽」的例子，說明雖然名利福祿會滿足人「目好色，耳好聲，口好味，心好利，骨體膚理好愉佚」（《荀子·性惡》）的情欲，但是名利福祿也會帶來殺身之禍。

　　乙、蔽於「道之一隅」

　　荀子認為墨子、宋子、慎子、申子、惠子、莊子六家都屬於「賓孟」，所謂的「賓孟」就是為了天下之安定遊走於各諸侯之國。荀子以為這六家都認為自己的學說可以改善戰國的亂象，但事實上只是把握到「道之一隅」。荀子認為能改善天下亂象必須符合禮義，因此禮義才符合道。荀子指出墨子「蔽於用而不知文」、宋子「蔽於欲而不知得」、慎子「蔽於法而不知賢」、申子「蔽於勢而不知知」、惠子「蔽於辭而不知實」、莊子「蔽於天而不知人」，六家各把握現象之一面，而忽略其他面象，因此反而造成「以為足而飾之，內以自亂，外以惑人，上以蔽下，下以蔽上」（《荀子·解蔽》）的亂象。

丙、蔽於外在環境的限制

荀子認爲正確的認識來自心對「禮」的學習。一般而言，尚未受禮義教化引導之心，就算「小物引之」也會改變正確的認識，而「不足以決庶理矣」（《荀子‧解蔽》）。荀子舉出許多例子證明人的認識能力會受到外在環境的影響出錯：

> 冥冥而行者，見寢石以爲伏虎也，見植林，以爲後人也；冥冥蔽其明也。
>
> 醉者越百步之溝，以爲蹞步之澮也，俯而出城門，以爲小之閨也，酒亂其神也。

因爲外在客觀因素會影響人的感官能力，進而影響心作出錯誤的判斷。所以，荀子說：「觀物有疑，中心不定」（《荀子‧解蔽》），若感官知覺受到外在環境影響而造成中心不定，在不應做出評判的狀態下，一般人卻執意的進行判斷，如此就會造成「以疑決疑，決必不當」（《荀子‧解蔽》），而成爲荀子口中的「愚者」。

依此可知，雖然荀子的心並不具備當下自覺反省的能力，但是只要能認知禮就可做出正確的是非判斷，以成就道德，故心是道德實踐的主體。然而因爲心和禮是認知主體與認知對象的關係，所以即使心不作爲禮的本源，但認知禮後亦可節化情欲，化惡爲善，所以此心是中立而無偏善惡。

3. 情、欲

荀子指出只要人與外物相接就會產生情緒、欲望，此爲人生即有的反應。荀子說：「目好色，耳好聲，口好味，心好利，骨體膚理好愉佚，是皆生於人之情性者也；感而自然，不待事而後生之者也」（《荀子‧性惡》），依此得知，「情」是透過「天官」與「天君」與外物相感後自然形成的情緒。荀子說「情」的實質內容有「好惡喜怒哀樂」（《荀子‧天論》），而欲望是「情之應」，意即對「好惡喜怒哀樂」情緒的趨向與迴避，因此可以將欲望視爲促發行爲產生的內在動力。所以，當心尚未「中理」或「合道」時，人心只順其情、欲行動，換言之，行爲活動的目的就是爲了滿足情、欲。至於人最基本的欲求即是生存，所以荀子說：「人之所欲，生甚矣」（《荀子‧正名》），求生的情、欲活動爲「飢而欲食，寒而欲暖、勞而欲息、好利惡害」（《荀子‧榮辱》）只要是人，爲了生存都會產生各種需求，並且設法滿足，這是「人之所生而有也，是無待而自然者也，是禹桀之所同也」（《荀子‧榮辱》），故情、欲是「人有所一同」（《荀子‧榮辱》）。

（二）感官本能、心、情欲的動態關係

　　「人性」是人跟外界在互動的過程中所展現的整體特質。荀子的人性則是感官本能、心、情欲跟外界在互動過程中的整體呈現。荀子說：「生之所以然者謂之性。性之和所生，精合感應，不事而自然者謂之性。」（《荀子・正名》）其中「性之和」之「性」與「生之所以然」之「性」是相同的概念，即天君與天官，至於「生之所以然」之「性」與外界相接的自然展現，就是「不事而自然」之「性」，也就是人性。荀子認為，「天官」（感官）必須透過「天君」（心）的統合才能充分發揮感官能力。反之，心的徵知能力需要依賴感官向外物接觸才能發揮效用。因此「性之和所生」意指心與感官跟外界相交時所產生的互動，並且在互動的過程中出現情欲的反應。

　　荀子說：「性之好惡喜怒哀樂謂之情」，依照前文的說法，「情」也就是「天君」與「天官」與外物互動產生的情緒，應著情緒的好、惡而形成所好、所惡的反應就是人的欲望。荀子說：

> 形體色理以目異。聲音清濁調竽奇聲以耳異。甘苦鹹淡辛酸奇味以口異。香臭芬鬱腥臊漏庮奇臭以鼻異。疾養滄熱滑鈹輕重以形體異。
> 說故喜怒哀樂惡欲以心異。（《荀子・正名》）

目、耳、口、鼻、體有與物相接的能力，並且在過程中會因物產生各種反應。例如皮膚感受到極熱時自然會閃躲，如果感受為適當的溫度，就會接受。心同時收集五官提供的材料，並且對不同的反應作出分判，得出「說故喜怒哀樂惡欲」之情、欲。值得一說，「說故喜怒哀樂惡欲以心異」可能包含兩種層次：第一種「說故喜怒哀樂惡欲」來自五官個別的感受，例如「目好色」（《荀子・性惡》），這是目之官對所見事物形成的感受與反應；第二種「說故喜怒哀樂惡欲」來自五官綜合的感受，例如「貧欲富，賤欲貴」（《荀子・性惡》），以「貧欲富」而言，可能包括口不欲飢、體不欲寒等各式反應，而心在此層次作出的情、欲判別，就是「情欲心」。〔註19〕故荀子說：「心好利」是「生於人之情性者也」（《荀子・性惡》）。

　　總之，荀子的人性蘊含心知、官能、情欲，且人性在心知、官能、情欲的互動中呈現出惡。荀子指出因為心沒有足夠的判斷能力，加上受到情欲「欲多不欲少」的特質影響，所以心會依從欲望且為了滿足情欲的需求，而造成惡的結果，此即性惡，亦為人性的具體表現。

〔註19〕潘小慧《從解蔽心看荀子的知識與方法學》（輔仁大學哲學研究所碩士論文，1985年），頁13。

三、性惡觀

（一）荀子對善、惡的分判

荀子在〈性惡〉中提到：「凡古今天下之所謂善者，正理平治也，所謂惡者，偏險悖亂也」，荀子以外在客觀的角度區分「善」、「惡」兩者，一方面駁斥孟子善本於內在心性的說法；一方面指出因為「人性為惡」，所以聖王才需要制定「禮義」，因此「禮義」是後天造作而成。

> 人之性惡，其善者偽也，今人之性，生而有好利焉，順是，故爭奪生，而辭讓亡焉；生而有疾惡焉，順是，故殘賊生，而忠信亡焉；生而有耳目之欲，有好聲色焉，順是，故淫亂生，而禮義文理亡焉；然則從人之性，順人之情，必出於爭奪，合於犯分亂理，而歸於暴。故必將有師法之化，禮義之道，然後出於辭讓，合於文理，而歸於治。用此觀之，則人性惡明矣，其善者偽也。（《荀子·性惡》）

荀子指出：1 人性中有「好利」、「疾惡」、「耳目之欲」之情、欲，順從這些情緒、欲望，就會造成「爭奪」、「殘賊」、「淫亂」。「好利」、「疾惡」、「耳目之欲」是人之情、欲，心受情欲的影響，順其情欲而作出「爭奪」、「殘賊」、「淫亂」等惡的判斷，故依此得知，情、欲是造成「惡」的根本原因。2 為了抑制「爭奪」、「殘賊」、「淫亂」，所以出現「師法之化」與「禮義之道」等手段，使社會從「偏險悖亂」轉化成「正理平治」。3 沒有惡就不會有善，因此善由後天形成。

（二）「惡」來自情欲之性

荀子的人性內容包涵知、能、情、欲，不過他通常將「知能」與「情欲」並稱，以「知能之性」與「情欲之性」說明人性中能治與被治的關係。

依據前文，荀子從「好利」、「疾惡」、「耳目之欲」之性，導致「爭奪」、「殘賊」、「淫亂」等「犯分亂理」的行為說明「人之性惡」，這涉及到兩個重點：

第一，依照荀子對人性認知，人性的內容除了情欲之外，還包括感官能力與心的徵知能力。但是荀子提出的「性惡」主要強調人性中的情欲會導致「爭奪」、「犯分亂理」等「惡」的行為的產生，以此說明人的感官知覺，以及心的徵知，都受會到情、欲影響，故荀子說：「欲養其欲而縱其情，欲養其性而危其形，欲養其樂而攻其心，欲養其名而亂其行」（《荀子·正名》）。

第二，情緒、欲望是作為維繫生存的內在動力，諸如：天氣寒冷會想保暖禦寒，肚子餓了會想找食物充飢，以此看來情、欲的價值為中立。不過人

之情、欲又有「窮年累月累世不知不足」（《荀子・榮辱》）的特質，荀子說的「順是」，意指人的欲望是無窮無盡的，滿足一個欲望，又會興起欲滿足另一個欲望之情。在欲望無止盡的興起與滿足的循環下，就會造成荀子所說：「欲而不得，則不能無求，求而無度量分界，則不能不爭。爭則亂，亂則窮」（《荀子・禮論》）的情況，因此對荀子來說，「欲」有成惡的特質。還有一點，荀子以「偏險悖亂」定義「惡」，以「正理平治」定義「善」，而達到「正理平治」是荀子所追求的目標，因此荀子自然會找出造成「偏險悖亂」的原因，以對症下藥：「人之性惡，故古者聖人以人之性惡，以為偏險而不正，悖亂而不治，故為之立君上之勢以臨之，明禮義以化之」（《荀子・性惡》），「禮」又是聖王為了解除這些亂象所制定，故情欲之性是造成「惡」的條件。

目前學界對荀子「性惡」論的評論，有人性無善惡、後天性惡論、性本惡等各種說法。以下分而評論：

1. 荀子是人性無善惡論者，如鮑國順。他認為，荀子以「蓬生麻中，不扶而直；白沙在涅，與之俱黑」（《荀子・勸學》）說明人性之善惡是後天習染而成，所以人性不是本惡，是無善無惡。人之所以有惡，是因為「欲」不知足的特質，所以「欲」不惡，但是會流於惡。〔註20〕

不過如果荀子只是停留在人性不善不惡，那麼荀子怎麼以「性惡」作為人性的評價呢？鮑國順認為「欲」不惡，只是易流於「惡」。但是如何「流於惡」呢？鮑國順以欲望「不知足」的特質作為「流於惡」的原因。但是，如果「不知不足」之欲不是「惡」，那麼無惡之欲究竟如何在不改變自然本性的狀態下流於「惡」呢？〔註21〕對此鮑國順並沒有做出正面的回應。此外，既然荀子以「性惡」作為人性的評價，可知對荀子來說，性之中必定有導致「惡」產生的特質存在，所以「不知不足」之情欲就是「性惡」之「性」。

2. 荀子是後天性惡論者，如韋政通。他認為，荀子以「性者本始材朴」（《禮論》）說明人性是天生自然，而自然之性自然無善惡可言。至於「惡」的產生來自自然情欲有「欲多而不欲寡」的特質，順著自然情欲流於惡，這是現實人生中隨處可見的事實。此外，因此韋政通認為荀子而性惡，是從人的行為著眼，而非動機為惡。〔註22〕

〔註20〕鮑國順《荀子學說析論》（台北：華正書局，1993年），頁12～16。
〔註21〕見廖名春前揭書，同註4，頁123。
〔註22〕見韋政通前揭書，同註14，頁68～72。

依上述觀之，鮑國順以動機定義荀子人性無善惡，韋政通從人的行為定義說明荀子性惡的立場，兩者立論的角度不同，但是證成的內容大同小異，即自然之性淪落到性惡。因此前文對鮑國順提出的疑問，同樣在韋政通身上出現。也就是，若荀子不認為情欲為惡，那麼價值中立的情欲究竟如何流於「惡」？韋政通從荀子立論的立場，承認荀子有必要證成性惡，證成的過程來自自然之性有「欲多而不欲寡」的特質，所以會淪落到性惡。〔註23〕韋政通一方面承認荀子認為人之情欲有「欲多而不欲寡」的特質，所以流於惡，一方面又說自然之性無善惡可言。但是，既然社會亂象來自人之情欲，那麼不是正好說明了情欲的特質為「惡」嗎？換言之，韋政通指出「欲多不欲寡」的特質造成惡，但又說「欲多」為自然特質，無善惡之分。然而無善惡價值的情欲如何「流」於「惡」？故兩者產生矛盾。此外荀子在〈正名〉中提到：「欲過之而動不及，心止之也。心之所可以中理，則欲雖多，悉傷於治，欲不及而動過之，心使之也」，如果情欲之性的價值中立，那麼為什麼需要以心節制情欲的活動？再者觀其荀子思想，他意圖從現實中的惡，推導出人性之惡，而以情欲作為造成現實中「惡」的條件，「所謂惡者，偏險悖亂也，……人之性惡，故古者聖人以人之性惡，以為偏險而不正，悖亂而不治，故為之立君上之埶以臨之……使天下皆出於治、合於善也」（《荀子‧性惡》）。並且從荀子以自然之天、自然界的素材跟人性作類比性的說明來看，可得出荀子有意說明人性的自然。可是，荀子花了眾多篇幅說明人性之自然，只能用來證明「善」來自後天人為的造做，而非天生即有。換言之，荀子認知中的自然，只不包括「善」，事實上不排除「惡」與中立價值的存在。所以荀子認為人之情欲是天生即有，並且有為惡的特質。

3. 荀子以情欲說明人性本惡者，如廖名春。他認為多數學者將情欲視為人自然之質，故無善惡，而惡來自「順是」、「流於」不知節制的情欲之性，針對這些說法，廖名春認為這是以自己的人性觀，取代荀子的人性論。他認為既然荀子提出的情欲之性，會造成「爭奪」、「殘賊」、「淫亂」等惡行，並且所順的情欲之性並沒有異化，仍舊屬於天生具有的自然之性，可以見荀子很明顯的認為情欲之性為「惡」的價值內容。〔註24〕

不過統整荀子對「情欲之性」的說明並且加以分析後發現，荀子從"生

〔註23〕見韋政通前揭書，同上註，頁70～71。
〔註24〕見廖名春前揭書，同註4，頁122～124。

而即有的生理欲求"與"造成偏險悖亂的客觀惡的條件"判斷「情欲之性」的價值。前者，荀子在〈榮辱〉中明白提到：「飢而欲食、寒而欲暖、勞而欲息、好利惡害」，基於個人經驗，的確很難將求生存的情欲之性視爲惡，以此可知，荀子的「情欲之性」蘊含著價值中立的部分。不過荀子並不在中立的情欲之性上作停留，他在〈性惡〉中指出當人的生存受到威脅時，往往會爲求生而產生爭奪、暴亂，這就是荀子所說：「欲而不得，則不能無求，求而無度量分界，則不能不爭。爭則亂，亂則窮」《荀子·禮論》，故荀子提到「順是」，意指當人的生存活動只「順」著「情欲之性」，且當心又缺少足夠的能力以抑制情欲時，就必然產生客觀的惡。換言之，情欲之性是造成人性自蔽的成因，所以荀子把情欲之性視爲造惡條件的理由，故謂之性惡。此外荀子思想的最終目的是爲了建立禮法社會，他以「正理平治」定義「善」，以「偏險悖亂」定義「惡」，所以若荀子希望求得一個解決「偏險悖亂」的方法，勢必需要找到造成偏險悖亂的條件，對此荀子指出人順著人性中的情欲之性會造成客觀的惡，故稱之「性惡」。他理想中的「善」等同於禮法社會，而達成理想社會的方法來自後天的教化與規範。因此，荀子用可治的禮法與人的情欲之性對立，如此禮法才有存在的必要。依此可知，雖然情欲之性蘊藏價值中立的部分（基本的生理欲求），然而當荀子尋求造成惡的原因時，則以情欲之性做爲造成惡的條件，故稱其「性惡」。不過畢竟情欲之性只是人性內涵中的一部分，所以縱使情欲之性的特質爲惡，也不代表「人性」的內涵全部爲惡。此外情欲之性也有價值中立的特質，所以聖人才能以心支配情欲後，將情欲之性轉而成爲聖人運用智慧的動力，而制定禮法，故荀子在〈禮論〉中提到：「先王惡其亂也，故制禮義以分之」。因此雖然廖名春掌握住荀子提出性惡觀的內容與目的，較貼近荀子「性惡」的原意，但是他卻過於強調情欲之性爲惡，而忽略了情欲價值中立的部分。

綜合上述，荀子指出情欲之性有造成惡的特質，故稱其「性惡」。但是雖然情欲之性有造成惡的特質，卻不代表情欲之性全然爲惡，因爲「飢而欲食，寒而欲暖，勞而欲息」（《荀子·榮辱》）等基本欲求不能被視爲造成「惡」的特質。至於荀子如何以情欲之性證成性惡，在下一段將做出說明。

（三）「性惡」證成

荀子以「偏險悖亂」定義「惡」，以情欲之性作爲「惡」的根源，「惡」與「性惡」的關係爲：社會的亂象來自個人的自利。關於「惡」與「性惡」關係的論證爲：

　　1. 情欲之性是人人皆有：「凡人有所一同：飢而欲食，寒而欲暖，勞而欲息，好利而惡害，是人所生而有也，是無待而然者也，是禹桀之所同也」（《荀子‧榮辱》）。

　　2. 荀子認為情欲之性有自我滿足與不自足的特質。首先，荀子對人之情性的觀察為「飢而欲飽，寒而欲暖，勞而欲休」（《荀子‧性惡》）由於這些舉動都出於「為己」，所以荀子認為「讓」與「代」的行為，不是人性固有，而是後天教化而來。並且，荀子認為人性為「苟無之中者，必求於外」（《荀子‧性惡》），人性本來就會想要滿足自身的缺乏。此外，情欲之性會影響知能之性的活動。當情欲影響心知時，造成「心好利而穀祿莫厚焉」（《荀子‧王霸》），心會傾向對自身有利的抉擇；當情欲影響官能之性時，造成「口好味而臭味莫美焉，耳好聲而聲樂莫大焉，目好色而文章致繁、婦女莫眾焉，形體好佚而安重閒靜莫愉焉」（《荀子‧王霸》），由此可知，人會想辦法滿足感官所有想要的欲望。

　　再者，荀子認為人的欲望無窮無盡，滿足第一個欲望，反而會引起更大的欲望，欲望不會自止，必須靠心中理才能止欲。「故欲過之而動不及，心止之也。心之所可中理，則欲雖多，悉傷於治，欲不及而動過之，心使之也。」（《荀子‧正名》）一般人以為社會亂象來自人的欲望太多，但是與其說欲望多，不如說人的情欲本來就有求多不求少的特質。更進一步說明，造成社會亂象的原因在欲望的特質，而非欲望的數量。這些「欲多而不欲寡」、「窮年累世累月不知不足」的特性，就是荀子將情欲之性視為惡的原因。

　　3. 因為情欲之性有「利己」與「不自足」的特質，所以會造成爭奪。經由爭奪形成的社會亂象，就是荀子所說的「惡」。

> 今人之性，生而有好利焉，順是，故爭奪生，而辭讓亡焉；生而有疾惡焉，順是，故殘賊生，而忠信亡焉；生而有耳目之欲，有好聲色焉，順是，故淫亂生，而禮義文理亡焉；然則從人之性，順人之情，必出於爭奪，合於犯分亂理，而歸於暴。（《荀子‧性惡》）

荀子指出「爭奪」、「殘賊」、「淫亂」來自人「好利」、「疾惡」、「耳目之欲」之性，根據我們對荀子人性論的理解，「犯分亂理」的行為就是順著情欲之性才形成的。並且，即使這些「犯分亂理」的行為必須透過知能之性的作用才能展現，但是那是受到情欲影響的知能之性的作為，因此，情欲之性是造成「惡」的條件，而情欲之性即荀子所謂的「性惡」。

綜觀上述，由於人之性惡會造成爭奪，物資在爭奪下造成短缺，使人的欲望無法獲得滿足，因此產生更多混亂。而聖人為了解除亂象制定禮法，當眾人之欲合理的被滿足時，就不需要爭奪，因此偏險悖亂則轉為正理平治的社會狀態。相對於先天的惡，「善」則是後天的產物，荀子稱為「偽」。然而如何從先天之性，得出後天之偽？這是我們對荀子思想進一步的提問。事實上，「性」與「性偽」的關係，也是荀子建構理想社會的重要關鍵。

第三節 化性起偽

壹、「性」與「偽」

相對於「性」，「偽」不是天生固有，而是後天造做而得。荀子以「故陶人埏埴而為器，然則器生於陶人之偽」（《荀子・性惡》）說明「性」、「偽」之分。成為陶器的陶土，為「性」，是「不待事而後生之者也」；陶人以工具製造陶器，陶器是「偽」，是「待事而後然者」。荀子藉由陶土與陶器的關係，彰顯「偽」以「性」為基礎，且「偽」的內涵大於「性」。

荀子論「偽」的目的，要替先天即有的人性，增添其他的成分，即禮義。荀子認為，人本無禮義法度的觀念，只知道滿足自己的情欲，如此必然引起爭奪。「假之人有兄弟資財而分者，且順情性，好利而欲得，若是則兄弟相拂奪矣。」（《荀子・性惡》）即使親如兄弟，也會為了滿足增加財富的欲望而發生爭搶。但是，如果在情性中加入禮義，就會出現「讓」的行為，如此可以解消爭奪，以達「正理平治」之「善」。

至於「偽」如何產生？荀子認為來自聖人「化性」：

> 聖人化性而起偽，偽起而生禮義，禮義生而制法度。然則禮義法度
> 者，是聖人之所生也。故聖人之所以同於眾而不異於眾者，性也；
> 所以異而過眾者，偽也。（《荀子・性惡》）

聖人化性起偽，而後制禮義法度，使一般人藉以學習、積累，轉化性情，這是聖人不同於一般人的地方。換言之，「化性起偽」有兩個階段，聖人自行化性而起偽，一般人後受教而轉化情性。

從人性的內容上來看，荀子認為聖人與一般人沒有差別，但是在「知」的程度上有差異。「多言則文而類，終日議其所以，言之千舉萬變，其統類一也，是聖人之知」（《荀子・性惡》），聖人與小人皆有「知」的能力，但是聖

人比小人高明之處在能「明類」，有洞察力。正因為「知」的程度有差，所以聖人之知能夠不受情欲支配，反而利用情欲之性的特質產生禮義法度，這也是「聖人之所以同於眾而不異於眾者」之處。因此，聖人「化性」的關鍵在以心知節化情欲之性，使人性由惡轉善。如此，聖人「起偽」的基礎在人性。在原有的人性中添加「偽」的成分，荀子視為「對性的美化」，故曰：「無偽則性不能自美」（《荀子·性惡》）。

貳、「化性起偽」

荀子對「化」的定義為：「狀變而實無別而為異者，謂之化」（《荀子·正名》），對此荀子稱之「一實」。從人性的角度來說，情欲、官能、心知為「實」，人性通過聖人之知所創造的「偽」，透過學習而改變因為情欲之性所造成的惡，此為「狀變」之義。因此，「化性」代表「人性」的內容（情欲、官能、心知）不變，而在知能之性學習禮後，可以節化情欲之性而創造客觀的善，使「性惡」轉為「性偽」。

荀子將「化性」的對象分成聖人與塗之人。聖人能「化性而起偽」，生禮義；塗之人則藉由禮義法度與師法之教的積累，轉化情性，而後才能成聖。兩者成聖的順序略有不同，但是達成目的的能力相同，即「心知」與「情欲之性」。

一、聖人「化性起偽」的過程

荀子認為，性之所以能被化，主要因為心有知理的能力。荀子論理：「類不悖，雖久同理。」（《荀子·非相》）即使不同時空，只要事物屬於同類，就會有相同的規律，這就是事物之理。不過，雖然人心有知理的能力，但是因為受到情欲之性的影響，所以並非人人皆能「中理」。能夠把握到「理」者，只有聖人。這是因為，聖人天生具有「以人度人，以情度情，以類度類，以說度功，以道觀盡」（《荀子·非相》）的能力。

因此，即使聖人也有情欲之性，但是透過先天洞察力，應變能力，反而能以心知掌握情欲之性，制立禮義法度；

> 禮起於何也？曰：人生而有欲，欲而不得，則不能無求，求而無度量分界，則不能不爭。爭則亂，亂則窮。先王惡其亂也，故制禮義以分之，以養人之欲，給人之求，使欲必不窮乎物，物必不屈於欲，兩者相持而長，是禮之所起也。（《荀子·禮論》）

荀子提到，人皆生而有欲，但是一般人容易陷溺在情欲之中，所以產生爭奪，造成紛亂。由於聖人能「明類」，所以不會被龐雜的事物所矇蔽。但是，聖人也有好惡的情欲，根據本章第二節對情欲之性的說明，情欲之性具有三個特質：自利、不自足、想滿足內在的缺乏。聖人會自利，但是聖人能以心知理的方式合理的引導自身的情欲，所以所利的範圍廣置於普天下之利，而厭惡不利天下人民的混亂。如「一天下，財萬物，長養人民，兼利天下」（《荀子・非十二子》）；聖人的欲望可以無窮無盡，因為在心合理的指引下，即使「縱其欲，兼其情」（《荀子・解蔽》），治理國事也都符合禮義；聖人會想滿足內在的缺乏，所以才會制禮義以平亂，正是「凡人之欲為善者，為性惡也」（《荀子・性惡》）。

聖人從自身「化性」，但並不代表聖人之性為善。因為聖人「化性」主要來自價值中立的心，以聰明睿智的能力洞悉所有的蔽端，所以才能掌握情欲之性的特質，加以轉化。再者，即使聖人擁有先天的資質才能，能夠「中理」、「知道」，仍然必須在不斷的學習下才可成為聖人，「故聖人者，人之所積也」（《荀子・儒效》）。最後，聖人有「化性起偽」之意，是因為社會已經形成混亂，故才會「惡其亂」而「制禮義」以達「正理平治」之「善」。「惡」是必然，「善」因「惡」而起。

二、一般人「化性起偽」的過程

一般人心的知能不及聖人，所以會「蔽於一曲」（《荀子・解蔽》）。也正因為一般人的資質較為平庸，所以「化性」需要透過「師法之法」與「禮義教化」的引導。〔註25〕荀子說：「干越夷貉之子，生而同聲，長而異俗」（《荀子・勸學》），嬰兒出生的哭聲都一樣，但是長大後造成的民情風俗卻不相同，主要的原因在於「教使之然也」。後天的教育，可以改變人的天性，所以變化情性的方法唯有透過學習，並且堅持不懈怠，才能「積善成德，神明自得，聖心備焉」（《荀子・勸學》）。

學習禮義的目的，在於使心能中理、知道：

> 人何以知道？曰：心。心何以知？曰：「虛壹而靜」。心未嘗不臧也，然而有所謂虛；心未嘗不兩〔註26〕也，然而有所謂一；心未嘗不動也，然而有所謂靜。（《荀子・解蔽》）

〔註25〕 佐藤將之〈中國古代「變化」觀念之演變暨其思想意義〉，《政大中文學報》，第三期，2005年6月，頁70。

〔註26〕 「心未嘗不滿也」，具楊倞改字為「心未嘗不兩也」，「兩」為兼知之意。參見熊公哲前揭書，同註10，頁435。

心本身具有「藏」、「兩」、「動」的特質，並且也能「虛」、能「壹」、能「靜」。聖人之心，自能「虛壹而靜」，因此能「坐於室而見四海，處於今而論久遠。」（《荀子・解蔽》）。能處於室就知天下，能以今推過去與未來，代表能夠掌握事物之理，即「明類」。換言之，只有聖人能達到「虛壹而靜」的境界，因為「其統類一也，是聖人之知也」（《荀子・性惡》）。除了聖人之外，一般人要達到「虛壹而靜」的境界，必須通過修養教化，才能使心清明：

> 故人心譬如槃水，正錯而勿動，則湛濁在下而清明在上，則足以見鬚眉而察理矣。微風過之，湛濁動乎下，清明亂於上，則不可以得大形之正也。心亦如是矣。（《荀子・解蔽》）

荀子以人心比喻槃水，以風比喻外物。有時人心不受外物影響，因此能夠「察理」；有時會因外物擾亂思緒，當被物所蔽時，就不能把握「理」，而能知道、中理的心，是「大清明」之心。這正說明，一般人之心無法時時保持在虛、壹、靜的狀態，無法對每一次的行為做出合宜的判斷，因此必須以禮義「導之以理」，充分發揮心的判斷能力。荀子的「理」或「道」，指的就是「禮」，「禮者，法之大分類之綱紀也」（《荀子・勸學》）。強調「心」要「虛壹而靜」的目的，就是為了使人掌握「禮」之道。換言之，荀子以外在的「禮義法度」與「師法之化」，修養人心而知「禮」。〔註27〕

因此，一般人「化性」的過程，透過學習禮義使心知理，以及不斷積累、漸習，則能引導情欲轉惡為善，使「性」成「偽」，慢慢進入聖人的境界。值得說明的是，因為人心有能以今推知過去與未來的超越性能力，所以眾人才可以因為教化而進入聖人「知通統類」的境界。

參、「性偽」與理想社會的關聯

荀子認為情欲之性是造成亂象的原因，「性偽」是實現理想社會的關鍵，「今人之性惡，必將待聖王之治，禮義之化，然後皆出於治，合於善也」《荀子・性惡》。人性為惡，因此必須等待聖人「化性」而後把握「理」，依循「理」建立禮義法度，以「禮」教化人民，修養以成就治道。

因此，理想社會的實現有兩個階段：

1. 聖人為了治亂所以轉化情性，建立禮樂法成就治道。「三王既已定法度，制禮樂而傳之」（《荀子・大略》），簡言之，禮樂法是實現理想社會的方法。

〔註27〕何淑靜《孟荀道德實踐理論之研究》（台北：文津出版社，1988年），頁94。

2. 人生而自有群聚性，但是如果沒有分界就會造成混亂，所以聖王制禮以治亂。荀子說：「人之生不能無群，群而無分則爭，爭則亂，亂則窮矣。」（《荀子‧富國》）、「先王惡其亂也，故制禮義以分之」（《荀子‧禮論》），故「禮」的作用在「分」與「別」，區分人的等級而調節人之欲望，[註28]可以免除因為情欲之性造成「亂」而「窮」的結果。「窮者患也，爭者禍也，救患除禍，則莫若明分使群矣。」（《荀子‧富國》），「明分」是為了達成治道。因此，理想社會的型態就是「明分使群」的社會。一般人生活在「明分使群」的社會，可以透過「禮義」與「師法」的外在約束與教化，以轉換情性，成就「性偽」。修養有四個進程：塗之人、士、君子、聖人。其中，荀子理想中的人格為「士」、「君子」、「聖人」，並且「聖人」是最高的人格典範。他認為通過「學」，塗之人也能夠漸進到聖人的境界。

以此觀之，達成理想社會的關鍵在「學」，而學習的主體在心。雖然心有學習的能力，卻因資質的差異而不必然自化成偽。所以需要透過不斷的積累學習，化性起偽，達成理想社會。

第四節 小 結

綜合來看，雖然荀子從情欲說人性為惡，但他終究並不是停留在性惡的層面，而是以人性中的心作為節制欲望的主體，以化性成善。以性惡作為展開以心制禮的契子，卻不以心作為禮的根源，這是因為荀子認為「德」或「善」是可以在經驗中被檢證的具體內容，而不是無法讓人理解的幽隱閉塞之心性學說。如荀子指出周公能成功的輔佐成王治理天下，是因為周公以禮管理天下而使天下事物井井有序，故百姓生活富足安樂，此即是德的具體展現，「道德誠明，利澤誠厚也」（《荀子‧王霸》）。依此可知，荀子從實際面談道德實踐的問題，所以也以客觀的規範（禮）作為實踐道德的方法。由於「心」可以在認知的過程中實踐道德，故心毫無疑問是道德實踐的主體。然而荀子並未走向心善論，因為雖然心可透過學習禮以解除蔽塞之禍，但是卻不能通過「自覺反省」的方式解蔽。即使聖人是創造禮的始者，先天在知的程度上高於眾人，也要透過觀察外物之理，才能知通統類以解決因為情欲所帶來的禍端。但是從理論上來說，荀子的人性論可以作為道德實踐的理論根據。

〔註28〕見北大哲學系《荀子新注》，同註17，頁370。

第三章　荀子的理想社會

　　理想是爲了彌補現實狀態的不足，而荀子理想的社會就是相應於現實社會而來。人有聚在一起生活的需要，而群體生活就是社會。依照荀子對人性的描述，只要有人生活的地方必然會形成混亂，所以古之聖王制禮以治亂。但是到了荀子生存的時代，姦言邪辭並起，以名亂實、以名亂名之說皆起，名實不符的結果造成禮法緒亂。荀子說：「假今之世，飾邪說，文姦言，以梟亂天下，矞宇嵬瑣，使天下混然不知是非治亂之所存者有人矣。」（《荀子·非十二子》）從荀子的描述，可以發現社會亂象的原因來自名實不符。

　　荀子認爲唯有「循舊名」而「作新名」才能解決名實不符製造的問題。因爲名的使用已經無法讓眾人清楚的掌握，所以必須仿效古代聖王制名的原則，以改變亂名、創造新名，使名實相符。唯有名實相符，社會中的人文制度、行政措施才能有效運作，故荀子說：「皆使人載其事而各得其宜，然後使穀祿多少厚薄之稱」（《荀子·榮辱》），此爲荀子的「羣居和一之道」。能群在於有分：「人何以能羣？曰：分。」（《荀子·王制》）有秩序的社會來自人人各司其職、各有其份，因此「明分使群」是荀子的理想。不過，受到周文疲弊的影響，許多人已經不再將禮視爲行爲的準則，甚至爲了個人的利益而逾越了應有的禮義規範，如孔子批季氏八佾舞之例，可看出當時禮法已經呈現名實不符的現象，所以「循舊名」會出現難度；加上人性爲惡，所以容易製造混亂，因此荀子認爲必須輔以「禮」、「樂」、「法」教育人民，使人性化惡爲善，避免姦言邪辭出現，才能「循舊名」而「作新名」。

　　此外，荀子將道德修養的層次分成「聖人」、「君子」、「士」，是眾人爲學的目標。其中「聖人」是最高的人格典範，而「君子」、「士」則是次理想的

人格。本文將分別介紹達成理想社會的方法、理想社會的圖像、理想社會中的人格，但是因為禮樂法是由聖王（理想人格）提出，且透過禮樂法可以達到「明分使群」的理想社會，而在明分使群的社會中能夠培育出士、君子、聖人，所以三者是相互依存的關係。值得說明的是，若更細緻的區分，會發現創造禮義法度的「聖王」，與在理想社會中培育出的「聖王」，兩者的內涵略有不同。簡單來說，即「先王」與「後王」的區別。就荀子而言，禮樂法來自一群智者代代創立、承襲、變革下的產物。初期智者們建立禮義法度的雛型，是為了維護自身的利益，然而他們逐漸發現所建立的規則不但可以維護自身利益，同時也能維繫他人之利益，因此形構出越來越完善的禮義規範。隨著時代的推衍，這些智者們逐漸被後人稱為「聖人」，也是荀子口中的「先王」。換言之，「先王」並非有特定的對象，而是早於荀子時代的「聖王」，甚至是經過口耳相傳而被後人稱為「聖王」的智者。至於禮義法度則在時代的傳承中，越益成熟，而善的價值也隨之形成。在完善的禮義法度的社會中，不但可以培育出士、君子、聖王之理想人格，並且因為歷史的流變，使禮義制度越益精進，因此後世培育出的理想人格之內涵更勝於前期的理想人格，這正是荀子重視後王的原因。不過，從荀子的思想脈絡來看，每個時代的禮樂法皆會隨時代而改變，所以也可將禮樂法的變革視為一代代的聖人所創建，因此除了原初禮義法度由智者們代代相傳建立之外，後世的禮義法度亦可視為被培育的聖王所創建。因此達成理想社會的方法、理想社會與理想人格三者具有相互依存的關係。

第一節　達成方法：禮、樂、法的提出

　　人性包括知能之性與情欲之性，其中情欲之性是自然情緒的抒發，而知能之性則是能夠知「理」以調節情欲之性。「理」因應情欲而產生，如「心之所可中理，則欲雖多，奚傷於治，欲不及而動過之，心使之也」（《荀子·正名》）。荀子認為行事、言說都必須符合「理」，「凡事行，有益於理者立之，無益於理者廢之，夫是之謂中事。凡知說，有益於理者為之，無益於理者舍之，夫是之謂中說。」（《荀子·儒效》）不合理的行事與言說就是「姦事」與「姦道」，而「姦事」與「姦道」是禍國的原因，所以對荀子來說「理」就是能使國家治平的道理、法則。由於亂象來自人情欲望，而透過禮、樂、法能夠調節人的情欲之性，因此禮、樂、法就是「理」的實際內容，也是達成理

想社會的方法。其中，禮涵蓋的範圍甚廣，在效用上跟樂和法也互有重疊，加上荀子常連言「禮樂」、「禮法」，因此樂跟法往往被納入禮的概念中。不過經過分辨，還是可以發現不同之處。

以禮、樂來說，「樂者，聖人之所樂也，而可以善民心，其感人深，其移風易俗易，故先王導之以禮樂而民和睦」（《荀子‧樂論》）禮、樂都爲了使人民和睦，使國家治平，兩者的功能、目的相同。但是荀子也說：「樂合同，禮別異」（《荀子‧樂論》）荀子以禮的外在規範性，突顯樂對內在心性的修養，展現出禮、樂的差異。至於禮、法，「人之生固小人，無師無法，則唯利之見耳。」（《荀子‧榮辱》）其中，「法」即「師法教化」，也就是禮。這是禮、法相同之處。然而，荀子也提到：「聖人積思慮，習僞，故以生禮義而起法度」（《荀子‧性惡》）、「刑法有等」（《荀子‧禮論》），從興起的順序、作用都可看出禮、法的不同。因爲禮、樂、法各有所長，所以荀子以禮爲首，而以樂、法做爲禮的補充。總之，作爲達成理想社會的方法，禮、樂、法各有所長，且互相補足。

按照荀子的說法，因爲人性爲惡所以造成混亂，所以古代聖王制禮作樂，創造禮義法度導化人性。禮、樂、法能對人性產生教化、約束的原因，是因爲禮、樂、法的起源與人性相關，所以才能對症下藥。因此，荀子並不從歷史的觀點追溯禮、樂、法的起源，而是從人性論著手。〔註1〕如此，也突顯出禮、樂、法在治亂上的效用。以下分而論述禮、樂、法的起源與內容。

壹、禮

一、禮的起源

禮最初起源於祭祀，《說文》：「禮，履也；所以示神致福也。」以此可知禮是對神表達敬意的行爲，而不同的祭祀對象由相應層級的人進行祭祀的動作。由於每個祭祀活動都有不同的禮節，因此禮逐漸成爲社會共同遵守的規範。〔註2〕在封建社會中主要以血緣作爲上下階層的分判，不過隨著周天子的勢力式微，禮的約束力因此遭到破壞。到了孔子則重新提出禮對國家的重要，只是孔子不從外在規範的角度談禮，而由仁說禮。孔子以仁作爲禮的核心根源，他提出：「克己復禮爲仁」（《論語‧顏淵篇》），認爲社會能夠安定必須從自身的仁德開始做起，要先安己後才能安百姓。這時禮已經不只是外

〔註1〕 韋政通《荀子與古代哲學》（台灣：商務印書館，1997年），頁189～191。
〔註2〕 陳飛龍《孔孟荀禮學研究》（台北：文史哲出版社，1982年），頁1～17。

在的社會規範，而與個人修養相關。孟子更直接提出心有四個善端的說法，把禮納入其中的一個善端，認為禮是內在心性所本俱，因此只要不斷的反省、省察，作為道德的「禮」就能存養與擴充。綜上所言，可以將禮的發展歸納出兩個重點：1. 禮是社會成員共同遵循的規範；2. 禮可作為修養個人道德的方法。雖然孔子與孟子並未忽略禮的外在規範性，不過重點還是把禮視為內在道德修養的法則。無論是「克己復禮為仁」或是「仁、義、禮、智非由外鑠我也」（《孟子・告子上》）皆說明了禮與心性彼此相連。荀子同樣強調禮作為外在規範與培育個人修養的兩種意義，不過與孔、孟相比，荀子不認為禮根植於人的心性，而是把禮視為外在的規範、法則。荀子對禮來源的說明與孔、孟不同，與他希望以禮建立有秩序的社會有關，因此著重禮在治亂上的功效：

> 禮起於何也？曰：人生而有欲，欲而不得，則不能無求，求而無度量分界，則不能不爭。爭則亂，亂則窮。先王惡其亂也，故制禮義以分之。（《荀子・禮論》）

荀子提出禮的目的在於治亂。既然要治亂，就要找出亂的原因，因此荀子提出性惡論。因為人性為惡，所以才需要禮義法度，故荀子不認同孟子提出人性為善的說法，他提出：「今誠以人之性固正理平治邪？則有惡用聖王，惡用禮義矣哉」（《荀子・性惡》）。針對禮與人性的關係，荀子明白的指出：「禮者養也」（《荀子・禮論》）。欲望是人的天性，只要是人就會有無窮的欲望。為了滿足無止盡的欲求，因此人與人之間不免產生爭奪。因此聖王「惡其亂」故「制禮義以分之」（《荀子・禮論》）。其中「分」包括分配人的階層與物資，使每個階層的人都能夠被滿足。所以禮能「養口」、「養鼻」、「養目」、「養耳」，故「禮者養也」。

按照荀子對人性的看法，禮是後天的創造，故為「偽」。不過後天造作出的禮義，並非憑空而生，而是來自人性的需要。「凡人之欲為善者，為性惡也」（《荀子・性惡》）人的欲望無窮，想要無限的滿足自身的口、目、鼻、耳、體之欲，所以會互相爭奪。在爭奪的過程中，必定有人的欲望不但無法滿足，甚至被他人剝奪，因此會有「貧願富」、「賤願貴」的需要。此時知性才能較高的人（聖王）訂定規範（禮），使人的欲望能夠被合理的滿足。其中，「願」就是人的欲望，也是產生禮的動力，在欲望不被滿足的情況下，人會想辦法滿足自身之欲。以此可知，雖然「禮」是後天之「偽」，卻是為了對治情欲而創造出來，如荀子提到：「先王惡其亂也，故制禮義以分之，以養人之欲，給

人之求，使欲不必窮乎物，物不必屈於欲，兩者相持而長，是禮之所起也」（《荀子‧禮論》）。所以，禮的來源是為了滿足人的情欲。此外荀子說：「人之所以為人者何已？曰：以其有辨也」（《荀子‧非相》），因為人有「辨」的能力，故人能夠「分」，而「分」就是禮的主要功能。以此得出，荀子雖然把禮劃定在人性之外，但是卻是相對於節制人的欲望而產生，並且透過知能之性所創，因此禮的起源與人性相關。

二、禮的內容

荀子說：「先王惡其亂也，故制禮義以分之。」（《荀子‧禮論》）人的欲望是天性，但是如果沒有節制的放縱欲望，而欲求同類的事物，就會造成物資不足。當物資不足時必然無法滿足人欲，所以會產生混亂。因此先王制禮的目的在「分」，也就是使資源被合理的分配。「禮者，貴賤有等，長幼有差，貧富輕重皆有稱者也」（《荀子‧富國》）。然而，劃定階層分配資源，在實踐上必定無法盡如人意。所以若想使人信服，就必須教導人民接受這套規則，荀子說：「凡用血氣，志意，知慮，由禮則治通，不由禮則勃亂提僈，食飲、衣服、居處、動靜、由禮則和節，不由禮則觸陷生疾；容貌、態度、進退、趨行，由禮則雅，不由禮則夷固僻違庸眾而野。」（《荀子‧修身》）以此可見，荀子除了認為禮是社會的規範之外，也認為禮能化育人心：「立君上之勢以臨之，明禮義以化之」（《荀子‧性惡》）。

「禮」應用的範圍很廣，從個人修養到國家治平都要受禮的指導。荀子從許多不同的角度對「禮」的內容作出說明，主要可以區分成「政治制度」、「社會人事」、「生活儀節」、「道德修養」四種。

（一）政治制度

荀子立論的重點在使國家平定，而國家是由人民、君王、臣子組成。荀子認為國家的安定掌握在統治者的手裡，因此他主要的訴求對象是君王。荀子說：「上莫不致愛其下，而制之以禮」（《荀子‧王霸》）。國家的安危繫在人民之心，若人心皆親附於統治者，那麼不但國家能夠平定，連天下都可以取得。至於使人民親附、歸順的方法就是滿足人性，也是統治者對百姓愛的具體表現。「先王惡其亂，故制禮義以分之，以養人之欲，給人之求。」（《荀子‧禮論》）先王制禮劃分人的等級與道德品行，分配物資以滿足人欲。故荀子說：「聖王在上，決德而定次，量能而授官，皆使民載其事而各得其宜。」（《荀子‧正論》）聖王是「至彊」、「至辨」、「至明」者，能知天下之大理，善用禮

義法度治國。因此在荀子心中，聖王就是英明的執政者。〔註3〕由於聖王通徹的了解禮的精神，所以能以禮評判德行的好壞與才能高下，並且以此作爲決定人民要扮演的角色與官位大小的標準。當人能各盡其所長，則國家能夠安定。

　　禮除了能滿足人的欲求以安定天下之外，也作爲劃分君、臣、民關係的界線。荀子曾提出「禮有三本」，除了有追本溯源、知恩圖報的理由之外〔註4〕，還以祭祀規模的大小界定君、臣、民。「有天下者事七世，有一國者事五世，有五乘之地者事三世，有三乘之地者事二世，持手而食者，不得立宗廟」（《荀子・禮論》）。荀子認爲不同的等級享有不同的待遇，並非表示荀子有維護權貴的心態，而是根據「決德而定次，量能而授官」的「禮」而來。管理天下的在上位者所享有的待遇，之所以大於只管理私人事務的百姓，是因爲治理國家者必須具備一定的威勢，才能使人民信服，所以荀子說要以禮「養信」、「養威」。以禮展現出不同層級的差異，可以培養出不同層級間的尊敬之情。以喪禮爲例，荀子說：「禮者，謹於治生死者也」，「故死之爲道也，一而不可得再復也，臣之所以致重其君，子之所以致重其親，於是盡矣」（《荀子・禮論》）。總體而論，禮是治國之準則，故荀子言：「爲政不以禮，政不行矣」（《荀子・大略》）。

（二）社會人事

　　良好的社會運作來自人人分工合作，而分工合作的制度由君王制定。荀子說：「人主者，以官人爲能者也；匹夫者，以自能爲能者也。」（《荀子・王霸》）「爲能」與「自能」的差別，在於君王知道組織天下並非事必躬親，而是分散職權。以「分」達到「合」，就是禮之用。荀子認爲，只有聖王能夠懂禮、用禮，所以人主能夠以禮役使人民，而人民循禮行事。荀子將整個社會運作作出細緻的說明，他引了古書記載說明社會由農、商、百工、士大夫、諸侯王、三公、聖王組織而成：「農分田而耕，賈分貨而販，百工分事而勸，士大夫分職而聽，建國諸侯之君，分土而守，三公摠方而議，則天子共己而已矣」（《荀子・王霸》）因爲君王能用禮區分貧富、貴賤、智愚、親疏等，所以才能拱手收成。荀子說：

〔註3〕廖名春《荀子新探》（台北：文津出版，1994年），頁157。
〔註4〕荀子在〈禮論〉提到：「禮有三本：天地者，生之本也；先祖者，類之本也；君師者，治之本也」，說明禮的制度橫跨古今，精神與天地同源。人民因爲禮所以才有安定的生活，故祭拜天地、先祖、君師以作爲感念。

故人生而不能無羣，羣而無分則爭，爭則亂，亂則離，離則弱，弱
則不能勝物；故宮室不可得而居也，不可少頃舍禮義之謂也。能以
事親謂之孝，能以事兄謂之弟，能以事上謂之順，能以使下謂之君。
（《荀子‧王制》）

君王以禮將社會上的倫理、職業分別、職位高下作出區別。社會因爲有分，
所以才可以統一、和諧。故荀子說：「君君、臣臣、父父、子子、兄兄、弟弟
一也，農農、士士、工工、商商一也」（《荀子‧王制》）若依循禮，則社會中
的人事可各安其份，各得其職。這是禮在社會上的效用。

（三）生活儀節

禮除了作爲國家、社會的準則之外，同時也是日常生活的行爲準則。外
在的儀節除了展現階級的差異之外，也可以藉由儀節滿足人情。如荀子提到：
「男女之合，夫婦之分，婚姻娉內送逆無禮；如是，則人有失合之憂，而有
爭色之禍矣」（《荀子‧富國》）婚姻嫁娶本有一定的禮節，如果無禮，就會造
成雙方的不愉快。這是因爲當人遇到值得開心的事情時，都希望接受大家的
慶賀，而這種心態可以透過外在的禮節得到滿足。荀子認爲人的情緒欲望不
能去除，但是可以以禮導正，其中的一個辦法就是在合理的情況滿足人的情
欲。「合理」就是指要作符合身份的事情。以婚禮來說，百姓有屬於自己階級
的慶祝方式，而君王的慶祝方式就與普通人不同。因此若無禮，那麼不但因
爲無法滿足情欲而產生爭執，還會爲了彰顯自己的地位，作出不符合身份的
禮節，如季氏的「八佾舞於庭」之例。所以荀子說：

禮者，以財物爲用，以貴賤爲文，以多少爲異，以隆殺爲要。文理
繁，情用省，是禮之隆也。文理省，情用繁，是禮之殺也。文理情
用相爲內外表裏，並行而無雜，是禮之中流也。（《荀子‧禮論》）

固然以禮滿足人的情欲，但是絕對不能放縱情欲，否則以禮化性的意義就不
存在。但是也不能過度節制，反而無法透過外在的禮節表達內在情感，這樣
也不符合禮的精神。最好的辦法，是用外在的禮節滿足內在的情感，並且使
內在的情感在依循外在的禮節時得到適當抒發，當內在的情感與外在的禮節
相互配合時，就是禮的眞義。故荀子說：

故文飾麤惡，聲樂哭泣，恬愉憂戚，是反也；然而禮兼而用之，時
舉而代御。故文飾聲樂恬愉，所以持平奉吉也；麤惡哭泣憂戚，所
以持險奉凶也。故其立文飾也，不至於窕冶；其立麤惡也，不至於

瘠弃；其立聲樂恬愉也，不至於流淫惰慢；其立哭泣哀戚也，不至
於隘懾傷生；是禮之中流也。(《荀子·禮論》)

荀子清楚的指出，外在的禮節會隨著時代改變，但是文飾人的情感，調節情欲的作用不會改變。

此外，禮還可以使人與人之間保持適當的距離。對荀子來說，混亂來自人之間沒有一定的界線，所以若欲求的對象相同時，就會產生爭奪，而禮的作用就是找到界線。因此荀子說：「禮者，貴賤有等，長幼有差，貧富輕重，皆有稱者也」(《荀子·富國》)。

（四）道德修養

荀子以禮作為安定天下，免除紛爭的方法。所以從政治、社會、人事、日常生活各角度說明禮，展現禮的重要性。他認為，若人無時無刻的行使禮，浸蘊久了之後就會內化成德，這就是學習的過程。所以荀子說：「禮者，斷長續短，損有餘，益不足，達愛敬之文，而滋成行義之美者也」(《荀子·禮論》)。剛開始以禮行事，可能把禮視為規範，但是等變成習慣之後，就會成為一種德行，當德行養成後，就能化性為善。故「君子之學如蛻，翩然遷之」(《荀子·勸學》)。荀子論道德，不從內在求其根本，而是外求，可以看出荀子透過性惡，賦予了禮在治國上的正當性與必要性。修身也是使國家達到正理平治的必要條件，此荀子說：「人無禮則不生，事無禮則不成，國家無禮則不寧。」(《荀子·修身》)

雖然荀子認為禮與師法都是學習之道，但是因為師者是以禮作為傳授之道，所以學習自然以禮作為依據。「禮者，所以正身」(《荀子·修身》)，禮能夠成為端正行為的依據，是因為禮是衡量行事作為的標準，對此荀子說：「禮之理誠深矣，堅白異同之察，入焉而溺；……故繩墨誠陳矣，則不可欺以曲直；衡誠縣矣，則不可欺以輕重；規矩誠設矣，則不可欺以方圓；君子審於禮，則不可欺以詐偽」(《荀子·禮論》)。從修養的角度來看，禮不僅是外在的規範，更重要的是可作為內在反省的準則。荀子提過：「見善，修然，必以自存也，見不善，愀然，必以自省也」、此處「善」與「禮」的意義相近，「禮者，所以正身也」(《荀子·修身》)。見到符合禮的品行，會反省自己是否具有同樣的品德；見到不符合禮的作為，也會反省自己有無犯下同樣的錯誤。透過反覆的學習與省察，禮越來越深植於心。「君子之學也，入乎耳，箸乎心，布乎四體，形乎動靜。」(《荀子·勸學》) 這也就是荀子所說的「積累」的功夫。

學習禮除了可以增長人的智慧，轉化人的性情之外，還可以改變社會地位。荀子說：「凡人有所一同：飢而欲食，寒而欲暖，勞而欲息，好利而惡害，是人之所生而有也，是無待而然者也，是禹桀之所同也。」（《荀子·榮辱》）人性是天生的，聖王與暴君在一開始的出發點相同，但是成為聖王或是成為暴君，則是後天的養成。「可以為堯、禹，可以為桀、跖，可以為工匠，可以為農賈，在注錯習俗之所積耳。」（《荀子·榮辱》）荀子以禮作為區分品德的標準，因此堯禹與桀跖的分別在於是否習禮。荀子認為，如果小人學習禮義，也能成為君子，「故熟察小人之知能，足以知其有餘可以為君子之其所為也」（《荀子·榮辱》）。學習禮提高道德，就能提高社會地位，「王者之論，無德不貴，無能不官」（《荀子·王制》）以此可見，學習禮能提高人的精神與社會地位。

貳、樂

一、樂的起源

荀子論「樂」有兩種不同的層次：1. 作為表現情緒欲望的樂，是人情自然的表現；2. 作為調節情緒欲望的樂，即先王制定的樂。由於荀子以治平作為目標，因此他在「樂」的論述上是以能教化人心的「樂」為主。但是樂能教化人性，是因為樂是人情欲望的外在表現，所以荀子對樂與情性的關係也相當重視。

荀子認為樂是人抒發情緒欲望的一種表達方式，他說：「夫樂者，樂也，人情之所必不免也。故人不能無樂，樂則必發於聲音，形於動靜。」（《荀子·樂論》）。樂來自人情之應，人的情緒欲望可以透過聲音與動作表達出來，因此樂是人情的外在表現。由於樂根源於人情，所以具有感染力。高興時唱的歌能帶給人歡樂，而悲傷時發出的哭聲會讓人為之動容。因為人有不同的情緒與欲望，所以相應於不同情欲所形成的樂就會有所不同。不同的樂對人會造成不同的影響，故荀子說：「鄭衛之音，使人之心淫。紳端章甫，舞韶歌武，使人心莊」（《荀子·樂論》）。假如人時常聆聽淫聲、姦聲，或者只求以樂滿足情欲而造成情欲流慢，那麼社會必然產生混亂。故聖王為了「移風易俗」所以「導之以樂」（《荀子·樂論》），對此荀子表示：

> 人不能不樂，樂則不能無形，形而不為道，則不能無亂；先王惡其亂也，故制雅頌之聲以道之，使其聲足以樂而不流，使其文足以辨而不認。（《荀子·樂論》）

先王了解樂出於人情，故能「善民心」、「感人深」，所以有意利用樂的特質制立「雅頌之聲」善化人心，解決因情感過度流僈所造成的混亂，因此荀子說：「正聲感人而順氣應之，順氣成象而治生焉」（《荀子‧樂論》）。以此可知，聖王所作的正樂能達到化性的功效，是因為樂根源於人之情欲合宜的表達，所以才能影響人性。

二、樂的內容

荀子說：「樂也者，和之不可變者也；禮也者，理之不可易者也。樂合同，禮別異」（《荀子‧樂論》）。荀子以「合」與「別」說明「樂」與「禮」的差異，但是並非代表禮沒有合的功能，而是有意區別兩者，以樂作為禮的補充。「樂表達人們共同的情感，在長期的薰陶中，會使不同等級、地位的人在樂的欣賞中產生共鳴，並且延續到行動上，最終有利於國家的和諧」〔註5〕依照先前所言，禮起源於導正人民的情欲。但是根據荀子的人性論，禮由客觀的認知心所創造，而此心並非道德直覺的心，如此則使禮失去內在道德根源，因此雖然禮能夠在外在規範發上揮效用，但是在內在修養上會因為缺少根源而無法有效的發揮。基於這個理由，所以荀子才提出：「樂合同，禮別異」，從外在規範言禮而突顯樂對道德修養的重要，使樂作為禮的補充。

樂跟禮一樣，都從日常生活中陶冶人性：

> 樂在宗廟之中，君臣上下同聽之，則莫不和敬；閨門之內，父子兄弟同聽之，則莫不和親；鄉里族長之中，長少同聽之，則莫不和順。
> 故樂者，審一以定和者也，比物以飾節者也，合奏以成文者也。（《荀子‧樂論》）

因為樂的起源出自人性，所以可以觸動人情引起共鳴。如果樂曲和諧，自然能夠使人群產生和諧的氣氛。所以荀子說：「正聲感人而順氣應之，順氣成象而治生焉」（《荀子‧樂論》）。古代的中國很重視「氣」跟人之間的關聯，這是因為早期把「氣」視為萬物的根源，認為「氣」是形成生命的必要條件。之後把「氣」當作人與人之間心靈溝通的橋樑，〔註6〕如「善氣迎人，親於兄弟；惡氣迎人，害於兵戎」（《管子‧內業》）。其中，善氣與惡氣就是情感表現。因為天地人皆由「氣」所構成，所以人與天地之間可以以「氣」的方式形構出和諧的狀態，並且若要使人達到和諧，則需要以修養使血氣暢通，保

〔註5〕 王穎《荀子倫理思想研究》（黑龍江：人民出版社，2006年），頁199。
〔註6〕 陳麗桂《戰國時期的黃老思想》（台北：聯經出版社，2005年），頁126。

持「和」的狀態。「凡食之道，大充，傷而形不臧……充攝之間，此之謂和成，精之所舍而知之所生」（《管子‧內業》）。多數學者認為《管子》是戰國時期稷下學宮的集結作品，成書時間為紀元前三百年到二六三年，[註7] 而荀子大約在二七九年為稷下學宮的老師。[註8] 顯然，《管子》的氣論影響到荀子對氣的看法，不過他不以「食」作為調和血氣的方法，而是從樂的角度說明與情緒的關係。若人時常受到正聲、雅樂的陶冶，則氣（情緒）會保持順暢，而不會產生暴虐之情。由於以樂調節情感的目的，就是為了使國家、天下保持和諧安定。所以荀子除了說明樂在修養上的作用之外，同時舉了許多實際的例子說明樂在治國上的功效。無論是行軍的軍樂、道志樂心的鐘鼓琴瑟、使人心莊的舞韶歌舞等，都可看出樂的社會價值，「樂中平則民和而不流，樂肅莊則民齊而不亂。民和齊則兵勁城固，敵國不敢嬰也。如是，則百姓莫不安其處，樂其鄉，以至足其上矣」（《荀子‧樂論》）。

總體觀之，可知「樂」有兩種功能：1. 在個人修養上，能調節情欲，使情緒保持平和；2. 在治國上，則是維持國家的和諧。

參、法

一、法的起源

在《荀子》書中，往往將禮法連在一起說明，如：「學也者，禮法也」（《荀子‧修身》）。這是因為「法」是聖王依循「禮」所制定，作為推行禮的具體措施。[註9] 建禮制法的目的都在訂立規範，因此規範的角度來說，禮、法的價值相同。但是從治國的手段上來看，法比禮更具有強制力，荀子提到：

> 古者聖人以人之性惡，以為偏險而不正，悖亂而不治，故為之立君
> 上之執以臨之，明禮義以化之，起法正以治之，重刑罰以禁之，使
> 天下皆出於治。《荀子‧性惡》

禮是上自國君下到百姓的行為準則，並且可以藉由禮善化人性，達到平等的社會。不過，雖然禮是治國與修身的準則，卻不具有讓人必須遵守的強制的力量，故禮只能「化」，因此荀子提出法補充禮。「法」也就是「刑」。早在戰國時期，「法」就漸漸取代了「刑」，在《說文》中有提到：「法，刑也」。

〔註7〕 見陳麗桂前揭書，同註6，頁112。
〔註8〕 見廖名春前揭書，同註3，頁25。
〔註9〕 楊秀宮《孔孟荀禮法思想的演變與發展》（台北：文史哲出版社，2000年），頁159。

〔註10〕荀子提道：「凡刑人之本，禁暴惡惡，且徵其未也」（《荀子・王制》）荀子強調要重罰而不能輕罰，因為假如輕罰，那麼「殺人者不死，而傷人者不刑，是謂惠暴而寬賊也」（《荀子・正論》），因為刑罰過輕不會使人害怕所以收不到成效。荀子又說：「百吏畏法循繩」（《荀子・王霸》）。要之，刑罰與法皆有使人畏懼而達到約束的力量，故在荀子的思想中「刑」與「法」相同。法能夠在治國上收到效果，主要是利用人性中有「畏」的情感，而「畏」是人情所惡、不欲的表現，因此利用刑法可以禁止人民為惡。

　　不過，縱然法比禮更具有強制力，荀子仍以禮為主。「聖人化性而起偽，偽起而生禮義，禮義生而制法度。」（《荀子・性惡》）從發生的先後來看，先有禮後有法。「禮者，法之大分」（《荀子・勸學》）法是依循禮所制定。不過，雖然禮涵蓋的範圍很廣，但是總有無法有效推行時候。比如聖王制立禮義，而總有百性不願意依循，所以需要強制的力量幫忙推動，故荀子說：「由士以上則必以禮樂節之，眾庶百姓則必以法數制之」（《荀子・富國》）。

二、法的內容

　　荀子論法，與禮密不可分。舉凡法律條文、政策制度等，都是在禮的精神下制定，「禮者，法之大分」（《荀子・勸學》）。在此意義下制定的法，同樣為了滿足人的欲望，「王者之法，等賦，政事，財萬物，所以養萬民也」（《荀子・王制》）。不過在治國的手段上，禮跟法則有明顯的差異。先前提到，法有「殺人則死，傷人者刑」的力量，在治國上也有「刑稱罪則治，不稱罪則亂」（《荀子・正論》）的能力。面對惡的活動時，法可以快速的禁罪止惡，這一點是禮無法做到的。「禮之所以正國也，譬之猶衡之於輕重也，猶繩墨之於曲直也，猶規矩之於方圓也，既錯之而人莫能誣也」（《荀子・王霸》）禮可以作為判斷品德、衡量錯誤的標準，也是制定法的依據，但是卻不具有禁止罪惡的力量。雖然禮可以化育人心，改正人性，但是「君子道其常，而小人道其怪」（《荀子・榮辱》），面對不願走向正道的小人，唯有以法強制將其撥亂返正。目的不只是想使小人走回正道，更有保護人民的心態，所以荀子強調要重罰而不能輕罰。

　　不過，就算能以法快速的禁暴止亂，也是不得已而用之。荀子論禮、法的發生順序時，很明白的指出治國以禮為先，有不足之處才提出法作為補充。荀子說：「不教而誅，則刑繁而邪不勝，教而不誅，則姦民不懲，誅而不賞，

〔註10〕韓德民《荀子與儒家的社會理想》（山東：齊魯書社，2001年），頁240。

則勤屬之民不勸」（《荀子・富國》）以此可知，治理人民先要以禮教導，而後才以賞罰管理人民，所以荀子並不以法作爲治國的第一條件，這也是與法家最大不同的地方。荀子曾對愼到、田駢重法的思想提出批評，他說：「尚法而無法，下脩而好作，上則取聽於上，下則取從於俗，終日言成文典，反紃察之，則偶然無所歸宿，不可以經國定分。」（《荀子・非十二子》）荀子指出，法家只知道言法，卻不知要以禮爲準則，而使法失去了合理性，更可能被人的意志所左右。荀子說：「怒不過奪，喜不過予，是法勝私也」（《荀子・修身》），就是因爲有禮作爲標準，所以才能不以自我喜好決定賞罰。以禮作爲法的原則，則能「誅賞而不類，則下疑俗儉，而百姓不一。」（《荀子・富國》）當賞罰有依據時，人民則不會無所適從。

　　荀子強調「無德不貴，無能不官，無功不賞，無罪不罰。」（《荀子・王制》）其中量能授官，刑罪相稱不但突顯「法」的精神，同時也說明荀子講求以德治國。自周初以來，皆講求主德輔刑的治國特色，「乃有大罪，非終，乃爲眚災，適爾，既道極厥辜，時乃不可殺」、「要囚，服念五六日，至于旬時，丕蔽要囚」（《尚書・康誥》），不誅殺願意改過者，並且在斷獄上要求謹愼以免枉顧人命，這都是德治的特色。荀子也說：「刑稱罪則治，不稱罪則亂」（《荀子・王制》）依此看來，荀子的法思想同樣承繼主德輔刑的特點。

肆、禮、樂、法的關係

　　因爲荀子推崇三代以禮治國的盛世，所以特別重視禮在治國上的功效，荀子認爲，只要從個人道德修養到國家制度都以禮爲標準，就可以建立有秩序的社會。但是荀子固然以禮作爲核心思想，同時也注意到禮的限制性。

　　從歷史的角度而言，禮隨時代的發展，對人逐漸失去實質的約束力，故荀子以法作爲禁止罪亂的外在規範。荀子在王霸之辨中清楚的指出禮與法的關係，以禮爲主以法爲輔：「君人者，隆禮尊賢而王，重法愛民而霸」（《荀子・天論》）、「上可以爲王，下可以爲霸，是人主之要守也。」（《荀子・君道》）荀子指出，「王」與「霸」的區別在「隆禮」與「重法」，以此可看出只是君王能在「禮」、「法」之用上有孰輕孰重之分，如此荀子並不反對以法治國，甚至認爲「法」在治國中有必要存在，如荀子提到：「師旅有制，刑法有等，莫不稱罪」（《荀子・禮論》）。所以單就外在禁暴止亂的效用而論，禮不及法。

　　從荀子的人性論來看，因爲禮不是人內在本具，所以在教化人心的意義上，能做到使心知理而節制情欲，但是卻無法直接化育人之情欲。荀子指出，

古之聖王制禮作樂，目的就是以禮作為外在行為的教化，以樂作為內在情性的調養，故荀子在〈臣道〉中提到：「恭敬禮也，調和樂也」，因為樂出於人的情感，所以與禮相較，能主調和；而禮則是外在的儀節規範，故主恭敬（一種行為合宜表達）。所以，單從內在化育人情的效用而論，禮不及樂。

總體而觀，雖然從理想上來說，禮是治國的唯一標準。但是從現實面而言，必須輔以樂與法作為禮在治國上的補助。換句話說，樂可補足禮在教化上的不足，而法可補足禮在治理上的不足，依此，透過禮可建立社會制度，使人能各司其職，各有其分；在禮的精神下制定法律規範，禁暴止亂以保護人民；制立正樂調節人之情性，幫助禮教化人性。在禮、樂、法三者並行之下，則能達成理想社會。

第二節　明分使群的社會觀

荀子立論的目的是為了建立起正理平治的理想社會。荀子對「治」作過很多論述，如「聽政之大分，以善至者待之以禮，以不善至者待之以刑，兩者分別，則賢不肖不雜，是非不亂。……是非不亂，則天下治」（《荀子·王制》）、「先王案為之制禮義以分之，使有貴賤之等，長幼之差，知愚能不能之分，……夫是之為至平」（《荀子·榮辱》）。這都說明若社會的分工井然有序，則亂象不生社會自然治平。不過，因為混亂來自人的天性，人性只要失去約束就會流於爭奪、惡。所以荀子提出以「禮」、「樂」、「法」作為達到理想社會的方法，一方面善化、約束人性，一方面重新建立失去禮義之統的社會次序。荀子說：「禮義無統，上無君師，下無父子，夫是之謂至亂」（《荀子·王制》），顯示人缺少分際則必然生亂。唯有依靠禮義教化，才能建立「明分使群」理想的社會結構。

荀子以「明分使群」的社會結構作為達到理想社會的方法，是因為他嚮往聖人以禮義治國的盛世。荀子認為，因為聖人制禮義，所以可以統馭萬民，達到民生富足，無缺憾的和樂境界。他以一種想像的方式回溯聖人制禮義的時代，說明因為人有生活需求，所以必須群聚一起生活，不過荀子說：「夫貴為天子，富有天下，是人情之所同欲也；然則從人之欲，則執不能相容，物不能贍也」（《荀子·榮辱》），因為人欲毫無節制，而人都想滿足自己無窮的欲望，因此會造成「物屈於欲」且「欲窮於物」的問題，所以爭亂則必起。在此情況下，賢者掌握到分配物資是解決問題的方法，所以制定法度以區分

人事，分配物事，這就是「聖王制禮義」的過程。因為聖人天生擁有知道「分」的重要性的智慧，並且與眾人生活在一起累積了長年累月的經驗，了解眾人的需要，因而能制禮義法度滿足眾人的欲求。當人的欲求被滿足了，就會各安其份，則社會必然統一、和諧。

因為聖王建立禮義法度，所以能夠「明分」且「使群」。從《荀子》篇章中可發現，荀子舉出許多具體事例說明「聖王明分之道」（《荀子·富國》）、「王者之制」（《荀子·王制》），這都足以說明聖王是「明分使群」的關鍵。不過，荀子推崇的並非聖王，而是聖王制定的禮義法度，「聖王有百，吾孰法焉？故曰：文久而息節族久而絕，守法數之有司，極禮而褫」（《荀子·非相》）因此荀子要求當世君王遵循聖王流傳下的禮義規範，在此基礎上建立新法，以保護人民。加上先前對禮、樂、法的說明，可知「明分使群」是以「禮」為準則，輔樂、法作為教化、約束人性的方法，目的是為了使天下百姓富足。

值得說明的是，雖然「明分使群」是達到理想社會的方法，但是在「明分使群」的社會結構中，人民能安居樂業，天下安平。因此「明分使群」的社會觀，不只是達到理想社會的方法，同時也是理想社會的具體圖像。

壹、「群」與「分」的關係

從《荀子》書中可以將「群」歸納出兩個不同的層次：第一，沒有以「禮」作為區分的群聚生活，「人生而有欲，欲而不得，則不能無求，求而無度量分界，則不能不爭」（《荀子·禮論》）。第二，以「禮」區分的群聚生活，「先王惡其亂也，故制禮義以分之」（《荀子·禮論》）。

第一個層次的「群」，說明人出於本能的需求所以聚在一起，目的是為了生存。因為人天生就有分辨的能力，如「心有徵知」（《荀子·正名》）所以在此階段，會意識到自我與他人是不同的。不過人通常都是從「我」的角度分辨自我與他者，並且受到情欲的影響，所以人對物事的判斷、考量多從對自己有利的角度出發。荀子認為人有滿足自我的欲望，這是天性。所以若人人都放任「滿足自己」的欲望時，就會造成「物屈於欲」且「欲窮於物」的情況，如此一來爭亂則必起。顯然，雖然人的心有認知與分辨的能力，但是那只是一種質樸的認識過程，只是單純的為求生存，而沒有意識到如何藉由群體的互助延長生存的時間與增加生活的品質。

第二個層次的「群」，是以「禮」作為群體間的分界。荀子說：「人生不能無群，群而無分則爭」（《荀子·王制》）、「分莫大於禮」（《荀子·非相》）。

人有群聚生活的需要，透過合作延長生命，但是如果沒有分界就會產生爭奪，為此聖王制禮義法度作為分界。在沒有禮的群聚生活中，人可能有男女之分，但是男女關係卻十分雜亂，因此產生混亂。所以之後建立「昭穆制度」禁止母子、父女之間雜亂性的關係，這是最原始的「禮」，也是人與禽獸最大的分別。〔註11〕故荀子說：「人之所以為人者何已也？曰：以其有辨也。」、「夫禽獸有父子，而無父子之親。有牝牡而無男女之別，故人道莫不有辨，辨莫大於分，分莫大於禮」（《荀子·非相》）。逐漸，禮不只作為倫常秩序，更擴大成為宗族、宗室、天下所依循的準則。在禮的安排下，社會的次序逐漸形成。「先王案為之制禮義以分之，使有貴賤之等，長幼之差，知愚能不能之分，⋯⋯夫是之為至平」（《荀子·榮辱》）。這都說明若社會分工并然有序，則亂象不生社會自然達到至平。

　　吳進安指出：「『群』是人與動物的最大差異，也是社會至善觀念建構的基礎，人因有著如此的自覺而能有意識地來建構一個動態與互動性的社會，但這個社會能否使群並發揮功能達成預設目標，其關鍵的因素在『分』」。〔註12〕以此可知，「群」就是有規模、組織的社會，社會中的每一份子都能各安其位且各謀其政，如此社會自然和諧而無混亂。故荀子曰：「君君、臣臣、父父、子子、兄兄、弟弟一也，農農、士士、工工、商商一也」（《荀子·王制》），其中，「一」即「統一」，也就是「群」，而君臣、父子等政治、倫常，士、農、工等百官之別，就是在禮作用下的「分」。因此，「群」與「分」是二而一的關係。

貳、君王是「明分使群」的主要關鍵

　　如前述，因為聖王建立禮義法度，所以能夠「明分」且「使群」。從《荀子》書中的篇章可發現，他舉出許多具體事例說明「聖王明分之道」（《荀子·富國》）、「王者之制」（《荀子·王制》），這都足以說明聖王是「明分使群」的關鍵。不過荀子說：「辨莫大於分，分莫大於禮，禮莫大於聖王」、「聖王有百，吾孰法焉？故曰：文久而息節族久而絕，守法數之有司，極禮而褫」（《荀子·非相》）顯然荀子追崇的並非「聖王」這個人，而是聖王所制定的禮義法度。但是荀子認為，如果沒有英明睿智的聖王，那麼「禮」將無所生，且「禮」

〔註11〕鄒昌林《中國禮文化》（北京：社會科學文獻出版社，2000 年），頁 205～206。
〔註12〕吳進安〈荀子「明分使群」觀念解析及其社會意義〉，《漢學研究集刊》，第三期，2006 年 12 月，頁 230。

也無所用。所以聖王是掌管「禮」最高的統治者，故荀子說：「人君者，所以管分之樞要也」（《荀子・富國》）。同時顯示荀子對統治者以禮治國的期待。

　　在《荀子》書中，「王」是有德的統治者，「君」是國家的管理者。不過無論「聖王」或「君王」，都是以禮統治天下的統治者，「能用天下之謂王」（《荀子・正論》）。荀子把「王」的地位提高在眾人之上，不僅是歷史的傳承使然，主要與荀子想建立有次序的社會結構有關。一個有次序的社會，並非群龍無首的匯集在一起，而是必須要有一位最理想的統治者治理天下。「今以一人兼聽天下，日有餘而治不足者，使人為之也」（《荀子・王霸》）因為君王把手底下的事務分配給有能力的人去作，所以在日理萬基之於還能擁有空閒的時間，故「農分田而耕，賈分貨而販，百工分事而勸，士大夫分職而聽，建國諸侯之君分土而守，三公摠方而議；則天子共己而已矣」（《荀子・王霸》），因此「君者。善群」（《荀子・王制》）。

　　先前提到，禮的主要功能就是形成分界。無論職業、倫常、道德等都有高下、高低、貴賤等分別。每個不同階層，都有不同的對應方式，比方荀子對喪禮的區分：

> 天子之喪，動四海，屬諸侯。諸侯之喪，動通國，屬大夫，屬大夫。大夫之喪，動一國，屬修士。修士之喪，動一鄉，屬朋友。庶人之喪，合族黨，動州里。刑餘罪人之喪，不得合族黨，獨屬妻子。（《荀子・禮論》）

以此看出不同階級所行之喪禮皆不相同。此外，因為官職是依據才能與品德作為劃分，因此天子是以大禮相待之人，而罪人則是以較卑賤的方式對待。所以由此顯示荀子並非簡單的分割社會，而是以禮作為考評才能品德的標準，而天子（君王）就是符合「禮」標準的理想人格。這似乎顯示君王也必須受到「禮」的檢視，故「禮」的重要性在「君王」之上。不過對荀子來說，禮是古代先王所制定，而當世君王既是古禮的承接者，又是新禮的創建者。並且，能稱為「王」者，必定具備「至彊」、「至辨」、「至明」（《荀子・正論》）的能力，能「言之千舉萬變，其統類一也」（《荀子・性惡》）所以既可「生禮」亦可「用禮」。故荀子重「治人」勝於「治法」。荀子說：

> 法不能獨立，類不能自行。得其人則存，失其人則亡。法者治之端；君子者法之源也。故有君子，則法雖省，足以偏矣。無君子，則法雖具，失先後之施，不能應事之變，足以亂矣。（《荀子・君道》）

這段文中的「君子」代表善用禮法者。荀子強調禮法是由人所制，且被人所

用，所以如果不是通禮之統類的人使用禮，不但無法治國反而會致亂。故荀子說：「明主急得其人，而闇王急得其埶」(《荀子‧君道》)。「禮」原是死物，需要懂得禮精神的人才會施展出禮的效用。這突顯出人具有主動操持禮的能力，與荀子對心具主動性的論述一致。不過，雖然荀子重人勝過禮法，卻不代表君王有權力左右禮法。因為禮是世世代代的聖王所遺留下的規範。因此，相對來說禮法也可做為評定與規範君王行為的標準，故可以免除一人左右禮法的疑慮。再者，荀子理想中的「君王」是最高的才智、德性之人，所作所為皆是為天下謀福利，所以也不會有同樣困擾。因此從治國的現實面來說，「君王」與「禮法」是互相牽制、補足；從理想面來說，則「君王」高於「禮法」。此為「君王」與「禮」的關係。

值得說明，荀子立論的對象並非百姓，而是掌握天下的君王。因此荀子的目的非常明確，就是闡述君王應當如何保民、富民。荀子要求當世君王遵循聖王流傳下的禮義規範，在此基礎上建立新法，以保護人民。加上先前對禮、樂、法的說明，可知「明分使群」是以社會規範的「禮」為基礎，輔樂、法作為教化、約束人性的方法，目的是為了使天下百姓富足。

參、「明分使群」的目標在保民、富民

荀子認為雖然君王是「明分使群」的關鍵，但是人民卻是決定國家是否穩固的基石。若君王以德治理國家百姓，使民心如流水的歸向君王，那麼君王可以役使人民分工行事，則國家安定；反之，國家則容易滅亡。因此荀子以「船」與「舟」比喻「君」與「民」，「君者，舟也；庶人者，水也。水則載舟，水則覆舟」(《荀子‧王制》)。當然荀子用意在勸勉君王要勤政愛民，但是同時也說明人民的意志對國家的興亡有決定性的影響，「國危則無樂君，國安則無憂民。亂則國危，治則國安」(《荀子‧王霸》)亂象來自人民無法滿足自我的欲求，因此若要使國家安定就必須滿足人民的情欲。禮之興是為養欲以治亂，養欲在滿足人的五種基本欲望，「養口」、「養鼻」、「養目」、「養耳」、「養體」。但是並非無節制的滿足人民之欲，所以需要劃分人事，分配資源。因此荀子說：

> 量地而立國，計利而畜民，度人力而授事；使民必勝事，事必出利，利足以生民，皆使衣食百用出入相揜，必以贍餘，謂之稱數。(《荀子‧富國》)

> 先王案為之制禮義以分之，使有貴賤之等，長幼之差，知愚、能不

　　能之分，皆使人載其事而各得其宜，然後使穀祿多少厚薄之稱，是
　　夫群居合一之道。(《荀子·榮辱》)

藉由「定份」，一方面能分工合作，一方面則分散資源滿足人的欲求。雖然按照社會分配，不同位階對基本欲求的要求也不一樣。但是大體來說，「養欲給求」滿足民生問題，就是爲政最重要的事。〔註 13〕在《荀子》書中，大致可將「養欲給求」分成「富民」、「保民」兩個部分。

一、富民

　　荀子認爲富國之道在使人民富裕，「富民」顧名思義是讓人民的生活處在不虞匱乏的狀態。既然人民是國家的基石，因此民富則國富。國家富強的三個關鍵在「天時」、「地利」、「人和」，對此荀子說：

　　上得天時，下得地利，中得人和，則財貨渾渾如泉源，汸汸如河海，
　　暴暴如丘山，不時焚燒，無所臧之。(《荀子·富國》)

其中，「天時」代表自然界的資源以及時節；「地利」代表地域之利；「人和」代表分工的社會。以下分別說明。

(一)「天時」

　　人屬於自然界的一部分，所以需要依賴自然資源才可生存。但是因爲人擁有「分」而「群」的能力，所以可以依照社會需求長養萬物。「群道當，則萬物皆得其宜，六畜皆得其長，群生皆得其命。故養長時，則六畜育；殺生時，則草木殖。政令時，則百姓一，賢良服」(《荀子·王制》)。荀子指出，也許人無法不依賴自然資源而生存，但是卻可以掌握萬物生長的時間，大量培育牲畜、蔬果等必須物品，儲存使生活不虞匱乏。這並非表示人可以濫用物資，而是與自然界的資源、時節互相配合。荀子說：

　　春耕、夏耘、秋收、冬藏，四時不失時，故五穀不絕，而百姓有餘
　　食也；汙池淵沼川澤，謹其時禁，故魚鱉優多，而百姓有餘用也；
　　斬伐養長不失其時，故山林不童，而百姓有餘材。(《荀子·王制》)

先前在天人關係中討論過，荀子雖把人視爲自然界的一部分，但是因爲人能分所以是「最爲天下貴」。不但以此作爲天人之分的內容，並且突顯人在天人之分中具有的主體能動的地位與作用。〔註 14〕雖然人無法了解天生成萬物的

〔註 13〕見韋政通前揭書，同註 1，頁 117。
〔註 14〕丁原明〈荀子的"天人之分"與保護環境〉，《荀子思想的當代價值國際學術
　　　　研討會論文集》，(山東大學，2007 年 8 月)，頁 193。

能力，但是卻可以把天視爲客觀的對象，將各種規律做出分配、規劃，以配合人的需求。如農不違時節、分別六畜以畜養、補殺、砍伐需要配合萬物的長養期（「謹其時禁」）等。以此可知，使生活富裕必須配合天時，加上「節用」、「善臧」如此自可「裕民」（《荀子・富國》）。

（二）「地利」

掌握「地利」的方法如同「天時」，也要充分了解不同地域環境的生態，才能善用資源。荀子對「地利」的論述，除了地可種植「山林澤梁」、「粟米」、「水火」一類自然資源外，還提到以「地盡其利」方式進行物資交換：

> 北海則有走馬吠犬焉，然而中國得而畜使之。南海則有羽翮、齒革、曾青、丹干焉，然而中國得而財之。東海則有紫紶魚鹽焉，然而中國得而衣食之。西海則有皮革、文旄焉，然而中國得而用之。（《荀子・王制》）

不同地域的物種各有特色，如果想要得到缺少的物資，就必須充分了解各地的特色。荀子指出，聖王「明分」主要目的在「養人之欲，給人之求」（《荀子・禮論》）因此了解每個地域的差異，使資源合理的分配以滿足眾人之欲，如此也是「明分」的一種。所以，在「明分使群」的社會，除了善用自身擁有的資源，還可以進行貨物換取的交易。當交易網絡形成後，就是一個更大型的社會組織，人民自然可獲取更大的利益。

（三）「人和」

荀子表示，人不能獨立生存，所以需要群聚生活互相照應。也許在還未完全開化的社會中，只需要三五人互相協助就足夠。但是當時的社會已經具有規模，所以只要不是離群索居者，所需的民生用品都必須經由上百人的分工合作才能提供。因此荀子說：「故百技所成，所以養一人也」（《荀子・富國》）。即使不論「富民」而單從維繫基本生活的角度來看，職業分工都必須存在。

此外，人要善用自然界的資源，無不透過自身之力。不過資源種類何其多，如果沒有進行職能分配，就會造成資源利用不均的情況。所以，聖王進行資源分類，並且培育官員以管理天下。從〈王制〉中可歸納出十四種職官，十四職官底下又可分成各小官，各小官分別掌管不同職務。如「工師」是其中一個職官，底下又有「百工」，處理所有與手工業相關之事。〔註15〕在社會

〔註15〕王先謙《荀子集解・考證》（台北：世界書局，2005年），頁145～149。

層層分工下，所有資源都能被妥善的利用。故荀子說：「兼足天下之道在明分」（《荀子·富國》）。

二、保民

荀子提出以禮作爲社會階層的標準，以層層分級維持社會秩序。荀子提出社會分層的想法，不是爲了「國家」，而是爲了組成國家的人民的幸福。因爲，禮不僅有劃分階層的能力，同時可以調整上下階層。只要人的才性智能以禮做標準，其社會地位可以隨時調整。換言之，王公貴族的地位並非不能改變，若所作所爲不合禮法，也無法永保其位。同理，庶人也可以經由禮法教化提升社會階層，「雖王公士大夫之子孫也，不能屬於禮義，則歸之庶人。雖庶人之子孫也，積文學，正身行，能屬於禮義，則歸之卿相士大夫。」（《荀子·王制》）平民百姓不會永遠是平民百姓，社會階層可以隨著學習禮法上下調整，這想法無疑是從人民的立場提出。因此職能分配除了使人民富欲之外，還能保護人民，在《荀子》書中關於保民的思想可分爲選賢舉能、職業訓練、弱勢保障三方面。

（一）選賢舉能

荀子指出君王爲政的三個關鍵，分別爲「平政愛民」、「隆禮敬士」、「尙賢使能」（《荀子·王制》）。其中「隆禮敬士」與「尙賢使能」都在強調君王必須任用賢臣，才能治理得當。荀子在〈臣道〉中將臣子分成「態臣」、「篡臣」、「功臣」、「聖臣」。其中「功臣」與「聖臣」是能夠協助君王治國的賢臣。荀子說：

> 內足使以一民，外足使以距離；民親之，士信之；上忠乎君，下愛
> 百姓而不倦，是功臣也。〈《荀子·臣道》〉
>
> 上能尊君，下則能愛民；政令教化，刑下如影；應卒欲變，齊給如
> 響；推類皆譽，以待無方，曲成制象，是聖臣者也。〈《荀子·臣道》〉

「內足使以一民，外足使以距離」、「以待無方，曲成制象」說明「功臣」與「聖臣」有高度的智慧；「民親之，士信之；上忠乎君，下愛百姓而不倦」、「上能尊君，下則能愛民」則說明「功臣」與「聖臣」修養了良好的德行。可知，「智慧」與「德行」是成爲賢臣的關鍵，並且以禮作爲判斷的標準。

荀子認爲，認知的能力是人天生具有的，雖然每個人先天的程度有差，但是可以經由後天學習積累而改變程度。既然才智可以透過後天積累進行變化，那麼道德也可以由無到有。荀子不認同「德」根源於人心的論點，但是

荀子並不反對有人能「德」。因為，荀子認為「德」是具體的作為，而非無法驗證的抽象概念，「德」的具體作為就是人都安居樂業，並且天下安定。所以，「德」也必須靠後天的積累。既然，「德」、「智」是對「賢臣」的具體要求，而人的「德」、「智」都能增添、改變，所以只要達到「賢臣」的「德」、「智」，就可以成為「賢臣」。故庶人可進階到賢臣之位，反之若賢臣離開禮義之道，也會下降為庶人。因此荀子說：「賢能不待次而舉，罷不能不待須而廢」（《荀子·王制》）。不以血緣而以賢作為選取人才的標準，一方面能使為官者心生警惕不懈怠的學習，一方面可以讓庶人有學習禮義的動力。當君臣百姓都學習禮義時，國家自可安定，而在安定的國家中，人民的身家財產不會受到威脅。故「選賢舉能」即是保民之道。

（二）職業訓練

荀子指出，在社會中難免有些人不願意學習禮，所以會造成社會混亂。荀子認為當君王面對這些姦邪之人，盡量以禮法使他們導回正道，若是不願改過者就是「元惡」故可誅。荀子說：

> 姦言、姦說、姦事、姦能、循逃反側之民，職而教之，須而待之，
>
> 勉之以慶賞，懲之以刑罰，安職則畜，不安職則棄（《荀子·王制》）。

荀子認為要給犯錯的人有悔過的機會，所以提供職業使他們以貢獻社會的方式悔過。如同今日的罪犯在監獄中可以讀書考試，或做手工藝品，一方面以回饋的方式彌補對社會造成的傷害，一方面也利用工作的規律性使罪犯能安定服刑，同時提升他們的自信。因為有些犯錯的人可能沒有走向正途的機會，一出生就在罪惡中打滾，所以提供正當的工作能夠幫助部分的人迷途知返。因此，讓這些「反側之民」在社會中有立足的機會，並且讓專業人士培養他們的工作能力，不但以正當的手段獲取溫飽而不擔心受怕，也藉此使他們了解合於「禮」的可貴。若效果顯著，不但則減少社會問題，保護無辜民眾，同時也提供給改過者新生的機會。

此外，既然荀子提到「職而教之」，可見當時存在職業培訓的風氣。透過職業訓練，可以讓人民學習適合自己的技能謀生，並且回饋社會。

（三）弱勢保障

荀子說：「禮者，貴賤有等，長幼有差，貧富輕重皆有稱者也」（《荀子·富國》）劃分階級的意義，並不是為了保護某群特定人士，而是有系統的照顧所有人，包括可能被忽略的殘疾人民。荀子對人的關懷包含殘疾人士，這些

殘疾人士歸稱爲「五疾」。荀子建議君王不能放棄「五疾」，要根據他們的能力替他們安排工作。但是這些人在工作時可能因爲先天不足所以無法應付工作，這時官府要提供衣食給予照顧。「五疾，上收而養之，材而事之，官施而衣食之，兼覆無遺」、「選賢良，舉篤敬，興孝弟，收孤寡，補貧窮」（《荀子‧王制》）。因此，荀子對人的關懷並非空想，而是相信所有人在禮制的社會都可以被普遍的照顧。「故人無禮則不生，是無禮則不成，國家無禮則不寧」（《荀子‧修身》），可知荀子以禮建立「明分使群」的理想社會，是站在「人」的立場，而「人」是普遍意義，非特定的階級。

肆、「明分使群」是「惟齊非齊」的平等社會

荀子表示社會的平等是建立在社會分層上。一個平等的社會，會依據社會成員的才能和德性進行定分，有多少能力就做多少事，並且獲得相應的酬勞。當「付出」與「獲得」等量時就是「平等」。

通常人都嚮往可以得到更高的地位，最好可以與天子同貴。但是畢竟人的能力有差，即使可以透過學習積累的方式改變才德智慧，但是學習也有快慢之分，所以人的差異是天生的。如果一定要忽略這些差異，反而造成事倍功半的結果。荀子說：

> 有天有地，而上下有差。明王始立，而處國有制。夫兩貴之不能相
> 事，兩賤之不能相使，是天數也。（《荀子‧王制》）

荀子以「天」、「地」的比喻解釋有些差異是無法改變的。天生的差異不僅表現在聰明才智的程度上，還包括人有不同的適性。有些人擁有做工匠的潛質，但是如果沒有職業分別，那麼即使有潛質也無法發揮，不但使整個團體缺少手工藝的提供者，更可能爲了做出手工藝品耗費更多的勞力、精力。

> 埶位齊而欲惡同，物不能澹，則必爭。爭必亂亂則窮矣。（《荀子‧
> 王制》）

因爲人性有貪多、求多的特質，所以如果沒有適當的分配社會資源，那麼即使再豐富的資源也會有缺乏的一天，如此爭奪必生，亂象必起。身處在亂世之中，人恐怕連基本的溫飽都無法獲得，遑論人皆擁有相同的物資了。這就是「分均則不偏」的情況，因此聖王制定禮作爲人事、物事的分界，使「有貧富貴賤之等，足以相兼臨者，是養天下之本也」（《荀子‧王制》）。因此荀子認爲「平等」是使天下百姓都可以滿足基本的欲求，不會因爲不足所以心生不滿，這才是眞正的平等。因此荀子引（《尚書‧呂刑》）「惟齊非齊」的觀

點說明社會平等來自上下分層的社會結構。〔註16〕

　　前面已經討論過社會分層的結構，大體而言包括經濟、政治、社會、倫理都依照禮進行分層，細部的分層內容則不贅述。總之，荀子認爲只有在「明分使群」的社會中，才能達到「養萬民，兼制天下」(《荀子‧富國》)的境界。

第三節　理想人格

　　沒有一個時代是完美的，每一個時代都有值得批判的地方。所以每個時代都有思想家批評不完美的地方，並且提出他們對完美的理想。不過所謂的「不完美」或是「完美」，都是人心共同趨向的，只是經由較睿智的人觀察、彙整之後提出。

　　荀子生處在戰國中末年，「禮」的精神近乎蕩然無存，實質上更無約束性的效用。荀子崇敬古代聖王以禮治國的平盛時期，認爲人民的痛苦來自沒有規範的生活，所以他提出以「禮」作爲軸心的「明分使群」社會，並且輔以「樂」、「法」教化人心導惡成善。荀子指出「禮」、「樂」、「法」由聖人所掌制，而君子、士是以智禮爲終身志業的代表，三者皆可以作爲人民修養的典範，「學惡乎始？惡乎終？曰：其數則始乎誦經，終乎讀禮；其義則始乎爲士，終乎爲聖人」(《荀子‧勸學》)。荀子心目中的「聖人」、「君子」、「士」是以過去的人格特質爲基礎，針對生存時代的需要所描繪出的新的人格典範。因此荀子理想中的三個人格都是能以「禮」除亂的「智者」。荀、孟相比，荀子重智多於仁，孟子重仁多於智，所以分別爲「外王」與「內聖」之道。但是雖然成德的路徑有別，但是思索反省的重心還是不離孔子以生命爲主體和人文化成的理念。〔註17〕因此荀子的三人格論，不但著重治世的外王之道，同時不脫離對道德修養的要求。

壹、聖人

一、聖人是以「禮」德治天下的「王者」

　　荀子眼中的「聖人」，是「明禮」、「制禮」、「用禮」以德治天下的「王者」。

〔註16〕見王先謙前揭書，同註15，頁132。

〔註17〕王季香《先秦諸子之人格類型論》(國立中山大學中國文學研究所博士論文，2004年)，頁75～87。

荀子對「君王」的稱呼有「明主」、「明王」、「聖王」、「上君」，其意義相同。荀子不只一次的將「聖人」與「君王」角色重疊，例如：「聖王之用也：上察於天，下錯於地，塞備天地之間，加施萬物之上；微而明，短而長，狹而廣，神明博大以至約。故曰：一與一是為人者，謂之聖人」（《荀子‧王制》）。這是因為荀子認為只有聖人能夠以「禮」管理天下，所以「聖人」與「君王」不分。荀子在〈彊國〉舉出許多例子說明，如果君主執政能被人民接受，就是德政，是明主；反之被人民所厭惡者，即暴政，暴君。一言以蔽之，兩者之差在於是否以「禮」治理天下。「故人無禮則不生，事無禮則不成，國無禮則不寧」（《荀子‧修身》）。

　　身為君王要瞭解「禮」的精神在「分」，目的在「兼足天下」。「兼足天下」在於能分別「農夫重庶之事」、「將率之事」、「天之事」，所以要建立區分的標準與法則，這就是「制禮」。明主除了以禮作為萬事萬物的分界之外，同時進行管理。民生、政事、倫際都要以「禮」為標準，對不符合規範者「罰」，符合規範者「賞」，此即「用禮」。

　　君主以禮管理天下，而自己的思想言行也必須以禮為標準，似乎君王也受到禮的限制。但是荀子表示，聖人不需要法禮，因為聖人的思想言行本合「理」、「道」，即事物規律。聖人能夠通達天下的道理，是因為聖人能夠以近推遠，以小見大，透過「類推」掌握天下規律，「聖人者，以己度者也。故以人度人，以情度情，以類度類，以說度功，以道觀盡，古今一也」（《荀子‧非相》）。因此聖人了解天下亂源出於人情之欲，故制禮義以治亂。所以，「禮」是人事社會的道理，而「禮」與「理」、「道」是二而一的關係。故荀子說：「禮者，人道之極也」、「聖人者，道之極也」（《荀子‧禮論》）。如此可知，君王的言行必定合禮。以此也可看出荀子對君王的高度期待。

　　因為君王以禮掌管天下，整頓萬物展現秩序，所以百姓因而生活無憂，此即「德政」。不過荀子指出德政並非一蹴可即，而須要長時間的經營。荀子在〈勸學〉中提到：「積土成山，風雨興焉；積水成淵，蛟龍生焉；積善成德，神明自得，聖心備焉」，他在此指出累積「善」可成「德」。荀子在〈性惡〉中提到：「凡古今天下之所謂善者，正理平治也」，可見「正理平治」是「善」的具體內容。至於「德」荀子在〈王制〉中提到：「夫是之謂天德，是王者之政也」，說明依據禮治國則天下平定。如此看來，荀子都從治平天下的角度對「善」與「德」進行闡發。至於「積善成德」即是「禮之用」的累積。荀子在〈禮論〉中提到「禮有三本：天地者，生之本也；先祖者，類之本也；君

師者，治之本也」，說明禮的制度橫跨古今，因此君王可以禮治理天下，並非一人一時功勞，而是累積了每個時代君王的功勞。因此荀子說：「王者之制，道不過三代，法不貳後王。」（《荀子·王制》）指出治國精神不與背離先王治國的精神，如此就是聖王治天下的態度。因此荀子的「德治」精神是攸遠長存的聖王之道，也展現「禮」在治國上的終極意義。

荀子把「聖人」跟「君王」相提並論，目的在強調「聖人」並非空有虛名，而是能安民治天下的實際行動者。同時，「善」、「德」也非無法徵驗的空詞，而透過保民的具體作為展現意義。不過，雖然荀子重視「聖人」的外在事功，不過荀子並未忽略聖人的道德修養，因為事功必須奠基在修養之上。對聖人的修養人格以下續而論之。

二、聖人是最高的道德修養典範

對人的道德修養進行評價，需要有評價點以及評價的標準。我們會觀察其人的思想是否符合被社會普遍接受的價值觀，以此判斷此人有無修養。通常人的思想會透過言、行的方式表現，所以想要了解一人的思想就必須觀察他的言語、行為是否合理。荀子評價人的修養好壞，是以「禮」作為標準，觀察思、言、行是否合禮。其中，荀子以「知」說明「思」，並且從知、言、行三方面說明聖人具備的道德內涵。在「聖人之知」的部分，雖然知兼攝著行。〔註18〕不過我先把「知」區分在「行」之外，先著重談論聖人的「知」，而後談「聖人之辯」，最後再以知行合一的角度談聖人的「行」。

（一）聖人之知

荀子在〈性惡〉中提到聖人與一般人的差別在「偽」，即「禮」。聖人能生禮的原因，在聖人能「類推」，故荀子說：「言之千舉萬變，其統類一也，是聖人之知也」（《荀子·性惡》）。聖人「能夠」類推，這是聖人天生高於眾人的智慧，隨著「類推」而以一知萬，了解天地規律故建立社會秩序（禮），這是後天的積累，故為「偽」。雖然荀子從後天經驗的積累作為聖人與眾人的知的差異，但是在先天的能力上，聖人的智慧仍有出眾之處。荀子說：

> 曰：「聖可積而致，然而皆不可積也，何也？」曰：可以而不可使也。
> 故小人可以為君子而不肯為君子，君子可以為小人而不可為小人。小
> 人、君子者，未嘗不可相為也；然而不相為也，可以而不可使也。故
> 塗之人可以為禹，則然；塗之人能為禹，未必然也。（《荀子·性惡》）

〔註18〕鮑國順《荀子學說析論》（台北：華正書局，1993年），頁52。

雖然小人未必能成爲君子的理由，在於不肯選擇成爲君子。但是「不肯」代表心有「蔽」，這是人思想上的通病。因此，「不肯」也是天生的不足，可以經由後天的教化邁向聖人的境界。

不過理想也未必能夠實現，荀子提到：「塗之人可以爲禹，則然；塗之人能爲禹，未必然也。」正顯示聖人與小人在知的層級上的差別。馮耀明指出：「塗之人有可以成爲聖人之潛能，而未必有成爲聖人之實能，正因爲聖人『所以異而過眾者，僞也。』（《荀子‧性惡》）「異而過」表示程度上超過的差異，並非本質上有無的差異」。〔註19〕

不過，按照上述可能會產生“不管眾人如何努力都無法成爲聖人”的錯解。事實上，荀子特別爲先天智能不及聖人的眾人指出成聖的道路，經由修養，成「士」、「君子」，再進入「聖人」境界。荀子對比「小人」與「君子」之知，說明有些小人的才性知能未必比不上君子，而是缺少環境培育。「熟察小人之知能，足以知其有餘可以爲君子之所爲也。譬之越人安越，楚人安楚，君子安雅」（《荀子‧榮辱》）。如果小人能受師法禮義教化，善用智能，增加對禮的認識，通過「士」、「君子」的修養進路，成爲「聖人」。

荀子從「知識」、「事功」將聖人的地位提高到不可動搖的境界，是爲了鼓勵眾人能持續學習禮，達到長治久安的治國目的。

（二）聖人之辯

荀子在〈非十二子〉指出因爲聖人的思想符合「禮」，所以言談自然合於禮而有條有理，「多言而類，聖人也」。不過在《荀子》書中，多從聖人的辯談展現聖人之言。「辯」是爲了分別主體思想與他人思想的不同，而聖人之辯是爲了區別不合禮的姦言。「故王者之制名，名定而實辨，道行而志通，則愼率民而一焉。……其民莫敢託爲奇辭以亂正名，故壹於道法而謹於循令矣」（《荀子‧正名》）。

「禮」是聖人之辯的標準，「以正道而辨姦，猶引繩以持曲直」（《荀子‧正名》）目的在確立正確的名稱，讓社會的制度皆能名實相符，使人民不因爲混淆而產生錯誤的認識，以免除亂象。聖人能區別姦邪，是因爲聖人能「知通統類」（《荀子‧儒效》），所以可以「辨異而不過，推類而不悖，聽則合文，辨則盡故」（《荀子‧正名》）這是聖人以「禮」辯說的特色。所以荀子在〈非

〔註19〕馮耀明〈荀子人性論新詮——附〈榮辱〉篇23字衍之糾謬〉，《國立政治大學哲學學報》，第十四期，2005年07月，頁6。

相〉提到「聖人之辯」與「士君子之辯」最大的區別在「不先慮，不早謀」，不須刻意遵循禮法，因為「禮」就來自聖人的思想，因此聖人之言絕不會有不合禮的情況。如果眾人要學習聖人之辯，只須學習禮以掌握事物的規律，使心不會受各家學說的矇蔽，如此自可禁絕邪說、姦言。

此外，荀子在〈修身〉中指出，以聖人所談的禮教人講求名實相符的原則，此為師法之教，「以善先人者謂之教，以善和人者謂之順；……是是、非非謂之知；非是、是非謂之愚」。荀子在〈榮辱〉指出以聖人之言有陶冶人之情性的功效：

> 短綆不可以汲深井之泉，知不幾者不可與及聖人之言。夫《詩》、《書》、《禮》、《樂》之分，固非庸人之所知也。故曰：一之而可再也，有之而可久也，廣之而可通也，慮之而可安也，反鉛察之而俞可好也。以治情則利，以為名則榮，以群則和，以獨則足，樂意者其是邪！

荀子指出，聖人治世的智慧與原則可透過《詩》、《書》、《禮》、《樂》中被彰顯，因此以《詩》、《書》、《禮》、《樂》教導眾人，可使眾人在學習的過程中漸漸掌握聖人的智慧，以轉化人性，達到社會的和諧。以此可知，聖人的言談、辯論除了在端正禮法上教化人心之外，還有日常教化的功效。

（三）聖人之行

前文提到，聖人能「知通統類」，而「類」來自經驗中的「以己度者也」。顯然，即使聖人在知的程度上高於眾人，也必須在後天積累經驗才能「以類推類」。因此，聖人的「知」、「行」關係為「先知後行」，再「行擴展知」，兩者是循環漸進的關係。

荀子重視「聖人」在治國上的「事功」，強調以禮治國，並且批評孟子「性善」的理由為「無辯合符驗」（《荀子·性惡》），因此荀子特別強調道德的實踐性。

荀子重視聖人的原因，是因為聖人能將智慧運用在社會中，對國家天下有貢獻。荀子在〈勸學〉中提到：「知明而行無過」，正好說明荀子理想中的篤行，是建立在真知的基礎上。[註20]「聖人也者，本仁義，當是非，齊言行，不失豪釐，無它道焉，已乎行之矣」（《荀子·儒效》）可看出荀子對聖人的高度評價來自知行合一。不過這並非代表荀子重視「知」勝過「行」。「知」、

〔註20〕見鮑國順前揭書，同註18，頁53。

「行」相較，荀子兩者並重。因爲如果沒有「知」，行爲容易產生錯誤；如果沒有「行」，則容易流於空想空談，只是紙上談兵。如荀子說：「見之而不知，雖識必妄；知之而不行，雖敦必困。」（《荀子・儒效》）。

貳、君子

《荀子》書中對君子有多重的描繪：廣義的「君子」與「小人」對稱，突顯有德與無德的差別，此處的「君子」也包括「聖人」的人格特質，如「君子者，禮義之始也」（《荀子・王制》）。至於狹義的「君子」介於「聖人」與「士」之間，強調不同的人格層次。本文從狹義的角度討論「君子」，目的是突顯「君子」獨特的人格特質。〔註21〕

春秋初期「君子」代表人的社會地位，指的是貴族。到了孔子時期，「君子」不只是社會身份，同時與小人相對作爲區分道德高下的代名詞，「君子之德，風；小人之德，草」（《論語・顏淵》）。《荀子》書中的「君子」出現了兩百九十四次，其中專指地位的言論不多，主要是說明人的品德。〔註22〕這是因爲荀子認爲人的社會地位要以「德」作爲標準，而君子有「德」所以無疑是社會的高階份子。至於荀子的「德」指的是對社會有益的作爲，而評判是否有益與社會的作爲又是以「禮」爲標準，所以荀子多從言行與禮的關係談論君子。關於「君子」的人格特質可從「君子之知」、「君子之辯」、「君子之行」三方面認識，除了了解「君子」的社會表現之外，也可看出與「聖人」的差異。〔註23〕

一、君子之知

荀子在〈性惡〉中提到「知」可分類爲「聖人之知」、「士君子之知」、「小人之知」、「役夫之知」。其中「士君子之知」的特質爲「少言則徑而省，論而法，若佚之以繩，是士君子之知。」意指因爲君子以「禮」作爲思想準則，因此一舉一動都以「禮」爲標準，而不敢不合於「禮」。與「聖人」的「多言則文而類，終日議其所以，言之千舉萬變，其統類一也」特質相較，君子之思則顯得綁手綁腳。原因無他，就是因爲禮由聖人所創建，所以聖人的思想

〔註21〕在「君子」的取材上將排除與「聖人」的人格特質相同的原典，以及盡量取用「聖人」、「君子」共同出現的原典。

〔註22〕見王季香前揭書，同註17，頁107。

〔註23〕跟聖人相比，荀子較少從實際事功論「君子」，多從道德修養的面向說明他對「君子」的看法。不過，並不代表荀子不重視君子的外在事功，而是將君子的修養與愛民的事功結合，這一點在「君子之行」會加以說明。

就是禮；而君子依循的是聖人創建之禮。前者主體與禮不分，後者要透過學習外在的禮之後，主體才能獲得禮，所以君子「法禮」。不過，雖然「士君子」都要透過學習才能獲得禮，但是君子與士在禮的掌握上也有差別。荀子說：

> 好法而行，士也；篤志而體，君子也。(《荀子·修身》)

此處的「行」只是外在的模效學習，而「志」是內在的修持。這說明「士」能夠遵循禮法，卻不能掌握禮的精神；君子卻能藉由循禮，使心志不受外在的弊端迷惑，而掌握禮的精神。因為君子了解「禮」對社會的價值與意義，所以當私欲與公眾權益相牴觸時，會以「禮」作為判斷的標準，以公眾權益為主。荀子說：

> 君子貧窮而志廣，隆仁也；富貴而體恭，殺勢也；安燕而血氣不惰，柬理也。勞勤而容貌不枯，好交也；怒不過奪，喜不過予，是法勝私也。《書》曰：「無有作好，遵王之道；無有作惡，遵王之路」此言君子之能以公義勝私欲也。(《荀子·修身》)

「公」最早的來源是五等爵之首，意指政治地位，逐漸衍生為公眾領域，謂之「公義」。荀子認為為了自己的利益考量是人的本性，但是君子在面對「公」、「私」上，卻能以「公」勝「私」，顯示君子了解維護公眾秩序的重要性。荀子引《尚書·洪範》說明君子不受個人情欲的左右，而遵循聖王制定的禮法，代表君子已經認識禮對社會價值，也顯示君子的「知」增加了對禮的價值的認識，故能「以公義勝私欲」，化惡為善。

因為君子掌握禮的精神，所以能「隆仁」、「殺勢」、「柬理」、「好文」、「法勝私」，這是君子勝過一般人的地方。因為君子有過於眾人之處，所以能夠作為眾人的楷模。總之，君子的「知」已經能掌握禮的精神，雖然比不上聖人的運用自如，但是能夠除了修己之外，也幫助聖王安定百姓，故荀子說：「上則能大其所隆，下則能開道不己若者，如是，則可謂篤厚君子矣」(《荀子·儒效》)。

二、君子之辯

戰國中末年名辨思潮盛行，許多約定俗成的名被賦予新的意義。荀子認為這是造成是非不分的原因，所以提出「正名」的思想。「正名」即以「談辯」區別出不合禮的姦言，荀子說：「凡言不合先王，不順禮義，謂之姦言；雖辯，君子不聽。法先王，順禮義，黨學者，然而不好言，不樂言，則必非誠士也。故君子之於言也，志好之，行安之，樂言之，故君子必辯」(《荀子·非相》)。

荀子將能以「辯」區別姦邪的對象分成「聖人之辯」、「士君子之辯」，其中「士君子之辯」的特點為：

> 先慮之，早謀之，斯須之言而足聽，文而致實，博而黨正，是士君子之辯也。（《荀子·非相》）

因為君子能夠掌握禮的價值，所以言論的內容形式皆能切合禮，且「少言而法，君子也」（《荀子·非十二子》），以禮作為言論的準則目的是為了安定社會。故荀子說：「辨說也，心之象道也。心也者，道之工宰也。道也者，治之經理也」（《荀子·正名》）以辯說安定社會，方法是「以正道而辨姦」。因為君子心知的能力因禮而擴展，所以能「以仁心說，以學心聽，以公心辨」，能公正的以禮明辨是非。雖然「君子之辯」與「聖人之辯」相比，缺少以一平天下姦言的氣魄能力，但是端正自身，不同流合污，也是排除姦言的方式。所以荀子說君子能：「處道而不貳，吐而不奪，利而不流，貴公正而賤鄙爭」（《荀子·正名》），即是「君子之辯」的社會價值。

三、君子之行

「君子之行」的社會價值可以從「教育面」與「政治面」展現。從教育面來說，君子的言行舉止有「以身教化」的功用。如荀子說：「士君子之所能不能為：君子能為可貴，不能使人必貴己；能為可信，不能使人必信己；能為可用，不能使人必用己。故君子恥不修，不恥見汙；恥不信，不恥不見信；恥不能，不恥不見用。是以不誘於譽，不恐於誹，率道而行，端然正己，不為物傾側，夫是之謂誠君子。」（《荀子·非十二子》）君子的思想言行終日不離禮，自重自敬，不趨炎附勢，如此自然贏得眾人的敬重、信任。所以荀子說：「君子能則人榮學焉，不能則人樂告之」（《荀子·不苟》）。

從政治面來說，君子可以位居高位，輔佐聖王治理天下。雖然荀子以闡發君子的德行為主，很少提及君子的實際作為，但是從荀子以「德」作為居於高位的要求來看，君子無疑是朝政要角。荀子說：「賢能不待次而舉」且「雖庶人之子孫也，積文學，正身行，能屬於禮義，則歸之卿相士大夫。」（《荀子·王制》），平時不得志時修養德行，有機會出仕就做對社會有益的事，所以荀子的「君子」不只是道德修養的典範，同時也是行政愛民的官員。

參、士

早期貴族與庶人的界線非常嚴格，貴族與庶人的身分不能互換。但是因為政治因素，貴族因為失勢而地位下降，反之有功的庶人可升為貴族，於是

封建的階級制度逐漸崩潰。其中，原本「士」是最低階的貴族，之後庶人因為戰功或學習有成普遍可上升為士，所以「士」漸漸成為知識份子的代稱。〔註24〕因為士已經脫離固定的階級，沒有固定的職位，所以形成大批知識份子游離在社會中尋求入仕的機會。〔註25〕在戰國時期，「士」仍保留貴族的地位，如「大儒者，天子三公也，小儒者諸侯大夫士也，眾人者工農商賈也。」（《荀子・儒效》），但是又為「士民」，「國家者，士民之居也」（《荀子・致士》），可見士的身分非常混亂。此外，因為當時私學興盛，有些人學了一些經典之後而自命為知識份子，實際上只是以知識作為榮耀自身的工具，而不懂禮法的價值。荀子稱這群人為「今之處士」與「今之仕士」。以「今之處士」來說，因為學習一些禮法，而自以為無所不知，所以造成「利心無足而佯無欲」、「行危險穢而彊高言謹愨」（《荀子・非十二子》）的弊病。至於「今之仕士」則因為不懂禮的社會價值，所以只知禮而不懂禮，為官後依舊圖利自身：「汙漫者也，賊亂者也，恣睢者也，貪利者也，觸抵者也，無禮義而唯權勢之嗜者也」（《荀子・非十二子》）。

　　荀子不滿這些人的作為，所以提出「古之處士」與「古之仕士」作為「今之處士」與「今之仕士」學習的典範，此外還提出「通士」、「公士」、「直士」、「愨士」等各類，作為他理想中「士」的形象。荀子將「士」的流品分成許多種類，看似繁雜，不過他們的共通性都是「好法而行」（《荀子・修身》），即以禮作為立身處世的原則。雖然與聖人、君子相比，缺少用禮、懂禮的能力，但是卻能守禮謹守本分，如「直士」為「雖不知，不以取賞；長短不飾，以情自竭」。因為「士」是以禮克己，而「君子」、「聖人」則漸進以禮安天下，因此「士」、「君子」、「聖人」的差別在「先修己後能外治」，也顯示修養進德的層次差異。故荀子說：「其義則始乎為士，終乎為聖人」（《荀子・勸學》）、「言志意之求，不下於士」（《荀子・儒效》）。

第四節　小　結

　　從哲學史來看，社會道德在孔、孟時期逐漸轉為內在道德，尤其到了孟子，雖然講求內在道德與社會道德的關聯，但是孟子緊守內在道德必須作為社會道德根源的說法，又將個人道德聯繫到心性與天道的關係上，由於精神

〔註24〕見鮑國順前揭書，同註18，頁44～45。
〔註25〕見余英時《中國知識階層史論》（台北：聯經出版社，1980年），頁22～24。

境界太高，又以體證、求放心之道作為個人修養的主要方法，因此不易讓人理解，也逐漸失去社會效用。我們知道，當一個思想過渡發展以致脫離現實社會需求時，就會形成新的思想反其道而行。荀子把握客觀的現實面，認為多從心性談論道德只會流於空談，所以強調我們重視的應該是社會道德。本章提到，荀子從各種角度說明「養欲給求」是社會道德的具體內容，不能合理滿足眾人之欲的社會，就是亂象四起的社會，因此自然無道德可言。對荀子而言，只要依靠外在規範就可以去除亂象，恢復社會秩序，並且個人可以在遵守禮的過程中實踐道德，所以不需要以內在道德作為社會道德的根源。而且荀子也不只重視外在規範的社會效用而鎖死了人的主動性，正因為荀子認為人心有靈活權變的能力，所以提出重「治人」勝於「治法」，依此雖然荀子從客觀現實面成就道德理想，但是也並未落入以外在客觀的禮法作為實踐道德的唯一路徑。換言之，荀子一方面要建立普遍客觀的外在規範以作為心判斷的標準，一方面又因為人心的超越性能力，所以眾人可以心作為學習外在規範以化性的主體。可見荀子以認知心為實踐道德的主體，並且以此成就他的社會理想，而這在荀子的理論系統中是合理且可以成立的。

第四章　荀子的人性論與理想社會的關係

　　儒家思想的重心不脫離對現世的關懷，建立和諧的社會也是儒家的共同理想。荀子的理想在建立「明分使群」的社會，他認為理想不能脫離經驗世界，除了必須落實之外，包括理想的建構都要符合可觀察的事實。在理論建構上，荀子從經驗中觀察人性，以現實中的人性作為建立「明分使群」理想社會的根源。此外「明分使群」的理想必須落實在現實的社會中，而落實的方法首要來自「聖人制禮」，其中「聖人」與「禮」是「理想人格」與「外在規範」，依照第三章的介紹，可知兩者與人性具有緊密的關聯。因此，「人性」又是實踐理想的關鍵。以此可知，人性與理想社會有層層相連的關係。

第一節　外在規範與人性的關聯

　　在「社群」還沒建立的源初時期，生活中不會出現「秩序」的概念，相對來說，那是一種「無秩序」的生活。如果人獨立於人群索居，那麼率性而為對人的生命活動不會有影響，不過假如是一群人共同生活，當每人都順其性時，就會形成很多紛爭，這是人性共同的趨向，如：「人之欲為善者，為性惡也」（《荀子‧性惡》）。所以有必要建立規則，讓人們依循著規則行事，這就是社會秩序。換句話說，社會秩序來自人性的需求。

　　因為人順情欲之性所以造成社會亂象，因此聖人建立規範使人們遵循，這就是荀子在社會組織上初步的認識。再進而提出以「禮」、「樂」、「法」作為外在規範，以建立「明分使群」的社會。「明分使群」是荀子的社會理想，

而「外在規範」則是確保「明分使群」得以落實的方法。之所以能以「外在規範」作爲實踐的手段，是因爲「外在規範」與「人性」有互動的關係。荀子的人性可分成「知能之性」與「情欲之性」，在禮還沒有形成的時候，人通常受「情欲之性」的影響，產生因爲情欲的貪求所形成的混亂。此時，聖人厭惡各種亂象，了解惡源出於人之情欲，所以制「禮」導化人性。一方面「亂源」來自人的情欲之性。一方面聖人的「厭惡」與「了解」又是人性中的「情欲之性」與「知能之性」，並且「厭惡」之情欲是促使聖人「了解」（知）的動力。因此，人性中的某些層面不只作爲「禮」的起源，同時是「制禮」與「受教化」的主體。進一步可將人性與外在規範的關係區分成：1. 心知是建立外在規範的主體；受心支配的情欲可轉而促使聖人建立外在規範。2. 心知是接受與學習外在規範的主體。

荀子認爲人跟萬物的區別在於能「辨」，而人可以區別物物的差異，是因爲心能徵知萬物，掌握萬物在本質上的差異，而加以分類。荀子說：「故人之所以爲人者，非特以其二足而無毛也，以其有辨也。」（《荀子·非相》），「知異實者之異名也，故使異實者莫不異名也」（《荀子·正名》）。因此「辨」即理智的「知」，也是人與萬物在本質上的差異。第二章對「心」做過說明，大體而言心有「決定」的能力。比如「小人可以爲君子而不肯爲君子，君子可以爲小人而不肯爲小人。」（《荀子·性惡》）小人不願意爲君子，君子不願意爲小人，這就是心在成德上的主動性。雖然「心」在自然的情況下不具備道德良知，但是在認知外在規範的過程中，可以將外在之理內化成道德理性。不過在心尙未知「理」之前，心會受到情欲的影響而做出滿足欲望的活動，爲不合理的行爲。因爲人心皆順從欲望，所以在「欲多不欲寡」情況下，物資短缺，當人的欲望不能被滿足時，就會產生爭奪等惡的行爲。聖王因此制立外在規範，讓人在遵守規範的過程中養成習慣，使心「中理」。〔註 1〕按荀子的論點，以下將「人性」與「外在規範」的關係分層說明。

首先，無論心是否中理，心都具備決定的能力，只是有主動決定與被動決定的差別。在心尙未知理之前，心會受到外物的影響，而做出看似自由選

〔註 1〕《荀子·正名》：「欲過之而動不及，心止之也。心之所可中理，則欲雖多，奚傷於治？欲不及而動過之，心使之也。心之所可失理，則欲雖寡，奚止於亂？故治亂在於心之所可」。

《荀子·禮論》：「禮之理誠深矣。……禮者人道之極也。然而不法禮，不足禮，謂之無方之民；法禮，足禮，謂之有方之士。禮之中焉能思索，謂之能慮；禮之中焉能勿易，謂之能固。能慮、能固，加好者焉，斯聖人矣」。

擇的決定與判斷，事實上並非心的自由選擇，對此荀子稱爲「心不使焉」（《荀子‧解蔽》），也是被動決定、選擇。荀子在〈解蔽〉舉出紂王寵愛妲己而不知良臣的例子，「紂蔽於妲己、飛廉，而不知微子啓，以惑其心而亂其行。」雖然紂王選擇相信妲己而不相信微子啓，相不相信的「決定」似乎出於紂王的自由意志，但是荀子認爲，這是因爲紂王心不知「理」，所以被外在事物（妲己、飛廉）迷惑。只有心知理後，心才能自由決定，才能「出令而無所受令」，眞正成爲人性中的「神明之主」（《荀子‧解蔽》）。換句話說，荀子認爲心的自主性與理不可分，雖然心在尙未知理之前仍然可以做出決定或判斷，但那不是心「自由」的選擇，而是被影響之後的選擇。只有在心知理後，心的自主性才能眞正發揮效用，甚至轉而支配情欲。

　　不過，因爲「理」並非人心本具，所以如何聯繫心與理的關係，這是荀子需要解決的問題。對此，荀子提出心的徵知可以掌握萬事事物的規律、法則，即「理」。「理」是外在、客觀的，可以透過觀察類推而得。心可知理，不是因爲心內存著理，而是來自人的智慧知理的可能性。所以荀子說：「塗之人也，皆有可以知仁義法正之質」（《荀子‧性惡》）可見人都有可以知理的本質。不過雖然人皆有可以知理的能力，卻還是有人受外物影響做出錯誤的判斷，原因無他，因爲智慧有高低之分。所以只有能觀天下之物而掌握規律，看清楚事物本質才可稱爲聖人，故言：「上察於天，下錯於地，塞備天地之間，加施萬物之上，微而明，短而長，狹而廣，神明博大以至約。故曰：一與一是爲人者，謂之聖人」（《荀子‧王制》）。只有待聖人掌握理，制定外在的禮義法度讓一般人能夠依循時，一般人才能知理。不過，如果缺少好惡的動力，禮也不會被制定。荀子說：

> 禮起於何也？曰：人生而有欲，欲而不得，則不能無求，求而無度
> 量分界，則不能不爭。爭則亂，亂則窮。先王惡其亂也，故制禮義
> 以分之，以養人之欲，給人之求，使欲必不窮乎物，物必不屈於欲，
> 兩者相持而長，是禮之所起也。（《荀子‧禮論》）

「厭惡」的情緒促使聖人「希望」解除亂象，「厭惡」與「希望」都是情感欲望的表現。換句話說，如果智慧不夠，心就無法自主而受情欲影響；相反的，如果有足夠的智慧，則情欲之性會轉而成爲聖人「運用」智慧的動力。換言之，聖人原有知通統類的能力，因爲能把握事物之理，所以不會落入各種蔽端，自然也不會受到情欲之性的影響，反而能夠與情欲「好」、「惡」等特質相輔相成，混合成「知能」與「情欲」相輔的智慧。因此聖人能夠觀察社會

亂象並且找出造成社會之亂的原因以對症下藥，究其根本就是來自聖人之心具有高度的類推與超越性的能力，依此可見荀子對「知」的重視。從治亂的角度來看，雖然情欲是造成亂象的原因，但是荀子認為使心合理才是解決亂象的關鍵，故言：「心之所可中理，則欲雖多，奚傷於治，欲不及而動過之，心使之也。心之所可失理，則欲雖寡，奚止於亂；故治亂在於心之所可」（《荀子‧正名》）可知欲望的過與不及，可以通過心知做出適當的調節。

聖王觀察外在客觀的規律，知道人文社會也有規律，因此制立禮讓人有可依循的準則。建立禮的主體來自「心」，制禮的標準是客觀的外在之理，而「禮」就是人文社會中的「理」。由於眾人的智慧不如聖人，所以只能依循與學習外在規範增加「知」的能力，以化性成善。荀子說：「今人之性，固無禮義，故彊學而求有之也；性不知禮義，故思慮而求知之也。」（《荀子‧性惡》）人性中本無禮，禮來自不斷學習與在學習中不斷思慮而得，如人們原有父子之親，但無父子相處的倫列之道，「親密」的關係出於人的本能，隨時會因為個人的利欲爭奪瓦解，如荀子說：「子之代乎父，弟之代乎兄，此二行者，皆反於性而悖於情也」，故「夫好利而欲得者，此人之情性也。假之人有弟兄資財而分者，且順情性，好利而欲得，若是，則兄弟相拂奪矣」（《荀子‧性惡》）但是若建立倫列之禮，一舉一動都被規範與限定，經過長期的互動，習慣後則能加強親屬之間緊密之情，使人了解「父子之義」。故「今使塗之人伏術為學，專心一志，思索孰察，加日縣久，積善而不息，則通於神明，參於天地矣」（《荀子‧性惡》）。

塗之人可以經由化性起偽的轉化，是因為人皆有可以知理的本質，「然而塗之人也，皆有可以知仁義法正之質，皆有可以能仁義法正之具，然則其可以為禹明矣」（《荀子‧性惡》）。換句話說，聖人與塗之人在「知」的起跑點上相同，不同的是程度差異，故「聖人之所以同於眾，其不異於眾者，性也；所以異而過眾者，偽也」（《荀子‧性惡》）。不過就算聖人有通貫事物之理的智慧，也只是潛在能力，需要後天累積才可發揮效用。所以塗之人依然能藉師法之教，學習禮義法度的方式增加智慧，去蔽以化性成善。所以荀子認為，只要塗之人勤勉不懈怠的學習禮義，無二心的遵守禮法，就有機會成聖。荀子說：「專心一志，思索孰察」，其「專心一志」需要透過虛壹靜的修養功夫，荀子說：「人何以知道？曰：心。心何以知？曰：『虛壹而靜』」（《荀子‧正名》）。此處「知」代表能掌握「道」，心能掌握的過程是通過對外在規範的學習而來。雖然心本具虛壹靜的能力，但是要先透過外在修養，虛壹靜的修養功夫才得

以開展，在專一不二且不間斷的學習之下，則能掌握「道」（理）。對荀子而言，修養在日用中不斷的學習積累而成，人在學習的過程中實踐道德，內化人性。以此可知，聖人以「知」建立外在規範，而外在規範可轉而對治人性。如聖人制正樂以善化人心；制法利用人情「畏」的特點約束與教化人性；至於禮，荀子從政治、社會、人事、日常生活各角度皆在說明禮對人性的教化力。嚴格來說禮、樂、法三者都屬於社會規範，皆有善化人性的作用。王楷認爲經過心的認知學習後，客觀的社會規範會內化爲理性原則，內化爲人內在的德行，〔註2〕至於情欲在心的引導下被轉化成繼續積累學習的動力。總之荀子以心作爲學習、轉化的主體，以被轉化後的情欲作爲持續學習的動力，將積累作爲化性成善的必要條件，這就是荀子聯繫外在的理與人性的關鍵。

　　從個人的角度來看，由於建立規範在道德修養上有化性以消解形成亂象之源的功用，因此外在規範與人性的對治關係可作爲落實荀子理想社會的方法。從「明分使群」的社會來說，透過能「分」的社會制度使社會成員在不同的階層中滿足情欲，並且學習「敬」、「愛」、「仁」、「勇」等道德價值。以此可知，如果建立「明分使群」的理想社會，對人性的轉化同樣有助益，這是因爲人情欲望在爭奪的環境中無法獲得滿足，在不良的生活狀態的刺激之下，使人性趨向於「明分使群」的社會。下節將說明理想社會與人性的關聯。

第二節　理想社會與人性的關聯

　　「明分使群」社會與人性的關係可由兩點說明：1.「明分使群」的社會是爲了滿足人的情欲所建立。2. 人性在「明分使群」的社會可以獲得化惡爲善。

壹、人性趨向於「明分使群」的社會

　　《荀子》中「群」主要涵義爲「聚集」，如「人之生不能無群」（《荀子‧富國》），以及「統領、「率領」，如「君者，善群也」（《荀子‧王制》）。群聚的初期因爲沒有社會制度，在放任人性的情況下，群聚的結果必然帶來爭奪產生亂象。所以荀子指出必須設計良好的社會制度規劃人群，才能維持群體的和諧，故說：「群道當，則萬物皆得其宜，六畜皆得其長，群生皆得其命」

〔註 2〕　王楷〈性惡與德性：荀子道德基礎之建立──一種德行倫理學的視角〉，《荀子思想的當代價值國際學術研討會論文集》（山東大學，2007 年 8 月），頁 267。

（《荀子·王制》），這裡所指的「群道」是君王「善群」能力的展現，荀子在〈君道〉中表示君王要能收服民心才可有效的管理人群。「能群也者，何也？曰：善生養人者也，善班治人者也，善顯設人者也，善藩飾人者也。善生養人者人親之，善班治人者人安之，善顯設人者人樂之，善藩飾人者人榮之。四統者俱，而天下歸之，夫是之謂能群」（《荀子·君道》），荀子指出君王要善養人民之欲、依照情性治理人民、彰顯人民應得的榮耀、經過外在的儀節，而區別人民不同的階級，使人可各安其位，以養其欲，如此可使人民親近君王、使地位穩固、喜樂君王、滿意君王，如果做到以上四者，則能妥善的管理天下人民，此即爲「群居合一之道」（《荀子·榮辱》）。

君王必須滿足眾人之欲才能做到「善群」。換句話說，當眾人的情欲普遍被滿足時，就會引發人性中對社群有利的情緒，如興起願意順服君王之情。依此，則天下、國家皆能夠得到治理。因爲只有在「群道」中能夠普遍滿足眾人的欲求，所以代表著人性趨向於「群」。荀子說：

> 故人生不能無群，群而無分則爭，爭則亂，亂則離，離則弱，弱則
> 不能勝物。故宮室不可得而居也，不可少頃舍禮義之謂也。能以事
> 親謂之孝，能以事兄謂之弟，能以事上謂之順，能以使下謂之君。
> 君者，善群也。（《荀子·王制》）

> 人何以能群？曰：分。（《荀子·王制》）

管理群眾的辦法，首要以「分」滿足人民之欲。荀子指出，如果人沒有分界的群聚在一起時，就會因爲衝突、爭奪物質資源而不能充分的滿足欲望，並且這些爭奪所帶來的傷害也是人之情欲所不喜、不欲之事。所以聖王制定禮以作爲劃分人群的辦法。人之所以可在不同的社會階層獲得滿足，是因爲人有不同的適性、不同的能力，且在「知」的程度上也有差異，所以只有在不同的社會結構中，人的能力才可以充分的被發揮，而欲望也能夠獲得滿足，在此情況下人才能獲得安定和諧的生活。舉例來說，聖人的智慧在掌握天下規律而掌管天下事物，但是論製作器物的能力不如工匠，論買賣貨物的能力不如商人，如果沒有良好的社會制度，那麼聖人不但無法在管理天下中一展長才，反而因爲做不適合的工作而帶來壓力。所以眾人只有在良好的社會制度中找到定位，才能發揮能力，而欲望也能被滿足。因此荀子指出劃分社會結構的目的在「養欲」，「先王惡其亂也，故制禮義以分之，以養人之欲，給人之求。」（《荀子·禮論》）、「兼足天下之道在明分。」（《荀子·富國》）。

　　眾人能接受分，是來自潛意識的欲望。荀子說：「人之所以為人者何以也？曰：以其有辨也。……故人之所以為人者，非特以其二足而無毛也，以其有辨也。夫禽獸有父子，而無父子之親，有牝牡而無男女之別，故人道莫不有辨，辨莫大於分。」（《荀子・非相》）荀子指出「分」來自心能辨的能力，但是之所以辨別、區分萬物的不同，主要來自人「想要」區別物物的欲望：「君子既得其養，又好其別」（《荀子・禮論》），雖然荀子指的是「君子好其別」，但是通過對荀子人性論的理解，也可以廣泛的說「人都有想要分別自身與他物的欲望」，這種欲望來自於人不喜歡因為雜亂無分所帶來的爭亂，所以人會想要「分」或「別」，只不過因為眾人在「知」的能力上不足，所以雖然促使心去思考解決雜亂無分的狀態，卻往往只是製造更多的混亂。所以荀子認為，唯有聖人才可以以心制禮義解決亂象，建立「明分使群」的社會使眾人能夠安定的生活，讓眾人的欲望可以普遍的被滿足。總體以觀，因為人天生缺少「秩序」的概念，所以有必要建立有秩序的「明分使群」的社會，並且透過第三章的論述，可知「明分使群」的社會具有「養民」、「育民」、「保民」、「富民」的功能，目的都在滿足人的情欲，以此可知「明分使群」的社會來自人性共同趨向。

貳、人性在「明分使群」的社會獲得轉化

　　荀子建立理想社會的目的在止亂，而平定亂象的原因是使人化惡為善：「今人之性惡，必將待師法然後正，得禮義然後治」（《荀子・性惡》），人性在教化下獲得轉化，是因為心透過感官接物後進行認識，將所學的新知在日積月累下形成習慣。對荀子而言，「教化」不只是師法之教，而包括在日用常行中隨處可遇到的社會規範、制度。禮是作為制定、檢驗社會制度的標準，目的在防止爭亂，所以當人在社會中遵守禮義法度的時候，會使人際呈現出友好和諧的關係，而和諧的人際互動能夠使社會保持和諧的狀態。

　　「和諧」的內容包括「愛」、「忠」、「信」、「勇」、「仁」等道德價值。就荀子而言，道德是心在學習與實踐禮的過程中獲得，並非人性本具，所以荀子的「心」是以認知為前提下實踐禮的主體，而非道德自覺的主體。荀子說：「論德而定次，量能而授官」（《荀子・君道》），其中「德」就是讓社會保持和諧狀態的具體的行為表現，如荀子說：

　　　　兼服天下之心：高上尊貴，不以驕人；聰明聖知，不以窮人；齊給

　　　　速通，不爭先人；剛毅勇敢，不以傷人。不知則問，不能則學，雖

> 能必讓，然後爲德。遇君則修臣下之義，遇鄉則修長幼之義，遇長
> 則修子弟之義，遇友則修禮節辭讓之義，遇賤而少者，則修告導寬
> 容之義。無不愛也，無不敬也，無與人爭也，恢然如天地之苞萬物。
> （《荀子·非十二子》）

從「高上尊貴」到「然後爲德」這段文中，荀子指出自我跟他人在交流的過
程中，應該具備的態度：如地位尊貴者不能用驕傲的態度待人；勇者不是以
傷害人的方式獲得勇敢的美名。這段文是荀子站在個人修養的角度來談的。
至於在「遇君則修臣下之義」到「則修告導寬容之義」則是探討個人在社會
中所扮演的社會角色需要具備的態度，如面對君王，臣子要盡爲臣的本分；
面對朋友則要學習退讓的美德。無論是個人修養或社會中的層級的關係，「不
驕」、「勇」、「不爭」、「讓」、「君臣之義」、「辭讓之義」等道德概念，都是透
過人的交流互動中呈現，所以荀子的「道德」要落在人際關係中才能存在。
因爲人與人之間互助互愛來自作爲社會規範的「禮」，而禮來自聖王後天制
立，因此道德是後天，而非先天。〔註3〕

　　值得強調的是，一般認爲當自我扮演各種社會角色時，社會角色對自我
的發展是一種限制。但是對荀子來說，因爲人心具備超越各種限制的能力（可
以從荀子以心作爲轉化人性的主體中發現心的超越能力），所以外在的限制不
但不會阻礙自我的發展，反而可以作爲幫助人心超越的助益，而所謂的「超
越」是放在「化性」的意義下來談。荀子指出心可以轉化情欲之性，並不是
因爲內存道德，而是認知能辨的能力，所以可以接受禮的教化。韋政通說：「因
認知心有辨識的功能，於是使性之被化爲可能。蓋本能一面的表現，只是盲
目的衝動，它本身並無所謂『過』與『節』的問題，而知其爲過而當節者，
則由上層認知心的辨識。認知心一方面主動接受禮義的導化，一方面又能辨
情欲之過而當節，於是使能化與被化之間的關係打通。亦使化成爲眞實可
能」。〔註4〕荀子認爲治亂在治心，因爲心能知禮，所以能夠辨識情欲的太過
與不及以抑制不當的情欲，因此荀子說：「心不可以不知道，不知道，則不可
道而可非道。人孰欲得恣，而守其所不可，以禁其所可」（《荀子·正名》）。
此外，禮的積累可以加強人性中有助於社會和諧發展的情感，荀子說：「人之
所以爲人者何已？曰：以其有辨也。……夫禽獸有父子，而無父子之親」（《荀

〔註3〕陳大齊《荀子學說》（台北：中國文化大學出版部，1988年），頁212。
〔註4〕韋政通《荀子與古代哲學》（台北：商務出版社，1997年），頁80。

子‧非相》)，人天生具有質樸的父子之情，若心接受禮的教化（社會制度、師法之教）更能強化彼此間的情感，使「父慈子孝」的相處模式成為一種習慣，進而維持人際間的和諧。因此社會角色的扮演不但不會限制自我發展，反而能成為提升自我，作為圓滿人性的助益，故荀子言：「無性則偽之無所加，無偽則性不能自美」(《荀子‧禮論》)，這就是人性在理想社會中轉化的過程。

聖人建立規範使人性在社會中能夠轉化為士——君子——聖人。對荀子來說，無論是聖人或者士、君子，都有維繫社會和諧的貢獻。因此如果外在規範是建立理想社會的方法，那麼荀子理想中的聖人、君子、士就是操持方法的人物。除此之外，聖人、君子、士是塗之人學習的目標與修養的過程。聖人、君子、士一方面作為維繫社會的理想人物，一方面是人性修養學習的過程，而荀子之所以提供兩種不同的視角，是因為荀子有意聯繫理想人格與現實中的人性。當銜接了理想與現實之後，荀子的社會理想也可落實。

第三節　理想人格與人性的關聯

荀子以當時社會上的人格特質普遍為小人、腐儒、俗儒、今之處士、今之仕士等，所以取法夏、商、周盛世中的人格圖像，提出他理想的人格。荀子推崇三代以禮治世，太平天下的盛事，認為能達到太平治世者必為聖王，故言「道不過三代，法不貳後王」(《荀子‧王制》)。可見，雖然荀子對理想人格描繪的圖像各有不同，不過實際來說士、君子、聖人皆能幫助國家治平。在人格的劃分上，荀子依照事功大小區分不同的等級，能治平天下者就是聖人（最高的人格等級）。因為荀子以外在事功作為評判人格等級的標準，所以他提出的人格圖像不只是理想性的描繪，更有意以理想人格取代現實中的人格。荀子指出，「人性」是理想人格與現實人格共同的地方，而「偽」則是理想人格與現實人格的差異，他說：「聖人之所以同於眾而不異於眾者，性也；所以異而過眾者者，偽也。」(《荀子‧性惡》)其中「聖人」可以代換為「理想人格」，因荀子對「偽」的定義為「人的作為」，並且荀子以成善的角度談偽，「可學而能，可事而成之在人者謂之偽」、「人之性惡者，其善者偽也」(《荀子‧性惡》)，而習禮、積習都是人的作為，非本性即有，因此後天學習禮以修德者，其人性皆為「性偽」。雖然「偽」是理想人格與現實人格的差異，但是「偽」來自心的認知，「性不知禮義，故思慮而求知之也。」、「凡禮義者，是生於聖人之偽」(《荀子‧性惡》)，而心是人性中的一部份，「人何以知道？

曰：心」、「凡以知，人之性也，可以知，物之理也」（《荀子・解蔽》）。雖然理想人格與現實人格在形象（外在事功、內在修養）上有差異，但是荀子認為，既然現實人格與理想人格都有共同的學習主體「心」，且都有導致惡的情欲之性，所以只要學習使心合理就可以節欲、化欲而轉化人性，向上提升爲理想人格。依此，荀子以此賦予理想人格存在的合理性，使理想人格不會與現實脫離。

　　透過上述，可看出荀子提出「性惡」的目的在提供眾人"人人皆可成堯、禹"的可能。荀子說：「材性知能，君子、小人一也。好榮惡辱，好利惡害，是君子、小人之所同也」（《荀子・榮辱》），荀子多次提到，即使是聖王與小人，人性的內容也無差異，差別只在是否立志成聖：「故小人可以爲君子，而不肯爲君子，君子可以爲小人，而不可爲小人」（《荀子・性惡》），「肯」與「不肯」的關鍵來自心對道堅持的程度，若心能認知「道」的價值，自然選擇成聖。「心知道，然後可道，可道，然後守道以禁非道」（《荀子・解蔽》），荀子將「知道」的過程分爲「聖人之知」、「士君子之知」、「小人之知」、「役夫之知」，雖然聖人知的境界最高，但是士君子、小人、役夫可以學習達聖人知的境界。學習不光靠一般的師法之教，社會規範也可以幫助人性提升。例如人情畏懼法，所以不敢作亂犯理，久而久之心會產生"不作亂則不犯法是好事"的認知，日積月累下可導正惡人進入正途。人能積累轉化人性，來自心能「藏」、「兼」的特質。對荀子來說，無論學習禮法，或是在學習上的積累，都出於心的能力。因此，去除亂象的主體在心，「心之所可中理，則欲雖多，奚傷於治，欲不及而動過之，心使之也。心之所可失理，則欲雖寡，奚止於亂；故治亂在於心之所可」（《荀子・正名》）。以此可見，只要心能夠不間斷的學習，都可以矯正情性。

　　荀子以心的認知能力作爲成爲理想人格的關鍵，與孟子"心內在四個善端"的論點相較，荀子不認爲人心根植內在道德的原因，就是爲了提供一條比孟子更容易「成聖」的路徑。以孟子「人人皆可爲堯舜」之例，孟子說：

　　　　堯舜與人同耳。（《孟子・離婁下》）

　　　　惻隱之心，人皆有之；羞惡之心，人皆有之；恭敬之心，人皆有之；

　　　　是非之心，人皆有之。（《孟子・告子上》）。

聖人的人性與眾人相同，這一點孟子與荀子的觀點相近，但是孟子認爲人性內存著善，這一點與荀子相異，孟子在〈盡心上〉提到：「人之所不學而能者，

其良能也，所不慮而知者，其良知也」，良知是人性本具，所以只要存養、擴充就可以成聖。對孟子而言，存養、擴充之道，來自人在日用常行之間反求本心，「人之有是四端，猶其有四體也……凡有四端於我者，知皆擴而充之矣」（《孟子‧公孫丑上》）、「仁，人心也；義，人路也。舍其路而弗由，放其心而不知求，哀哉。……學問之道無他，求其放心而已矣」（《孟子‧告子上》）。但是對荀子而言，以存養、擴充、向內尋求本心的內在修養之道作為「成聖」的途徑，是不合理且無法被徵驗。若只需存養、擴充就能維持善性，發展善行，那麼為何還會有惡呢？他在〈性惡〉中以二個問題批評孟子「人性善」的學說：第一，若人性為善，為何會產生惡？第二，如果人性為善，為什麼需要禮教化人性？因此，既然人性為善無法在經驗事實中被驗證，那麼希望以「存心養性」的方式進入聖域，就更加困難了。所以荀子認為，只有人性為惡才可以合理的說明禮法、聖王興起的原因，也因為人性為惡，所以大家都需要學習聖王制立的禮。不過，荀子並不認為人性全部為惡，所以他以心、情、欲作為人性的內容，並且以價值中立的認知心作為主掌情欲的「天君」，轉化人性。在此立場上，荀子也提出人皆有「可以知仁義法正之質」與「可以能仁義法正之具」的論點，用以說明「塗之人可以為禹」。有學者認為，荀子指出人皆有「知仁義法正之質」與「能仁義法正之具」，所以代表荀子認為人性為善。〔註5〕但是荀子的「可以知」與「可以能」需要後天的學習與積習才可以轉化為實能，與孟子擴充良知不同，孟子的擴充是去蔽以收心復性，實能由隱而顯。〔註6〕所以不能以此將荀子的人性論歸於性善。並且荀子論述的對象為「心」，談的是心的認知能力。〔註7〕因此荀子的目的並非說明仁義法正是與生俱來，而是人有「認知」仁義法正的能力。因為人有相同的認識能力，所以從理論上來看，荀子的人性論為塗之人提供了可以為禹的出口。即便聖人與小人有肯與不肯成聖的區別，其肯與不肯也在認知心的架構中。

　　人天生有認知的能力，但是要認識仁義法正等德行，還是來自後天師法之教與社會制度的學習。荀子認為，師法之教與社會制度來自歷代聖王的智慧，以聖人之心所制定。荀子說：

〔註5〕羅根澤《諸子考索》（北京：人民出版社，1985 年），頁 382。

〔註6〕馮耀明〈荀子人性論新詮——附〈榮辱〉篇 23 字衍之糾謬〉，《國立政治大學哲學學報》，第十四期，2005 年 07 月，頁 6。

〔註7〕李哲賢《荀子之核心思想——「禮義之統」及其現代意義》（台北：文津出版社，1994 年），頁 77～79。

> 禮義之謂治，非禮義之謂亂也。（《荀子‧不苟》）
>
> 百王之道，後王是也。君子審後王之道，而論於百王之前，若端拜
> 而議。推禮義之統，分是非之分，總天下之要，治海內之眾，若使
> 一人，故操彌約而事彌大。（《荀子‧不苟》）

「百王」與「後王」是以「當代社會」爲區分，在當代社會之前的聖王統稱
「百王」，而統治當代社會的君王則是「後王」。古之聖王制禮的精神在於治
亂，以禮教化人心節制人之情欲，因此後世的君王必須把握先王制禮的精神，
以此爲基礎制定新禮治理國家。故荀子說：「百王之道，後王是也」（《荀子‧
不苟》）、「欲觀聖王之跡，則於其粲然者矣，後王是也」（《荀子‧非相》），因
爲後王能把握先王制禮之精神，且因應時代變化制立符合社會需要的禮，不
但保留舊禮也制立新禮，故相較先王，後王制度更爲完備，此即是荀子「法
後王」的意義。因爲每一個時代的人情需求都不同，所以能治理天下的君王
必須具備觀察經驗中的人性以知天下人所需的「類推」能力，而心是「類推」
的主體，因此即便是聖王，其制禮的主體「心」也是人所共有之性，「凡人之
性者，堯舜之與桀跖，其性一也」（《荀子‧性惡》）、「凡以知，人之性也，可
以知物之理也。」（《荀子、解蔽》）。因此無論是待治化的人性，正在或已經
治化的理想人格，因爲人性相同，所以眾人在成聖的基礎上是平等的，而能
否成聖，端看心是否能持續學習禮，「學惡乎始，惡乎終？曰，其數則始乎誦
經，終乎讀禮。其義則始乎爲士，終乎爲聖人」（《荀子‧勸學》）、「故聖人者，
人之所積而致矣」（《荀子‧性惡》），因此想成爲理想人格，必須勤勞不懈怠
的學習，因爲心是學習的主體，而欲轉化的對象爲情欲，故理想人格的能治
與被治都與人性緊密相關。

　　綜上所述，荀子以人性論作爲構成理想人格的理論基礎，以認知心作爲
勾聯理想與現實的關鍵，在此意義下建構理想社會。

第四節　理想人格與理想社會

　　荀子以經驗中可觀察的人性爲基礎，向外建立社會規範、理想人格等理
論，最終是爲了落實他的社會理想。其中，理想人格在理想社會的落實上具
重要地位。

　　對荀子來說，聖人建立禮義法度治理天下，以成就治道，形成人道。荀
子論「道」：「道者，非天之道，非地之道，人之所以道也，君子之所道也」（《荀

子‧儒效》）荀子並非不談天道（天的自然常道），只是他更關注人道。荀子認爲人道是群道，即有秩序的社會，「群道當，則萬物皆得其宜」（《荀子‧王制》），而聖王則是制群的關鍵，荀子說：「君者，善群者也」（《荀子‧王制》）。荀子指出聖王之所以能有效的管理萬事萬物，展現秩序，是因爲聖王制禮作爲區分萬物的方法，「宇中萬物、生人之屬、待聖人然後分也」（《荀子‧禮論》）、「人何以能群？曰：分」（《荀子‧王制》）、「先王惡其亂也，故制禮義以分之」（《荀子‧禮論》），因此荀子在〈禮論〉中說「聖人者，道之極也」，其中「道」即「禮」。聖人與道等同，是因聖人制禮（道），故能以禮建立理想社會（人道）。荀子的「理想社會」包括社會規範、制度、社會成員。其中聖人以心知建立社會制度與規範，將眾人之性轉化爲士、君子、聖人之性，使言行合乎於禮，故進而成就治道。又如上一節所言，理想人格的能治與被治皆來自人性，因此能透過理想人格建立的理想社會。

但探究荀子立論的目的，重點不在樹立理想的人格典範，而是爲了建立有秩序的「理想社會」。從荀子對理想人格的論述發現：第一，荀子視聖人爲建構理想社會的人物；第二，聖人、君子、士爲理想社會中所培育的人才，有助維繫社會的和諧。綜合而言，荀子是在「理想社會」的意義下闡發心中理想的人格形象。如荀子認爲君王必須與聖人的形象符合，才可治理天下，「天下者，至重也，非至彊莫之能任；至大也，非至辨莫之能分；至眾也，非至明莫之能和。此三至者，非聖人莫之能盡。故非聖人莫之能王」（《荀子‧正論》）。換句話說，荀子眼中的「聖人」與「君王」的形象合一，是因爲荀子考量的是社會全體利益，而能全盡社會之利益者是君王，所以荀子對掌權的「君」要求甚高，如「故非聖人莫之能王。聖人備道全美者也，是縣天下之權稱也。」（《荀子‧正論》）可說是荀子不同於先秦儒者之處。

如孟、荀皆推崇堯、舜爲聖王，然孟子重視的是「人」多重身份的倫理，因此並不侷限在"君王的事功"上推崇堯、舜。舉例來說，孟子在〈盡心上〉以假設「舜負父而逃」的例子，說明舜爲了盡孝，而拋棄天子之位。在〈萬章上〉以「象至不仁，封之有庳」之事，說明舜封殺人罪嫌之弟「象」於有庳，位居虛位而無參政實權，以展現舜一面顧全親情倫理，一面顧全公共道德。從上述可知，孟子是從多方面探討人格特質，認爲即便是聖王，也需要兼顧其他身份的倫理道德，尤其是由親親推到尊尊的「親情」。但若從荀子的角度，恐怕不能認同孟子在「舜負父而逃」上作的假設，假如荀子也參與孟子與桃應的討論，就會反對「舜視棄天下，猶棄敝蹝也」的說法，因爲在他

看來，「天子」不只是政治等級中的一位，如「天子一位，公一位，侯一位，伯一位，子男同一位，凡五等也」《孟子‧萬章下》，而是建立與維繫社會制度，將天下視爲己任的聖王，因此，不可能有君王不顧自己應負的責任，爲了滿足私人的情感而放棄天下，更何況還是「終身訢然，樂而忘天下」？〔註8〕荀子提出「堯、舜無禪讓」說，就是站在"天子應當具備的人格特質"的立場上，駁斥「禪讓天下」的說法。〔註9〕韋政通從三點分析荀子「堯、舜無禪讓」說：〔註10〕

1. 天子地位至尊至貴，無人可批敵，故無可讓。

2. 天子死了，一定有能擔任此職務者出來，所以不需在死之前作任何安排。

3. 荀子提到「聖王」的形象爲：「血氣筋力則有衰，若夫智愚取舍無衰」（《荀子‧正論》）。其中「血氣筋力則有衰」是就氣而言；「智愚取舍無衰」是就理而言。因此荀子理想的君主由理定，不由氣定。

韋政通認爲，從第三點可看出荀子論君之所以爲君的本質，以此能看出荀子提出「無禪讓」說的理由。〔註11〕牟宗三也論：「孔孟之稱美堯舜是立一天下爲公之政治理想，並從德上立一爲君之標準。而荀子言堯舜不禪讓，是要就天子之所以爲天子之本質而立一個純理念」。〔註12〕孟、荀對「君王」要求的差異，來自對人性觀察的角度不同。孟子分析「君王」的人格，是從「人之所以爲人」的角度入手，重視作爲身爲「人」應具備的品格；而荀子從維護整體社會利益的外在角度出發，指出固然一人可扮演不同的社會角色，但是任何作爲都必須受社會規範的限定，目的爲了維護「人道」（即有秩序的理想社會），「禮者，人道之極也」（《荀子‧禮論》）。因此筆者認爲，荀子之所以以「聖人」的人格特質限定「君王」的人格，其根本原因並非只爲了樹立能讓眾人修心化性的人格典範，而是爲了落實社會理想。

然而，雖然荀子以可觀察的人性作爲構成理想人格的基礎，以落實他的

〔註8〕 「舜負父而逃」之例的原文如下。「桃應問曰：『舜爲天子，皋陶爲士，瞽瞍殺人，則如之何？』孟子曰：『執之而已矣。』『然則舜不禁與？』曰：『夫舜惡得而禁之？夫有所受之也。』『然則舜如之何？』曰：『舜視棄天下，猶棄敝蹝也。竊負而逃，遵海濱而處，終身訢然，樂而忘天下』」（《孟子‧盡心上》）。

〔註9〕 《荀子‧正論》。

〔註10〕 見韋政通前揭書，同註4，頁94～95。

〔註11〕 見韋政通前揭書，同註4，頁95～96。

〔註12〕 牟宗三《名家與荀子》（台灣：學生書局，2006年），頁229～230。

社會理想。但他對理想人格中聖王的期待，卻成爲理想社會落實的最大問題。首先，荀子眼中的「君王」同時具備「聖王」的身分，除了有知通統類的智慧之外，還能以大清明之心抑制私人情欲。一般而言，儒者普遍都有期待君王有聖人特質的理想，但是儒者們還是能夠區分現實中與理想中的差異，而不會要求「君王」與「聖人」的人格特質相同。如孔子承當「定文統，立人極」的大使命，是暗示聖人的責任與天子不同，「君」與「師」可以分途，而不必兼於一人一身。〔註13〕但是荀子爲了賦予「禮」存在的合理性，且欲與孟子由內在心性求禮義根源的路徑區別，所以只能提高聖人知的程度。此外，荀子對孟子「性善」的批評爲「無辨合符驗」，故從經驗事實中觀察人性，作爲建立禮治社會的基礎。從荀子的性格來看，理想勢必需落實在經驗世界中。依照荀子對聖王的要求「至彊」、「至辨」、「至明」，是「備道全美者」，故才能執掌天下事務，但是「聖王」豈是如此容易出現的呢？就荀子而言，沒有聖王則無法建立起有秩序的社會，即使有先王制定的禮法仍舊不足。因爲荀子很清楚的知道「禮」隨時間推移而有所調整，故他的目光是放在後王身上。以此可知，荀子的「聖王」是理想社會中最不可缺的人格，而他對聖王的超高期待，反而造成理想社會無法落實的問題。因此，之後荀子的學生韓非特別重視「法」在國家社會上的力量，認爲君王的才智只需「中材」即可，也可說受到荀子理論缺陷的啓發。

第五節　小　結

　　筆者以荀子的人性論與理想社會的關係對照，目的爲了呈現荀子的社會理想，必須透過人性中的心才能落實於現實中。本論文在第三章曾說明荀子的理想社會是一個德治的社會，而「德」必須由聖王與眾人遵守、學習外在規範的方式共同維繫，因此心在荀子德治社會的理想中勢必扮演著維繫道德的主體。雖然荀子指出成就道德的外在規範不是根植於人心，而是心對外學習才將外在規範轉而成爲內在的道德。但是透過荀子對聖人制禮以及眾人以禮化性的描述來看，透露出荀子的心雖不具有道德根源，卻具有成善的能力。不過說荀子的心有「成善」的能力，並不是說荀子是性善論者，而是爲了避開孟子將心與理視爲同質的說法，以免落入他認爲無法釐清的心性觀。所以

〔註13〕蔡仁厚《孔孟荀哲學》（台灣：學生書局，1999年），頁508。

荀子劃分心與理，重新建構內在心與外在理之間的關係，而以心天生具備的認識能力，以學習、養成的方式成就「善」。以此顯示出，雖然荀子的心為認知心，但「認知」的範圍不只是西方的認識論，而包括對道德倫理的認識。〔註14〕也因此，荀子才能以「智」建立不違背儒家系統的倫理道德思想。

〔註14〕潘小慧〈荀子道德知識論的當代意義與價值〉，《荀子思想的當代價值國際學術研討會論文集》（山東大學，2007 年 8 月），頁 123～124。

第五章　結　論

　　長久以來，我們習慣接受孟子以內在心性作爲道德根源的說法，認爲只有以內在道德爲根源才能強而有力的支持道德實踐。但是實際上因爲孟子提出道德因子本存在我們的心性之中，因此會使「道德實踐」之說變的太過容易，反而遇到難以落實的困難。雖然孟子堅持以內在心性作爲道德根源有提高人價值的意義，然而若不能在現實世界中普遍的落實，豈不是失去學說的作用？所以荀子嘗試不同於孟子以內在心性作爲道德根源的方式，以內外在區分性與理。相對於孟子的道德內在說，荀子的性有造惡的情欲之性與中立之心，心可經由對外在規範的學習提升智的程度，以避免受情欲影響而爲惡。雖然心不本具道德，但是卻可以禮作爲判斷是非的標準，以實踐道德。如此可知，荀子同樣將心視爲實踐道德的主體，以此建構與孟子不同的道德實踐體系。

　　今日學者對荀子學說的質疑爲荀子不從心性根源出發，由於心不能內在自主的生起道德，必須憑藉外在規範作爲道德實踐的根據，如此造成道德不必然可以實踐的問題。〔註1〕然而筆者以爲，雖然荀子的心缺少當下自覺悟德的能力，但是絕對具備自我主宰的主動能力，因此可以經過學習外在的禮，形成價值判斷的標準後，而充分的發揮自我主宰的能力以化性起僞。所以荀子的心也可作爲道德實踐的主體，只是他從外在的角度說明「道德」的根據、目的、來源，開啓與孟子不同的道德實踐之路。

　　回顧本論文各章，首先我在緒論中提出「道德內在性並非是確保道德實踐的唯一路徑」的問題，認爲根據荀子的人性論同樣可完成道德的實踐，所以我以荀子人性論與理想社會的關係作爲研究主體，以探討荀子是否能成功

〔註 1〕何淑靜《孟荀道德實踐理論之研究》（台北：文津出版社，1988 年），頁 130～132。

的從人性論建構理想社會，以實踐他的道德理想。因此在第二章與第三章中分別剖析荀子的人性論與理想社會的結構。

從第二章的「天人關係」以及「荀子以前人性觀」，發現荀子有意與前人的思想作出區隔。例如荀子對天的看法，與荀子之前的儒家學者對天的看法不同，荀子認為「天」沒有意志，與人也無絕對「生」的關係，所謂的「社會」是人認為有意義的社會。換句話說，人是為了滿足自身的需求所以建立了社會，而人的一舉一動不需要獲得天的允許。荀子從分疏天人的關係，說明人性不本具道德。傳統認為人的生命來自天所賜予，所以天生擁有天之德，就荀子認為天與人沒有「生」的關係，自然也沒有內在「德」的聯繫。荀子指出人是自然界的產物，雖然我們不知道人如何出現，但是人就是自然而然的生存在世界中。在荀子眼中，只要「天生如此，且沒有經過外力干涉而改變」，就是「自然」。在此意義下，人性是自然的，即使情欲之性會造成客觀的惡，以及心有「能力」節化情欲以解決亂象，也是自然。但是，荀子認為人天生不具有不經過任何外力因素就可以自覺反省而成善的能力，而順著情欲之性，在不經過任何外力干擾下，又必然造成外在的惡。因此，荀子從外在結果向內推知人性中的情欲之性是造成惡的根本原因，所以荀子提出「性惡」。然而荀子的目的畢竟不是為了批評人性，而是比孟子多繞一個彎，指出即使人性中有成惡的特質，人仍然可以實踐道德，因為他發現人性中的心，正好能夠作為成就道德的主體。但是如果他以心內本具「禮」等其他道德，就會走向跟孟子一樣以心善說明性善之路。所以荀子強調人心不具善惡，心只能透過學習的方法以節化情欲，改變因為情欲所造成的惡。對荀子來說，藉由學習認知外在規範以節化先天的情欲，並且解除混亂以成善，人性也在心節化情欲之中轉惡為善，這無疑不是出於先天的人性，故荀子稱為「性偽」。

從荀子以心知禮以化性的說明，可以發現荀子的心不只具有單純的認知能力，心還有透過不斷的學習以提升自我的「超越性」能力，否則我們要如何解讀荀子漸進式的修養過程？因此，只要心可以接受師法教化，就可以作為道德實踐的主體。至於荀子人性論還會遭遇到的問題：「不從師而學就無法成就道德的實踐」，〔註2〕不過筆者以為這個問題在荀子的系統中是不可能發生的，因為荀子所建構的社會體系完全被禮（包括樂、法）涵蓋，除非是身處深山的野人，否則只要生存在社群中就會必然受到外在規範的教化約束，

〔註2〕見何淑靜前揭書，同註1，頁4。

所以荀子的心可以在知的過程中，確保道德實踐的可行性。

因此筆者在第三章中，開頭先說明禮、樂、法在社會中的作用，並且展示禮、樂、法在社會中涵蓋的程度；續而分析荀子「明分使群」的觀念，彰顯荀子將「道德」與保民、富民的具體施政方式進行聯繫。此處顯示出荀子認爲只要能成就社會之善的就是「德」。這跟孟子的「道德」不一樣，例如孟子在〈盡心上〉以舜居於深山中，即使爲野人，但只要有機會觸及本心，其本心之良善就會源源不絕的發展。因爲孟子認爲天生本性內藏道德因子，所以即使野人也有機會成爲聖人。但是對荀子來說，他所關心的限於「人的社會」，有利於社會即爲善，有害於社會的就是惡。對荀子而言，他不考慮社會以外的人事物，因此相對於孟子來說，荀子的「道德」觀則較狹隘。因此我們可以進一步推測荀子只重視「社群」，也可質疑他忽略了人跟其他萬物也會因爲互動而形成某種生活方式，不過這已經是跳脫荀子思想本意的詮釋。筆者要說明的是，若回到荀子的思想，就荀子對「道德」的理解，因爲人心學習、遵守外在規範而使社會狀態達到和諧時，那麼荀子不但可以「心」作爲道德實踐的主體，也能確保「道德」的普遍性。

最後在第四章中，筆者從人性與理想社會的層層分析中，證成荀子以心知禮的方式，走出另一條不同於孟子的道德實踐之路。不過筆者仍要說明，雖然荀子能夠合理的建構一條不同於孟子道德內在的道德實踐之路，但是在落實理想上仍出現困難。誠如第四章最後提到，因爲荀子必須將他的心性論與孟子形成區別，所以當他面對“聖人以先天之性創造禮，所以聖人之性爲善”的質疑時，只能絕對的提高聖人心智的程度，說明聖人以較高的智慧在觀察經驗外物中，可把握事物之理，以此知通統類而制禮，而也只有如此才可避免聖人之性是天生善性的困難。但這個說明又將荀子推入另外一個不可解的問題中，也就是荀子的目的要在現實中落實道德理想，然而因爲他對聖人的要求過高，而且重視後王的程度高於先王，所以當現實中不易出現「以智達德」的聖人時，荀子的理論就會面臨到挑戰，而這個挑戰也就是他最初對孟子性善觀無法徵驗於現實的批評。依筆者之見，這即是荀子理論中無法解決的困難。

不過，畢竟荀子指點了一條與孟子不同的成德之學，他告訴我們不一定要從內求道德根源才可成就道德，事實上外求一樣可實踐道德。也因爲荀子提供一條新的成德之路，所以開展中國成德之學的兩條不同徑路。本論文主軸在論證荀子能合理的從其人性論建構道德實踐之學，但並非爲了在荀子與

孟子之學中各擇其一作爲成德之學的代表，事實上兩人學說各有利弊，可互相補足，而我們也能在綜合比較荀、孟甚或他家之學說的過程中，站在前賢的肩膀取其優缺點，以發展適合當代社會的價值理論。

例如荀子重視外在規範的社會效用，以外在規範作爲道德完成的依據，因此人在道德實踐中必須直接面對以人倫爲中心的客觀世界。〔註3〕如此荀子不但把握實踐道德的客觀層面，不脫離現實社會，同時也不因爲重視現實效用而忽略道德價值。並且，荀子重視的不只是禮的規範性，他更重視人要學習師法所教導的禮義，透過持續不斷的學習將禮的價值內化在人心之中，當一舉一動都受到禮的外在性約束，與因爲內化所形成的內在約束力之下，如此才能實踐道德。反觀今日社會，雖是法治社會，然而教導人遵守法律規範的同時，卻忽略應當教導人了解法的根本價值。如此一來，即使處處以法規範人的行爲，道德仍然不彰，例如常常出現鑽法律漏洞的案例，這就是道德教育不健全的緣故。因此一個健全的社會不但要有可達到社會秩序的客觀規範，同時也要教導人民了解遵守社會規範背後的眞正價值，而這也是荀子「道德實踐」的理論爲今日社會提供的反省視角之一。

荀子的思想中還有很多豐富的內容可提供當代社會反省，如「天人關係」指出當區分類與類的差別時，人類與其他自然物有分，而建立的社會體系也只限於人認爲有意義的社會，故荀子言：「天人之分」(《荀子・天論》)。然而從「自然界」的角度來看，人亦屬於自然界的一份子，所以爲了維持人類社會的和諧，也必須跟自然界和平共生，而這個觀點與今日的環保議題不謀而合。

我們認識一個思想，不只認識思想內容，更要究其價值是否能應用在當代社會。本論文主要從人性與理想社會關係的建構中疏理荀子的成德之學，所以主要焦點都放在荀子思想本意，在應用上則缺少說明。即使在結論中稍微提到荀子思想的當代價值，然在缺少政治學、社會學等專業背景下，探究之言則容易流於空泛，因此不易有系統的呈現荀子對當代影響的價值，這是本論文不足的地方。此外，今日是各文化體系並列的時代，而本論文缺少其他文化的研究視野，也是本論文不足之處。不過這也是筆者對未來研究的期待，即希望能通過擴展自己的知識背景，並且以西方和其他文化的研究爲借鑒，以匯通儒家學說，並探究其思想價值能否應用於當代社會，筆者即以此作爲未來研究的目標。

〔註3〕余英時《現代儒學的回顧與展望》(北京：三聯書店，2004年)，頁288～289。

參考書目

一、原典文獻

1. 王先謙《荀子集解·考證》（台北：世界書局，2005 年）。
2. 司馬遷《史記》（北京：中華書局，2002 年）。
3. 許慎《說文解字注》（台北：萬卷樓，2002 年）。
4. 《十三經注疏·尚書正義》（北京：北京大學出版社，1999 年）。
5. 《十三經注疏·禮記正義》（北京：北京大學出版社，1999 年）。
6. 《十三經注疏·論語注疏》（北京：北京大學出版社，1999 年）。
7. 《十三經注疏·孟子注疏》（北京：北京大學出版社，1999 年）。

二、專書

1. 王穎《荀子倫理思想研究》（黑龍江：人民出版社，2006 年）。
2. 王忠林《新譯荀子讀本》（台北：三民書局，2003 年）。
3. 北京大學哲學系《荀子新注》（台北：里仁書局，1983 年）。
4. 李滌生《荀子集釋》（台灣：學生書局 1994 年）。
5. 余英時《中國知識階層史論》（台北：聯經出版社，1980 年）。
6. 余英時《現代儒學的回顧與展望》（北京：三聯書店，2005 年）。
7. 牟宗三《名家與荀子》（台北：台灣學生書局，2006 年）。
8. 牟宗三《中國哲學十九講》（台北：台灣學生書局，2002 年）。
9. 江文思、安樂哲編《孟子心性之學》（北京：社會科學文獻出版社，2005 年）。
10. 李哲賢《荀子之名學析論》（台北：文津出版社，2005 年）。
11. 李哲賢《荀子之核心思想——「禮義之統」及其現代意義》（台北：文津出版社，1994 年）。

12. 吳復生《荀子思想新探》（台北：文史哲出版社，1998 年）。

13. 周振群《荀子思想研究》（台北：文津出版，1987 年）。

14. 何淑靜《孟荀道德實踐理論之研究》（台北：文津出版社，1988 年）。

15. 韋政通《荀子與古代哲學》（台北：商務印書館，1997 年）。

16. 馬積高《荀學源流》（上海：上海古籍出版社，2000 年）。

17. 郭齊勇主編《儒家倫理爭鳴集——以「親親互隱」爲中心》（湖北：湖北教育出版社，2004 年）。

18. 徐復觀《中國人性論史·先秦篇》（上海：三聯書店，2002 年）。

19. 徐平章《荀子與兩漢儒學》（台北：文津出版社，1988 年）。

20. 傅偉勳《從創造的詮釋學到大乘佛學》（台北：東大圖書公司，1990 年）。

21. 梁啓雄《荀子簡釋》（台北：華正書局，1980 年）。

22. 陳麗桂《戰國時期的黃老思想》（台北：聯經出版社，2005 年）。

23. 陳大齊《荀子學說》（台北：中國文化大學出版社，1989 年）。

24. 陳飛龍《孔孟荀禮學之研究》（台北：文史哲出版社，1982 年）。

25. 勞思光《新編中國哲學史》（台北：三民書局，2001 年）。

26. 黃俊傑《中國孟學詮釋史論》（北京：社會科學文獻出版社，2004 年）。

27. 張覺《荀子校注》（湖南：岳麓書社，2006 年）。

28. 張西堂《荀子眞僞考》（台北：明文書局 1994 年）。

29. 張岱年《中國倫理思想研究》（台北：貫雅文化事業有限公司，1991 年）。

30. 鄒昌林《中國禮文化研究》（北京：社會科學文獻出版社，2000 年）。

31. 楊寬《戰國史》（上海：人民出版社，2003 年）。

32. 楊秀宮《孔孟荀禮法思想的演變與發展》（台北：文史哲出版社，2000 年）。

33. 楊儒賓編《中國古代思想中的氣論及身體觀》（台北：巨流圖書公司，1992 年）。

34. 熊公哲《荀子今註今譯》（台北：台灣商務印書館，1995 年）。

35. 廖名春《荀子新探》（台北：文津出版社，1994 年）。

36. 蔡仁厚《孔孟荀哲學》（台北：台灣學生書局，1984 年）。

37. 蔡錦昌《從中國古代思考方式論較荀子思想之本色》（台北：唐山出版社，1989 年）。

38. 鮑國順《荀子學說析論》（台北：華正書局，1993 年）。

39. 歐陽禎人《先秦儒家性情思想研究》（湖北：武漢大學出版社，2005 年）。

40. 錢穆《先秦諸子繫年》（台北：東大圖書股份有限公司，1999 年）。

41. 韓德民《荀子與儒家的社會理想》（山東：齊魯書社，2001 年）。

42. 羅根澤《諸子考索》（北京：人民出版社，1985 年）。

43. 譚宇權《荀子學說評論》（台北：文津出版社，1994 年）。

44. 漢語大字典編輯委員會《漢語大字典》（台北：建宏出版社，1998 年）。

三、期刊論文

1. 丁原明〈荀子的"天人之分"與保護環境〉，《荀子思想的當代價值國際學術研討會論文集》（山東大學，2007 年 8 月）。

2. 丁四新〈天人‧性偽‧心知──荀子哲學思想的核心線索〉，《中國哲學史》，第三期，1997 年。

3. 王楷〈性惡與德性：荀子道德基礎之建立──一種德行倫理學的視角〉，《荀子思想的當代價值國際學術研討會論文集》（山東大學，2007 年 8 月）。

4. 王杰〈荀子對禮學思想體系的構建〉，《荀子思想的當代價值國際學術研討會論文集》（山東大學，2007 年 8 月）。

5. 王靈康〈《荀子》道德哲學的核心──以「聖」取代「善」〉，《荀子思想的當代價值國際學術研討會論文集》（山東大學，2007 年 8 月）。

6. 王邦雄〈論荀子的心性關係及其價值根源〉，《鵝湖月刊》，第八卷第十期，1983 年 4 月。

7. 佐藤將之〈中國古代「變化」觀念之演變暨其思想意義〉，《政大中文學報》第三期，2005 年 6 月。

8. 李賢中〈孟、荀「辯」之比較〉，《儒家哲學的典範重構與經典詮釋國際學術研討會論文集》，2007 年 5 月。

9. 李瑞全〈荀子論性與論人之爲人〉，《東海學報》，第二十六卷，1985 年 6 月。

10. 李哲賢〈論荀子約定俗成之制名原則及其衍生之問題〉，《漢學研究集刊》，第三期，2006 年 12 月。

11. 林啓屏〈《荀子‧正論》及其相關問題〉，《漢學研究集刊》，第三期，2006 年 12 月。

12. 林素英〈從「修六禮明七教」之角度論荀子禮教思想之限制〉，《漢學研究集刊》，第三期，2006 年 12 月。

13. 孟祥才〈孔子、孟子、荀子的和諧社會理想述論〉，《荀子思想的當代價值國際學術研討會論文集》（山東大學，2007 年 8 月）。

14. 周予同〈從孔子到孟荀──戰國時的儒家派別和儒經傳授〉，《中國經學史論文選集》（台北：文史哲出版社，1992 年 10 月）。

15. 吳元鴻〈荀子善偽之理論根據〉，《東師語文學刊》，第二期，1989 年 6 月。

16. 吳進安〈荀子「明分使群」觀念解析及其社會意義〉，《漢學研究集刊》，第三期，2006 年 12 月。

17. 岑溢成〈荀子性惡論析辯〉,《鵝湖學誌》,第三期,1989 年 9 月。

18. 施銘燦〈荀子思想中之聖人〉,《孔孟月刊》,第二十一卷第十期,1983 年 6 月。

19. 柯金木〈《荀子》書中孔子形象析論——兼論孟、荀對孔子認知之同異〉,《孔孟學報》,第七十六期,1998 年 9 月。

20. 柳熙星〈論孟荀人性論之異同〉,《鵝湖學誌》,第三十六期,2006 年 6 月。

21. 高柏園〈告子在孟子告子篇中的論性態度〉,《中國文化月刊 85》,1979 年 11 月。

22. 唐端正〈荀子善偽論所展示的知識問題〉,《中國學人》,第六期,1977 年。

23. 陳平坤〈人性善惡與天人分合——孟、荀心性論說之型態及其意義〉,《清華學報》,2006 年 12 月。

24. 陳來〈"儒"的自我理解——荀子說儒的意義〉,《荀子思想的當代價值國際學術研討會論文集》(山東大學,2007 年 8 月)。

25. 陳曼娜〈略論荀子社會分工思想的當代價值〉,《荀子思想的當代價值國際學術研討會論文集》(山東大學,2007 年 8 月)。

26. 郭沂〈人性與善惡——兼評孟荀的人性善惡論〉,《荀子思想的當代價值國際學術研討會論文集》(山東大學,2007 年 8 月)。

27. 郭梨華〈《孟》、《荀》中的孔子觀及其延異〉,《荀子思想的當代價值國際學術研討會論文集》(山東大學,2007 年 8 月)。

28. 莊錦章〈荀子與四種人性觀點〉,《國立政治大學哲學學報》,第十一期,1993 年 12 月。

29. 馮耀明〈荀子人性論新詮——附〈榮辱〉篇 23 字衍之糾謬〉,《國立政治大學哲學學報》,第十四期,2005 年 07 月。

30. 閔永順〈荀子的"天官意物"與"心有征知"思想探析〉,《管子學刊》,第三期,1996 年。

31. 楊澤波〈荀子性惡論的邏輯構成及其內在困難〉,《荀子思想的當代價值國際學術研討會論文集》(山東大學,2007 年 8 月)。

32. 廖名春〈20 世紀後期大陸荀子文獻整理研究〉,《漢學研究集刊》,第三期,2006 年 12 月。

33. 劉又銘〈荀子的哲學典範及其在後代的變遷轉移〉,《漢學研究集刊》,第三期,2006 年 12 月。

34. 劉振雄〈荀子「性惡」說芻議〉,《東華人文學報》,第六期,2004 年 7 月。

35. 潘小慧〈荀子道德知識論的當代意義與價值〉,《荀子思想的當代價值國際學術研討會論文集》(山東大學,2007 年 8 月)。

36. 鮑國順〈荀子性惡說的真相〉,《孔孟月刊》,第十七卷第五期,1979 年 1 月。

37. 韓德民〈荀子的理想人格論〉,《孔孟學報》,第七十八期,2000 年 9 月。

四、碩博士論文

1. 王季香《先秦諸子之人格類型論》(國立中山大學中國文學研究所博士論文,2004 年)。

2. 林建邦《荀子理想人格類型的三種境界及其意義——以士、君子、聖人為論述中心》(國立政治大學國文教學碩士論文,1994 年)。

3. 范家榮《荀子論「心」的研究》(天主教輔仁大學哲學研究所碩士論文,2005 年)。

4. 潘小慧《從解蔽心看荀子的知識論與方法學》(輔仁大學哲學研究所碩士論文,1985 年)。

5. 戴志村《荀子性惡論新詮》(國立政治大學哲學研究所碩士論文,1998 年)。